ALFRED DE MUSSET

MÉLANGES
DE LITTÉRATURE
ET DE CRITIQUE

LE TABLEAU D'ÉGLISE
REVUES FANTASTIQUES
L'ART MODERNE
LE SALON DE 1836
FAIRE SANS DIRE (proverbe)
LA TRAGÉDIE ET MADEMOISELLE RACHEL
BAJAZET ET MADEMOISELLE RACHEL
MADEMOISELLE PAULINE GARCIA

PARIS
CHARPENTIER, LIBRAIRE-ÉDITEUR
28, QUAI DE L'ÉCOLE

MÉLANGES

DE

LITTÉRATURE

ET DE CRITIQUE

ŒUVRES COMPLÈTES D'ALFRED DE MUSSET

PUBLIÉES DANS LA BIBLIOTHÈQUE CHARPENTIER

Et qui se vendent séparément.

3 fr. 50 cent. chaque volume.

PREMIÈRES POÉSIES (Contes d'Espagne et d'Italie. — Spectacle dans un fauteuil. — Poésies diverses. — Namouna)............... 1 vol.

POÉSIES NOUVELLES (Rolla. — Les Nuits. — Poésies nouvelles. — Contes en vers).. 1 vol.

COMÉDIES ET PROVERBES (André del Sarto. — Lorenzaccio. — Les Caprices de Marianne. — Fantasio. — On ne badine pas avec l'amour. — La Nuit vénitienne. — Barberine. — Le Chandelier. — Il ne faut jurer de rien. — Un Caprice. — Il faut qu'une porte soit ouverte ou fermée. — Louison. — On ne peut penser à tout. — Carmosine. — Bettine)... 2 vol.

NOUVELLES (Les deux maîtresses. — Emmeline. — Le Fils du Titien. — Frédéric et Bernerette. — Croisilles. — Margot)......... 1 vol.

CONTES (La Mouche. — Pierre et Camille. — Mademoiselle Mimi Pinson. — Le Secret de Javotte. — Le Merle blanc. — Lettres de Dupuis et Cotonnet).. 1 vol.

LA CONFESSION D'UN ENFANT DU SIÈCLE............. 1 vol.

MÉLANGES DE LITTÉRATURE ET DE CRITIQUE (Le Tableau d'église. — La Tragédie à propos des débuts de Mlle Rachel. — Salon de 1836. — Faire sans dire.— Revues fantastiques. — Discours de réception, etc., etc.).. 1 vol.

ŒUVRES POSTHUMES (Un Souper chez Mlle Rachel. — Le Poëte et le Prosateur. — Poésies diverses. — Le Songe d'Auguste. — L'Ane et le Ruisseau. — Faustine. — Lettres familières, etc., etc.)... 1 vol.

ALFRED DE MUSSET

MÉLANGES

DE

LITTÉRATURE

ET DE CRITIQUE

PARIS

CHARPENTIER, LIBRAIRE-ÉDITEUR

28, QUAI DE L'ÉCOLE, 28

1867

MÉLANGES DE LITTÉRATURE ET DE CRITIQUE

UN MOT SUR L'ART MODERNE

Il ne manque pas de gens aujourd'hui qui vous font la leçon, ni plus ni moins que des maîtres d'école. On dit à la jeunesse : faites ceci, faites cela. Je crois que rien n'est plus indifférent au public ; les sermons n'ont pour lui d'autre inconvénient que de l'endormir ; mais il n'en est pas de même des jeunes artistes. Rien n'est plus à craindre pour eux que ces larges décoctions d'herbes malfaisantes qu'une maudite curiosité les pousse toujours à avaler en dépit de leur raison. Qu'arrive-t-il, en effet ? ou qu'ils sont révoltés, ou qu'ils se laissent faire. S'ils sont révoltés, où trouveront-ils une tribune pour répondre à ce qu'on leur dit? Comment expliquer leur pensée? car, si peu qu'elle vaille, cette pensée d'un être obscur et libre peut être aussi utile au monde que les oracles de ses dieux. Elle peut aller à quelqu'un, bien qu'elle ne vienne de personne. De quel droit ne peuvent-ils parler? Et s'ils se laissent faire, que vont-ils devenir, sinon des gouttes d'eau dans l'océan?

Dans *Don Carlos,* Posa dit à Philippe II : « Je ne puis être serviteur des princes; je ne puis distribuer à vos peuples ce bonheur que vous faites marquer à votre coin. » Quel est le jeune homme, ayant du talent ou non, mais ayant quelque énergie, qui ne se sente battre le cœur à ces paroles? Sans doute la liberté engendre la licence; mais la licence vaut mieux que la servilité, que la *domesticité littéraire.* Ce mot ne m'appartient pas; c'est un homme redoutable et franc dans ses critiques qui l'a trouvé. Je m'en sers là, parce qu'il peint d'un trait. Et sous quel prétexte, s'il vous plaît, aujourd'hui que les arts sont plus que jamais une république, rêve-t-on les associations? Sous prétexte que l'art se meurt? Nouvelle bouffonnerie! les uns disent que l'art existe, les autres qu'il n'existe pas. Je vous demande un peu ce que c'est qu'un être, une chose, une pensée, sur lesquels on peut élever un pareil doute? Ce dont je doute, je le nie.

Il n'y a pas d'art, il n'y a que des hommes. Appelez-vous art le métier de peintre, de poëte ou de musicien, en tant qu'il consiste à frotter de la toile ou du papier? Alors il y a un art tant qu'il y a des gens qui frottent du papier et de la toile. Mais si vous entendez par là ce qui préside au travail matériel, ce qui résulte de ce travail; si, en prononçant ce mot d'*art,* vous voulez donner un nom à cet être qui en a mille : inspiration, méditation, respect pour les règles, culte pour la beauté, rêverie et réalisation ; si vous baptisez ainsi une idée abstraite quelconque, dans ce cas-là, ce que vous appelez art, c'est l'homme.

Voilà un sculpteur qui lève sur sa planche sa main pleine d'argile. Où est l'art, je vous prie ? Est-ce un fil de la bonne Vierge qui traverse les airs ? Est-ce le lointain murmure des conseils d'une coterie, des doctrines d'un journal, des souvenirs de l'atelier ? L'art, c'est le sentiment ; et chacun sent à sa manière. Savez-vous où est l'art ? Dans la tête de l'homme, dans son cœur, dans sa main, jusqu'au bout de ses ongles.

A moins que vous n'appeliez de ce nom l'esprit d'imitation, la règle seule, l'éternelle momie que la pédanterie embaume ; alors vous pouvez dire, en effet, que l'art meurt ou qu'il se ranime. Et qu'on ne s'y trompe pas : dans tous les conseils à la jeunesse, il y a quelque sourde tentation de la faire imiter ; on lui parle d'indépendance, on lui ouvre un grand chemin, et tout doucement on y trace une petite ornière, la plus paternelle possible.

Il y a des gens qui ne font qu'en rire ; moi, j'avoue que cela m'assomme. Je me laisserai volontiers traiter par la critique de telle manière qu'il lui plaira ; mais je ne puis souffrir qu'on me bénisse. Non-seulement les associations étaient possibles dans les temps religieux, mais elles étaient belles, naturelles, nécessaires. Autrefois le temple des arts était le temple de Dieu même. On n'y entendait que le chant sacré des orgues ; on n'y respirait que l'encens le plus pur ; on n'y voyait que l'image de la Vierge, ou la figure céleste du Sauveur, et l'exaltation du génie ressemblait à une de ces belles messes italiennes que l'on voit encore à Rome, et qui sont, même aujourd'hui, le plus magnifique des spectacles. Au seuil de ce temple était assis un gardien sévère, le Goût ; il en fermait l'entrée aux profanes, et, comme un esclave des temps antiques, il posait la couronne de fleurs sur le front des convives divins dont il avait lavé les pieds.

Une sainte terreur, un frisson religieux devait alors s'emparer de l'artiste au moment du travail ; Dante devait trembler devant son propre enfer, et Raphaël devait sentir ses genoux fléchir lorsqu'il se mettait à l'ouvrage. Quel beau temps ! quel beau moment ! on ne se frappait pas le front quand on voulait écrire ; on ne se creusait pas la tête pour inventer quelque chose de nouveau, d'individuel ; on ne remuait pas la lie de son cœur pour en faire sortir une écume livide ; ces tableaux, ces chapelles, ces églises, ces mélodies suaves et plaintives, c'étaient des prières que tout cela. Il n'y avait pas là de fiel humain, d'entrailles remuées. Les cantiques de Pergolèse coulaient comme les larmes de ces beaux martyrs mélancoliques qui mouraient dans l'arène en regardant le ciel.

S'il s'agissait d'une opinion privée, personne au monde ne regretterait plus que moi que de pareils leviers aient été brisés dans nos mains. Peut-être cependant n'est-ce pas un mal qu'ils le soient.

Il était aussi difficile alors qu'aujourd'hui d'avoir un vrai génie ; il était beaucoup plus aisé d'acquérir un talent médiocre. Tous les centres possibles donnés à la pensée universelle, toutes les associations de l'esprit humain n'ont servi et ne serviront de tout temps qu'au troupeau imbécile des imitateurs. Lorsque les règles manquent, lorsque la foi s'éteint, lorsque la langue d'un pays s'altère et se corrompt, c'est alors qu'un homme comme Goethe peut montrer ce qu'il vaut, et créer tout à la fois le moule, la matière et le modèle. Mais si la carrière est mesurée, le but marqué, l'ornière faite, les plus lourds chevaux de carrosse viennent s'y traîner à la suite des plus nobles coursiers.

Et, puisqu'il faut, bon gré, mal gré, que la médiocrité s'en mêle ; puisque, pour un bon artiste ou deux que peut produire un genre, il faut qu'un nuage de poussière s'élève sous les pas du maître ; qu'importe au public, je le demande, qu'importe surtout à la postérité que cette fourmilière pitoyable cherche ses habits de fête pour obtenir l'entrée dans un palais, ou qu'elle se rue dans les carrefours avec les chiens errants? Qu'importe au siècle de Racine ce qu'ont fait Pradon et Scudéri? Qu'importe au siècle de Lamartine ce qu'a fait tel ou tel? Le public s'imagine que les mauvais ouvrages le dégoûtent, il se trompe ; tout cela lui est bien égal. L'inconvénient du siècle de Voltaire, par exemple, c'est que tout le monde l'imitait, et que, depuis

Crébillon jusqu'à Dorat, la pâle contre-épreuve de son génie va s'affaiblissant à l'infini, de même que la lumière d'une lampe, lorsque deux glaces sont l'une en face de l'autre, va se répétant dans une multitude de miroirs qui se suivent jusqu'au dernier atome de sa clarté. L'inconvénient du siècle de Lamartine, du nôtre, c'est que personne ne l'imite; que le culte une fois détruit, il n'y a personne qui ne se croie une vocation; que là où tout est livré au hasard, tout le monde se prend pour le dieu du hasard; et qu'on a vu des chanteurs ambulants venir coudoyer le poëte jusque sur le trépied sans tache où il est debout depuis dix ans. Eh bien, dis-je, que nous importe? La terre est balayée aujourd'hui autour de Voltaire; la foudre est tombée sur l'édifice qu'il sapait lui-même; et que sont devenues ses ombres? N'est-il pas resté seul, parmi tant de ruines, en face de son éternel ennemi, Rousseau? Il en sera ainsi un jour à venir, et le vent qui chasse la fumée ne s'arrêtera qu'avec le temps.

On pourrait répondre à cela que la médiocrité basse, se rendant justice à elle-même et s'estimant tout juste assez pour plagier, est encore un moins triste spectacle que cent ou deux cents génies manqués qui se bâtissent cent ou deux cents tribunes dans tous les coins de la place publique, et de là haranguent le monde, en foi de quoi il se plantent la couronne sur la tête et s'endorment du sommeil éternel.

J'en demeure d'accord; et si l'on se demande par

quelle fatalité une telle rage nous prend aujourd'hui, voici ma raison.

Il y a deux sortes de littératures : l'une, en dehors de la vie théâtrale, n'appartenant à aucun siècle ; l'autre, tenant au siècle qui la produit, résultant des circonstances, quelquefois mourant avec elles, et quelquefois les immortalisant. Ne vous semble-t-il pas que le siècle de Périclès, celui d'Auguste, celui de Louis XIV, se passent de main en main une belle statue, froide et majestueuse, trouvée dans les ruines du Parthénon ? Momie indestructible, Racine et Alfiéri l'ont embaumée de puissants aromates ; et Schiller lui-même, ce prêtre exalté d'un autre dieu, n'a pas voulu mourir sans avoir bu sur ses épaules de marbre ce qui restait des baisers d'Euripide. Ne trouvez-vous pas, au contraire, que les hommes comme Juvénal, comme Shakspeare, comme Byron, tirent des entrailles de la terre où ils marchent, de la terre boueuse attachée à leurs sandales, une argile vivante et saignante, qu'ils pétrissent de leurs larges mains ? ils promènent sur leurs contemporains des regards attristés, taillent un être à leur image, leur crient : Regardez-vous ! puis ensevelissent avec eux leur épouvantable effigie.

Or, maintenant, laquelle de ces deux routes voyons-nous qu'on suive aujourd'hui ? il est facile de répondre qu'on n'a pas tenté la dernière. Nos théâtres portent les costumes des temps passés ; nos romans en parlent parfois la langue ; nos tableaux ont suivi la mode, et nos musiciens eux-mêmes pourraient finir par s'y soumettre. Où voit-on un peintre, un poëte préoccupé de ce qui se passe, non pas à Venise ou à Cadix, mais à Paris, à droite et à gauche? Que nous dit-on de nous dans les théâtres? de nous dans les livres? et j'allais dire, de nous dans le forum? car Dieu sait de quoi parlent ceux qui ont la parole. Nous ne créons que des fantômes, ou si, pour nous distraire, nous regardons dans la rue, c'est pour y peindre un âne savant ou un artilleur de la garde nationale.

Reste donc la littérature théâtrale, je dirais presque la littérature immobile, celle qui ne s'inquiète ni des temps ni des lieux.

Celle-là, nous l'avons tentée, et c'est ici que je m'arrête. Lorsqu'un siècle est mauvais, lorsqu'on vit dans un temps où il n'y a ni religion, ni morale, ni foi dans l'avenir, ni croyance au passé; lorsqu'on écrit pour ce siècle, on peut braver toutes les règles, renverser toutes les statues; on peut prendre pour dieu le mal et le malheur, on peut faire les *Brigands* de Schiller, si l'on est Schiller par hasard, et répondre d'avance aux hommes qui vous jugeront un jour : « Mon siècle était ainsi, je l'ai peint comme je l'ai trouvé. » Mais quand il s'agit de distraire la multitude, lorsqu'en prenant la plume et en se frappant la tête on se donne pour but d'amener à grands frais dans une salle de spectacle un public blasé et indifférent, et là, de lui faire supporter deux heures de gêne et d'attention, sans lui parler de lui, simplement avec vos caprices, avec les rêves de vos nuits sans sommeil : quand on veut faire de l'art, à proprement parler, rien que de l'art, comme on dit aujourd'hui, oh! alors il faut songer deux fois à ce que l'on va faire ; il faut songer surtout à cette belle statue antique qui est encore sur son piédestal. Il faut se dire que là où le motif qui vous guide la main n'est pas visible à tous, actuel, irrécusable, la tête et le cœur répondent de la main ; il faut savoir que, dès qu'un homme, en vous écoutant, ne se dit pas : « J'en écrirais autant à sa place, » il est en droit de vous demander : « Pourquoi écrivez-vous cela ? » Que lui répondrez-vous, si votre fantaisie a des ailes de cire, qui fondent au premier rayon du soleil ?

Les règles sont tristes, je l'avoue ; et c'est parce qu'elles sont tristes que la littérature théâtrale est morte aujourd'hui ; c'est parce que nous n'avons plus Louis XIV et Versailles qu'on ne joue plus *Athalie* ; c'est parce que César est mort que nous ne lisons plus Virgile ; c'est parce que notre siècle est l'antipode des grands siècles, que nous brisons leur pâle idole, et que nous la foulons aux pieds. Mais que nous ayons voulu la remplacer, voilà la faute ; rien n'est si vite fait que des ruines, rien n'est si difficile que de bâtir. Du jour où le public, ce sultan orgueilleux, a répudié sa favorite, jetez le sérail à la mer ; à quoi servait de venir lui montrer des Éthiopiennes difformes, et jusqu'à des monstres mort-nés pour exciter encore sa lubricité blasée ? Les combats de taureaux mènent aux gladiateurs, et dans la voie de la corruption, il n'y a qu'un pas du vice au crime.

Il faut la beauté à la littérature, à la peinture, à tous les arts, dès qu'ils s'éloignent de la vie, — je veux dire de l'époque où ils vivent. Les portraits seuls ont le droit d'être laids.

Résignons-nous. Pourquoi la poésie est-elle morte en France? Parce que les poëtes sont en dehors de tout. *Athalie* était certainement du temps de Racine une œuvre de pure imagination, très en dehors du siècle ; mais *Athalie* était une œuvre religieuse, et le siècle était religieux. On pourrait dire aussi, en passant, que c'est un des chefs-d'œuvre de l'esprit humain ; mais cela pourrait choquer quelques personnes.

S'il y a une religion, il y a un art céleste au-dessus de l'art humain : qu'il y ait alors des écoles, des associations ; que le souffle de toutes les poitrines fasse vibrer cette belle harpe éolienne, suspendue d'un pôle à l'autre. Que tous les yeux se fixent sur le même point, et que ce point soit le triangle mystérieux, symbole de la Divinité. Mais dans un siècle où il n'y a que l'homme, qu'on ferme les écoles, que la solitude plante son dieu d'argile sur son foyer ; l'indépendance, voilà le dieu d'aujourd'hui (je ne dis pas la liberté).

Il y a des gens qui vous disent que le siècle est préoccupé, qu'on ne lit plus rien, qu'on ne se soucie de rien. Napoléon était préoccupé, je pense, à la Bérésina ; il avait cependant son Ossian avec lui.

Depuis quand la pensée ne peut-elle plus monter en croupe derrière l'action ? Depuis quand l'humanité ne va-t-elle plus au combat, comme Tyrtée, son épée d'une main, et sa lyre de l'autre ? Puisque le monde d'aujourd'hui a un corps, il a une âme ; c'est au poëte à la comprendre, au lieu de la nier.
— C'est à lui de frapper sur les entrailles du colosse, comme Eblis sur celles du premier homme, en s'écriant comme l'archange tombé : « Ceci est à moi, le reste est à Dieu. »

Notre siècle apparemment n'est pas assez beau pour nous. Bon ou mauvais, je n'en sais rien ; mais beau à coup sûr.

N'apercevez-vous pas, de l'orient à l'occident, ces deux déités gigantesques, couchées sur les ruines des temps passés ? L'une est immobile et silencieuse ; — d'une main elle tient le tronçon d'une épée, de l'autre elle presse sur sa poitrine sanglante les herbes salutaires qui ferment ses blessures. L'ange de l'espérance lui parle à l'oreille, et lui montre le ciel encore entr'ouvert ; le démon du désespoir creuse une tombe à ses pieds. Mais elle n'entend pas leurs paroles, et suspend son regard tranquille entre le ciel et la terre. Le fantôme du Christ est dans ses bras, il approche en vain de son sein ses lèvres décolorées, elle le laisse expirer sur sa mamelle stérile ; son visage est beau, mais d'une beauté inanimée ; de ses épaules musculeuses vient de glisser un manteau d'or et de pourpre qui tombe dans l'immensité. Comme le sphinx d'OEdipe, elle repousse du pied les ossements des hommes qui ne l'ont pas comprise. — Son nom est la Raison.

L'autre est plus belle, mais plus triste. Tantôt elle se penche les yeux en pleurs sur un insecte qui se débat dans une goutte de rosée; tantôt elle essuie ses paupières pour compter les grains de sable de la voie lactée. Dans sa main gauche est un livre où épelle un enfant; dans sa droite, un levier dont l'extrémité repose sous l'axe du monde; elle le soulève de temps en temps, et s'arrête en soupirant quand il est près de se briser. Alors elle s'incline sur la nuit éternelle; un chant mélancolique flotte sur ses lèvres; elle appuie sur son cœur la pointe d'une épée; mais son épée ploie comme un roseau, et la nuit éternelle, ainsi qu'un miroir céleste, lui montre son image répétée partout dans l'infini. La pâleur de la mort est sur ses traits, et cependant elle ne peut mourir. Elle a reçu du serpent le fruit qui devait lui coûter la vie; elle a bu à longs traits la ciguë; elle est montée sur la croix du Golgotha, et cependant elle ne peut mourir. Elle a détourné la foudre; elle a secoué dans la main de Lucifer la coupe de destruction, et elle en a recueilli chaque goutte sur la pointe d'un scalpel. Elle a empoisonné ses flèches dans le sang de Prométhée; elle a soulevé comme Samson la colonne du temple éternel, pour s'anéantir avec lui en le brisant; et cependant elle ne peut mourir. — L'Intelligence est son nom.

1er septembre 1833.

SALON DE 1836

Je ne parlerai que d'un petit nombre d'ouvrages, non par dédain, mais pour ma conscience. Il me semble que la critique ne doit frapper que quand elle espère; car autrement, sévère sans mesure, si elle est juste elle est inutile, et si elle se trompe elle nuit. Le médiocre, préférable au faux, oblige à se taire, par ses qualités mêmes. On le regarde sans vouloir l'aider. Je ne veux pas me tromper en mal; mon avis entraînera l'éloge, sans que mon silence soit une condamnation.

Les comptes rendus des journaux n'étant que des opinions personnelles, avant de dire ce que j'approuve, je dois m'expliquer sur ce qui, en général, me semble devoir être approuvé. Non pas que j'aie un système en peinture, car je ne suis pas peintre. Un système dans l'artiste, c'est de l'amour; dans le critique, ce n'est que de la haine. Mais pour qu'un jugement puisse avoir quelque poids, il faut en dire clairement les motifs.

Je crois qu'une œuvre d'art, quelle qu'elle soit, vit à deux conditions : la première, de plaire à la foule, et la seconde, de plaire aux connaisseurs. Dans toute production qui atteint l'un de ces deux buts, il y a un talent incontestable, à mon avis. Mais le vrai talent, seul durable, doit les atteindre tous deux à la fois. Je sais que cette façon de voir n'est pas celle de tout le monde. Il y a des gens qui font profession de mépriser le vulgaire, comme il y en a qui n'ont foi qu'en lui. Rien n'est plus fatal aux artistes ; car qu'arrive-t-il ? Qu'on ne veut rien faire pour le public, ou qu'on lui sacrifie tout. Les uns, fiers d'un succès populaire, ne songent qu'au flot qui les entoure, et qui, demain, les laissera à sec. Les conseils qu'on leur donne se perdent dans le bruit ; l'équité leur paraît envie. Couronnée une fois, leur ambition meurt de joie ; ils craignent d'étudier, de peur de différer d'eux-mêmes, et que leur gloire ne les reconnaisse plus. Les autres, trompés par les louanges de leurs amis, le succès manquant, s'irritent ; ils se croient méconnus, mal jugés, et crient à l'injustice. On les délaisse, disent-ils, et pourtant messieurs tels et tels les ont applaudis. Qui ne les goûte pas est ignorant ; ils travaillent pour trois personnes ; l'orgueil les prend, les concentre, les enivre, et le talent meurt étouffé.

Je voudrais, autant qu'il est en moi, pouvoir combattre cette double erreur. Il faut consulter les connaisseurs, apprendre d'eux à se corriger, se montrer fier de leurs éloges ; mais il ne faut pas oublier le public. Il faut chercher à attirer la foule, à être compris et nommé par elle, car c'est par elle qu'on est de son temps ; mais il ne faut pas lui sacrifier l'estime des connaisseurs, ou, qui pis est, son propre sentiment.

On se récriera sur la difficulté de réunir deux conditions pareilles. Il est vrai que c'est difficile, car il est difficile d'avoir un vrai talent. Mais qui aime la gloire, doit le tenter. Ne travailler que pour la foule, c'est faire un métier ; ne travailler que pour les connaisseurs, c'est faire de la science. L'art n'est ni science, ni métier.

Pour soutenir mon assertion, je choisirai quelques exemples. Que ceux qui ne recherchent que la popularité me disent ce qu'ils pensent des ouvrages de Maso Mansuoli, d'Arpino, de Santi-Titi, du Laureti, du Ricci et de Zuccari. Ils ont régné en rois sur leur époque ; ils ont été les favoris de Pie IV, de Grégoire XIII, de Sixte V ; ils ont été fêtés, enrichis, proclamés immortels ; et Zuccari, appelé de Florence sur la demande expresse du pape, a sali de ses fresques la voûte de la chapelle Pauline ébauchée par Michel-Ange.

A ceux qui dédaignent la foule je ne citerai pas de pareils noms, mais je leur demanderai d'en citer un seul qui, glorieux aujourd'hui, ait été, de son temps, méconnu du public. Qui est-ce ? J'ai entendu dire qu'on en a trouvé dans l'histoire ; ce n'est qu'un rêve, ou pour mieux dire, qu'une gageure faite en haine des sots. Qu'il y ait eu des renommées tardives, je ne le nie pas. Le public est lent à arriver, il ne passe pas par les ruelles ; mais, s'il y a route, il arrive. Le Corrége, dit-on, mourut pauvre, après avoir vécu inconnu. C'est Vasari qui a fait ce conte. Sept écrivains ont prouvé le contraire : Ratti, Tiraboschi, le père Affo, Mengs, Lanzi, l'Orlandi et le Scannelli. Mais la fable, plus poétique sans doute, a prévalu comme toujours. Parmi les grands artistes de toute espèce, il y en a, certes, de malheureux; Dante, le Tasse, Rousseau, le prouvent. Mais leur génie était-il méconnu? En quoi leur mauvaise fortune a-t-elle nui à leurs œuvres, de leur vivant? Dante, proscrit, était un demi-dieu, terrible à ses ennemis mêmes. Le Tasse était l'ami d'un roi qui a puni en lui le courtisan, et non pas le poëte. Rousseau, lapidé par la populace, brûlé en effigie dans ses livres, remplissait l'Europe de son nom. Gilbert, ajoute-t-on, et André Chénier sont morts ignorés. Chénier n'avait point imprimé ses ouvrages; sa mémoire n'accuse que Robespierre. Gilbert avait fait une satire médiocre contre toutes les gloires de son siècle; sa mort est affreuse, et le récit en fait horreur; mais la route qu'il avait prise, il faut l'avouer, mène au malheur; c'est celle de la haine et de l'envie. Ce qu'on plaint en lui, ce n'est pas son talent.

« Mais, dira-t-on, mettez le premier venu devant un tableau de Raphaël, et, sans lui dire de qui il est, demandez-lui ce qu'il en pense. Ne pourra-t-il pas se tromper? » Je répondrai d'abord que le public n'est pas le premier venu. Son jugement se compose de cent jugements, son blâme ou son éloge de cent opinions confondues, mêlées, souvent diverses, mais en équilibre, et réunies par le contact. Le public est comme la mer, le flot n'y est rien sans la fluctuation. Ensuite je dirai : « Mettez devant un tableau de Raphaël un homme de son temps. Ce temps était religieux ; Raphaël n'a guère peint que des sujets de religion. En obéissant à son cœur, il travaillait donc pour la foule ; la foule le comprenait donc, puisqu'elle aimait mieux voir la Vierge peinte par lui que par ses rivaux. »

Il n'y a pas de plus grande erreur, dans les arts, que de croire à des sphères trop élevées pour les profanes. Ces sphères appartiennent à l'imagination : qu'elle s'y recueille quand elle conçoit ; mais, la main à l'ouvrage, il faut que la forme soit accessible à tous. L'exécution d'une œuvre d'art est une lutte contre la réalité ; c'est le chemin par où l'artiste conduit les hommes jusqu'au sanctuaire de la pensée. Plus ce chemin est vaste, simple, ouvert, frayé, plus il est beau ; et tout ce qui est beau est reconnu tel, et a son heure. La nature, en cela comme en tout, doit servir de modèle aux arts ; ses ouvrages les plus parfaits sont les plus clairs et les plus compréhensibles, et nul n'y est profane. C'est pourquoi ils font aimer Dieu.

Dans l'examen que je vais faire, je m'attacherai donc au principe que je pose, et qui me semble, sauf meilleur avis, une base solide. Lorsque j'ai vu la foule, au Salon, se porter vers un tableau, je l'y ai suivie, et j'ai écouté là ce qu'en disaient les connaisseurs ; lorsque les artistes s'arrêtaient devant une toile, je m'y suis arrêté avec eux, et j'ai écouté ce qu'en disait la foule. C'est sur cette double épreuve que je fonderai mes jugements, reconnaissant d'avance, je le répète, que tout succès prouve.

à mon sens, un talent qu'il est impossible de nier.

II.

Le Salon, au premier coup d'œil, offre un aspect si varié, et se compose d'éléments si divers, qu'il est difficile, en commençant, de rien dire sur son ensemble. De quoi est-on d'abord frappé? Rien d'homogène, point de pensées communes, point d'écoles, point de familles, aucun lien entre les artistes, ni dans le choix de leurs sujets, ni dans la forme. Chaque peintre se présente isolé, et non-seulement chaque peintre, mais parfois même chaque tableau du même peintre. Les toiles exposées au public n'ont, le plus souvent, ni mères ni sœurs; on se croirait dans ces temps de décadence où l'école bolonaise, voulant réunir toutes les qualités qui distinguaient Florence, Rome et Venise, amena dans les arts tant de confusion. Ce serait en vain qu'on chercherait, dans une si grande quantité d'ouvrages, à faire quelques classifications; car à quoi servirait de dire, par exemple : « Il y a tant de tableaux d'église, tant de batailles, ou tant de marines? » Y a-t-il, à l'époque où nous vivons, des raisons pour que les peintres fassent plutôt des marines que des batailles, et des saintes-familles que des paysages? Ils n'ont pour cela point de raison probable, sinon que tel est leur caprice, ou qu'on le leur a demandé. On ne peut donc rien classer ainsi; car ce sera autre chose demain, et il en était hier autrement. Peut-on dire encore : « Là est une série de coloristes, là de dessinateurs? » Non; car chacun veut être à la fois coloriste et dessinateur, ou peut-être personne n'y pense; car on ne pense guère qu'à l'effet. Remarque-t-on, d'ailleurs, de ces grandes influences exercées de tout temps par les hommes supérieurs, et de ces volontés génératrices qui, à défaut d'élèves ou de rivaux, se créent, du moins, des imitateurs? Non, ou trop peu pour que la critique puisse en prendre acte. Robert, pour les sujets italiens, M. Cabat pour le paysage, Ingres, Delaroche, sont quelquefois imités. Mais comme c'est pure affaire de forme, et qu'on n'imite en eux rien de nécessaire, il n'en résulte rien d'utile. Cependant, l'unité manquant, trouve-t-on, du moins, une noble indépendance, et reconnaît-on, dans cette multitude bizarre, cette noble liberté de conscience dont la force mène à l'isolement? Je sais qu'on l'a dit, mais je ne le vois pas. Il me semble que le pastiche domine; de tous côtés on peut noter des ouvrages remarquables, où une préoccupation visible altère et contourne la pensée première : et je répète ici ce que je viens de dire plus haut : par quel motif? Pourquoi imiter tel peintre lombard, espagnol ou flamand, mort il y a deux ou trois cents ans? Non pas que je blâme l'artiste qui s'inspire du maître; mais, à dire vrai, copier certains fragments, chercher certains tons qui souvent résultent chez le maître de l'effet du temps sur les couleurs, voir la nature avec d'autres yeux que les siens, gâter ce qu'on sent, par·ce qu'on sait, est-ce là s'inspirer? Un pareil travail sur soi-même détruit l'originalité, tandis que l'inspiration véritable la ravive et la met en jeu. Il faut que l'enthousiasme pour les maîtres soit comme une huile dont on se frotte, non comme un voile dont on se couvre. Quand on se sent porté vers un ancien peintre par l'admiration, par la sympathie, quand, en un mot, on sent comme lui, qu'on l'étudie, à la bonne heure ; qu'on le regarde, qu'on l'interroge, qu'on recherche comment il rendait sur la toile cette pensée, ce sentiment dont la nature vous est commune avec lui ; puis, après cela, qu'on se mette à l'œuvre et qu'on se livre sur de nouveaux sujets à l'inspiration ainsi appelée. Alors il sera possible qu'on fasse un bon tableau, et ceux qui verront ce tableau ne trouveront pas qu'il ressemble à tel ouvrage connu du maître, mais ils diront que le maître lui-même aurait pu faire ce tableau. Mais le pastiche, au contraire, au lieu de saisir le foyer, rassemble des rayons partiels ; au lieu de chercher à pénétrer à travers la forme dans la grande âme du Titien ou de Rubens, il ne s'attache qu'à cette forme ; il prend çà et là des figures, des torses, des draperies et des muscles ; triste dépouille ! Ce n'est plus l'homme ; ce sont les membres de l'homme :

Disjecti membra poetæ.

Comment prend-on goût à une pareille tâche, surtout en peinture, où l'on a affaire à la réalité, et où la nature, qui pose devant l'artiste, n'a besoin que des yeux pour aller au cœur?

La première impression, en entrant au Salon, est donc fâcheuse et peu favorable. Nous verrons cependant plus tard si cette impression se modifie, et si du défaut même d'ensemble il ne serait pas possible de tirer quelques conséquences générales. Bornons-nous à dire dès à présent que, tel qu'il puisse être chez nous, l'art n'est nulle part en meilleure route. Qui a peu vu est difficile : l'antiquité ou l'éloignement font respecter ce qu'on ignore. Par ennui de l'habitude, on médit des siens, mais quand on passe la frontière, on apprend ce que vaut la France. Il est certain qu'aucune nation, maintenant, n'a le pas sur elle. En matière d'art, comme en d'autres matières, l'avenir lui appartiendra.

III.

Le premier tableau qui s'offre aux regards, et devant lequel la foule se porte, est celui de M. Hesse. Il représente le Vinci venant d'acheter des oiseaux, et leur rendant la liberté.

Il respire sur cette toile un air de fraîcheur, qui charme d'abord, et qui invite à s'arrêter. L'aspect en est gai et aimable ; la scène se passe sur un quai, et, si je ne me trompe, à Florence. Un groupe de femmes regarde le peintre, tandis que les marchands, assis à terre, comptent leur argent ; un précepteur passe, l'enfant qui l'accompagne à regret se retourne d'un air boudeur ; il voudrait bien tenir ces oiseaux. Un autre enfant les suit des yeux dans l'air ; le ciel est pur, les figures délicates, les maisons blanches (trop blanches peut-être pour Florence, où tout est bâti avec une pierre brune ; mais peu importe) ; il n'est pas jusqu'aux quatre lignes qui expliquent ce tableau dans le livret, où l'on ne trouve une naïveté gracieuse :

« Souvent en passant par les lieux où l'on vendait des oiseaux, de sa main il les tirait de la cage, après en avoir payé le prix demandé, et leur restituait la liberté perdue. »

Je ne demanderai pas à M. Hesse d'après quel portrait ou quelle gravure il a peint son principal personnage, celui du Vinci ; je l'ai entendu critiquer, et je le trouve bien. On lui reproche de manquer d'expression ; mais il me semble que c'est mal raisonner. Quelle expression donner à un homme qui ouvre une cage et délivre des oiseaux ? Toute idée profonde eût été niaise, et toute apparence d'affectation sentimentale cent fois plus niaise encore. La figure est calme, jeune et digne ; c'est pour le mieux ; j'aime cet homme à ronde encolure, qui est appuyé sur le parapet du pont, et qui regarde ; vrai badaud du temps, avec un grain de philosophie. La vieille femme qui lève la main est parlante, et semble un portrait achevé ; mais la première figure du groupe des femmes, habillée de rose, est roide et déplaisante; elle n'a ni hanches ni poitrine; évidemment, dans ce personnage, M. Hesse a pensé aux vieux peintres allemands. Les deux autres femmes, les marchands sont peints plus simplement; il y a là une touche excellente. Le précepteur a le même défaut que la femme vêtue de rose; les deux enfants sont charmants, pleins de naturel et de finesse. En somme, toutes les têtes sont bien. Pourquoi, avec un talent hors de ligne et qui n'a besoin d'aucune aide, se souvenir de ce qu'il y a au monde de moins simple? Pourquoi cette robe rose, qui tombe sur un sol peint avec vérité, fait-elle des plis de convention? A quoi bon songer au gothique dans un tableau qui est tout le contraire du gothique, c'est-à-dire vivant et gracieux? Du reste, je ne fais cette critique, quelque juste qu'elle soit, qu'avec restriction, car dans les figures que je blâme il n'y a que le contour de roide; on sent que la main qui les a peintes est originale malgré elle, et que, débarrassé de quelques légères entraves, le talent de M. Hesse prendra un vol libre et heureux, comme les oiseaux du Vinci.

Je passe devant le tableau de Robert pour y revenir, et je trouve celui de M. Édouard Bertin. Il a une qualité rare aujourd'hui, de l'élévation et de la sévérité. M. Bertin semble avoir transporté dans le paysage, invention moderne, l'amour de la plastique, cher à l'antiquité. On sent qu'il cherche la beauté de la forme et du contour depuis les masses de ses rochers jusque dans les feuilles de ses arbres, qui se découpent sur le ciel. Ses tons sont larges et fins, et la nature, qu'il étudie, est grave et noble sous son pinceau. Ce serait un beau frontispice à un missel qu'une gravure faite d'après son paysage. Je ne chercherai pas ce qui lui manque; rien ne me choque, et tout me plaît.

M. Le Poittevin avait exposé, l'année dernière, sa *Rentrée des Pêcheurs*, à la place même où est son nouveau tableau. Quoique celui-ci ait du mérite, la comparaison lui fait tort. Les eaux sont belles et jetées hardiment; mais le sujet, perdu dans une scène trop vaste, ne produit pas l'effet désirable. Cette glorieuse fin du *Vengeur* est vue de trop loin; il faut la chercher. Ce n'est qu'avec de l'attention, et sur l'avertissement du livret, qu'on aperçoit les héros mourants et tout le désordre de la défaite. Les trois mâts du vaisseau vainqueur, qui apparaissent dans le fond, se lèvent trop droit sur cette mer houleuse; ils ressemblent à un clocher. C'est un bon tableau de marine; mais ce n'est pas tout ce que ce pouvait être.

Le *Passage du Rhin* me semble préférable à la *Bataille de Fleurus*, qui lui sert de pendant dans le grand salon. Il n'y a pas dans la composition de M. Beaume la confusion qui fatigue dans celle de M. Bellangé; mais le paysage est terne, et on ne sait si c'est le soir ou le matin.

La *Vue prise à Naples*, de M. Gudin, est pleine de lumière et de chaleur. J'aime ces pêcheurs couchés sur le rivage, cette teinte mate des maisons, et ce flot mourant qui glisse sur le sable et vient tomber sur le premier plan. Peut-être l'ensemble est-il trop coquet et trop ajusté. C'est du satin et de la moire ; mais il est impossible de n'y pas reconnaître un vrai côté de la nature. Cette vue est bien supérieure à un effet de lune et de coucher de soleil qui est dans la première salle de la galerie. Ce n'est pas que ce dernier tableau manque de vérité : mais il est d'une dimension trop petite pour que les deux effets qui se contrarient n'aient pas quelque chose de bizarre et de puéril. Cette barque, qui se trouve précisément au milieu, comme pour séparer les deux teintes, rend ce défaut encore plus frappant : la même vague, bleue d'un côté, est verte de l'autre. M. Gudin n'a-t-il donc pas songé que, lorsque la mer se revêt ainsi de deux nuances opposées, c'est sur une échelle immense, et avec des dégradations infinies ?

Après un *paysage*, de M. J. V. Bertin, où l'on retrouve toujours de la grâce, *la Plaine de Rivoli*, de M. Boguet, me paraît se distinguer par d'éminentes qualités. On peut lui reprocher de la froideur, et si je suivais toujours la foule, je passerais peut-être sans m'arrêter. Mais il y a dans cette toile un grand travail fait consciencieusement. On sent dans ce vaste horizon je ne sais quoi de pur et de triste. « L'auteur, dit le livret, fut chargé de dessiner ce champ de bataille. Napoléon voulait montrer une *localité* où vingt-cinq mille Français ont battu soixante-dix mille hommes, qui occupaient toutes les positions. » M. Boguet a peint cette *localité*, et il avait une belle occasion de l'encombrer de shakos et de gibernes ; mais il n'a mis dans la vallée qu'un pâtre et une chèvre. Assurément, il y a dans cette pensée, fût-elle involontaire, quelque chose du Poussin.

Sans la loi que je me suis imposée de constater tous les succès, j'aurais voulu ne pas parler du *J.-J. Rousseau*, de M. Roqueplan, car je reconnais à ce jeune peintre beaucoup d'habileté. S'il devient jamais sincèrement amoureux de la nature, il sentira quelle différence il y a entre la popularité et la mode. Watteau est aux grands maîtres de la peinture ce qu'est à une statue antique une belle porcelaine de Saxe. M. Roqueplan est coloriste. Qu'il prenne garde d'être à Watteau ce qu'est à une porcelaine de Saxe une jolie imitation anglaise.

La *Retraite de Russie*, de M. Charlet, est un ouvrage de la plus haute portée. Il l'a intitulé *Épisode*, et c'est une grande modestie ; c'est tout un poëme. En le voyant, on est d'abord frappé d'une horreur vague et inquiète. Que représente donc ce tableau ? Est-ce la Bérésina, est-ce la retraite de Ney ? Où est le groupe de l'état-major ? où est le point qui attire les yeux, et qu'on est habitué à trouver dans les batailles de nos musées ? Où sont les chevaux, les panaches, les capitaines, les maréchaux ? Rien de tout cela ; c'est la grande armée, c'est le soldat, ou plutôt, c'est l'homme ; c'est la misère humaine toute seule, sous un ciel brumeux, sur un sol de glace, sans guide, sans chef, sans distinction. C'est le désespoir dans le désert. Où est l'empereur ? Il est parti ; au loin, là-bas, à l'horizon, dans ces tourbillons effroyables, sa voiture roule peut-être sur des monceaux de cadavres, emportant sa fortune trahie ; mais on n'en voit pas même la poussière. Cependant cent mille malheureux marchent d'un pas égal, tête baissée, et la mort dans l'âme. Celui-ci s'arrête, las de souffrir : il se couche et s'endort pour toujours. Celui-là se dresse comme un spectre, et tend les bras en suppliant : « Sauvez-moi, s'écrie-t-il, ne m'abandonnez pas ! » Mais la foule passe, et il va retomber. Les corbeaux voltigent sur la neige, pleine de formes humaines. Les cieux ruissellent et, chargés de frimas, semblent s'affaisser sur la terre. Quelques soldats ont trouvé des brigands qui dépouillent les morts ; ils les fusillent. Mais de ces scènes partielles pas une n'attire et ne distrait. Partout où le regard se promène, il ne trouve qu'horreur, mais horreur sans laideur, comme sans exagération. Hors la *Méduse* de Géricault et le *Déluge* du Poussin, je ne connais point de tableau qui produise une impression pareille : non que je compare ces ouvrages, différents de forme et de procédé ; mais la pensée en est la même, et (l'exécution à part) plus forte peut-être dans M. Charlet. Il est un des premiers qui ait peint le peuple, et il faut convenir que ses spirituelles caricatures, tout amusantes qu'elles sont, n'annonçaient pas ce coup d'essai. Je le loue avec d'autant plus de confiance, que je ne crois pas que la louange puisse lui faire du tort et le gâter; je n'en veux d'autre preuve que la vigueur et la simplicité de sa touche. Avec quel plaisir, en examinant sa toile, j'ai trouvé, dans les premiers plans, des coups de pinceau presque grossiers! Comme ces sapins sont faits largement! De près on croit voir une ébauche; mais dès qu'on recule, ils sortent du tableau. D'ailleurs, nulle préoccupation; aucun modèle n'a pu servir ni à la conception de l'ouvrage, ni à l'effet, ni à l'arrangement. C'est bien une œuvre de ce temps-ci, claire, hardie et originale. Il me semble voir une page d'un poëme épique, écrit par Béranger.

Le portrait de Mlle R..., de M. Champmartin, n'est pas des meilleurs qu'il ait faits, et on doit doublement le lui reprocher; car, si son tableau ne plaît pas, ce n'est pas la faute de son modèle. Le portrait de la marquise de M... vaut mieux; il est habilement exécuté. Les contours du front et du visage sont pleins de douceurs et bien *fondus*. La main droite n'est pas heureusement posée; en voulant vaincre la difficulté, le peintre a trop accusé les plis de la peau; cette main a dix ans de plus que l'autre. Le portrait de M. D... est, à mon avis, le plus remarquable des trois, quoiqu'il ne soit pas le plus remarqué. Il y a, en général, dans les ouvrages de M. Champmartin, un éclat de couleur et une absence de plans, qui, je lui demande pardon du terme, donnent parfois à ses personnages l'air d'un joujou de Nuremberg. Qu'il ne croie pas pourtant que je plaisante lorsqu'il s'agit de son talent. Je lui reprocherai plus sérieusement de se souvenir de Lawrence, surtout dans ses fonds ; pour quoi faire ? Ces demi-paysages, à peine entrevus, ces draperies faites d'un coup de brosse, et qui ne sont vraies que pour un myope, ne sont pas le beau côté de la manière de Lawrence. C'est du convenu ; M. Champmartin en a moins besoin que tout autre. J'ai vu dernièrement, au faubourg Saint-Germain, un portrait du jeune fils de la marquise de C..., peint par lui, et je n'ai qu'à le féliciter de l'effet du temps sur ses couleurs : elles acquièrent une rare solidité, sans perdre de leur prestige.

Je pourrais faire à M. Decaisne un beau compliment sur son *Ange gardien*. Durant les premiers jours où je visitais le Musée, je consultais l'un de nos poëtes, et si je ne craignais pas de le nommer, je dirais que c'est le premier de tous. Après Robert, l'*Ange gardien* l'avait surtout frappé. « Dites hardiment, me dit-il, que c'est un des plus beaux tableaux du Salon. » J'ai cependant entendu depuis bien des critiques sur cet ouvrage : on veut trouver dans l'enfant endormi un souvenir de Rubens ; on reproche à l'ange d'être vêtu de soie, on le voudrait en robe blanche : on se rappelle certaines toiles du même auteur qui étaient loin de valoir celle-ci ; on les compare, on les oppose ; enfin on dit que tout est médiocre ; mais, pour profiter du conseil, je dirai hardiment qu'on ne me convainc pas. La tête de l'ange est admirable, dans toute la force du terme ; le reste est simple et harmonieux ; le sujet d'ailleurs est si beau, qu'il est de moitié dans l'émotion qu'on éprouve : un enfant couché dans son berceau, une mère qu'assoupit la fatigue, et un ange qui veille à sa place. Quel peintre oserait être médiocre en traitant un pareil sujet ? La palette lui tomberait des mains. Que M. Decaisne conserve la sienne ; et, s'il m'est permis de lui parler ainsi, qu'il regarde attentivement ce qu'il vient de faire. On dit que la tête de son ange est celle d'un enfant de quatorze ans ; je souhaite que cette supposition soit vraie ; elle prouverait beaucoup en faveur du peintre. Le grand principe qu'a posé Raphaël, et qui a fécondé tout son siècle, n'était pas autre que celui-ci : se servir du réel pour aller à l'idéal. Il n'en a pas fallu davantage pour couvrir l'Italie de chefs-d'œuvre, et l'embraser du feu sacré. Quelle que soit la route qui ait conduit M. Decaisne au résultat qu'il nous montre aujourd'hui, il est arrivé. Qu'il saisisse cette phase de son talent ; qu'il renonce pour toujours à ce cliquetis de couleurs, à ces petits effets mesquins qu'il a cherchés, naguère encore, dans ses portraits, qu'il prenne confiance en son cœur, et, en même temps, qu'il se défie de sa main. Que les yeux calmes de son ange lui apprennent qu'il n'y a de beau que ce qui est simple. Qu'il ne veuille pas faire plus qu'il ne peut, mais qu'il soit ce qu'il doit être. Puisse-t-il trouver souvent une inspiration aussi heureuse! S'il voit des gens qui passent devant sa toile et qui se contentent de ne pas dédaigner, qu'il laisse ceux-là aller à leurs affaires, ou se pâmer devant le bric-à-brac. Le temps n'est pas loin où le romantisme ne barbouillera plus que des enseignes. Si j'adresse à M. Decaisne, que je ne connais pas, ces conseils, peut-être un peu francs, c'est que j'ai été, sur une autre route, assurément plus dans le faux que lui; je n'ai pas fait son *Ange gardien*, mais je le sens peut-être mieux qu'un autre. Je le louerais moins si l'auteur avait mieux fait jusqu'à présent; mais qu'il tienne bon, et prenne courage; le cœur, quand il est sain, guérit toujours l'intelligence.

Le portrait du maréchal Grouchy, de M. Dubufe, atteste un progrès louable dans sa manière. Il est ressemblant; et, pour l'exécution, il n'y a point de reproches à lui faire. Il y a loin de là à ces tristes poupées qu'il habillait de satin blanc, et qu'il appelait *Regrets* ou *Souvenirs*.

L'*Angelus du soir*, de M. Bodinier, est une composition suave et pleine de mélancolie. Les teintes du soleil couchant, la sombre verdure de la campagne, les chiens blancs, le vieillard à genoux, le troupeau, tout est bien rendu. J'aime surtout ce berger debout, dont la tête se détache en noir sur l'horizon. C'est une idylle que ce petit tableau. Le sentiment qu'il réveille est si vrai, que la scène qu'il représente semble familière à tout le monde; cependant elle était difficile à fixer. Les Napolitaines sont de bonnes études, mais ce sont trop des études seulement. Le *Repos à la fontaine* a le même mérite que l'*Angelus*, quoique à un degré moins éminent; en somme, parmi tant de peintres que l'Italie a inspirés, M. Bodinier, à côté de Robert, de Schnetz et d'Horace Vernet, a su se marquer une place choisie. On ne peut ni l'oublier ni le confondre, et ne forçant jamais son talent, chaque tableau signé par lui est reconnu et adopté de tous.

La grande toile de M. Larivière ne me plaît pas, et j'en ai du regret; car c'est un immense travail, dans lequel il y a de bonnes parties. Mais j'ai beau faire, ces grandes parades m'attristent, et je les laisse à plus robuste que moi.

J'entreprendrai cependant de parler des batailles de M. Horace Vernet, et, quoiqu'elles soient passablement longues, j'y adjoindrai celle de *Fontenoy*. Ce n'est pas là une petite affaire, mais je tâcherai d'être plus court que lui.

J'ai dit, en commençant cet article, que tout succès populaire prouvait à mon avis un incontestable talent. Il m'est impossible, en ceci, de partager une opinion émise autrefois dans la *Revue des Deux Mondes*. Je ne puis comprendre par quelle raison une foule qui sans cesse se renouvelle, dont les jugements sont si variables, et que tant d'efforts cherchent à attirer de tous côtés, se donnerait le mot pour admirer, entre mille, au hasard, un homme que rien ne distinguerait de ses rivaux. Si on prétend que la politique et la passion s'en mêlent,

je le veux bien; mais cette passion et cette politique,
n'y a-t-il qu'un homme qui cherche à les flatter?
Lorsque M. Horace Vernet, en butte à une censure
odieuse, ouvrit son atelier, je conviendrai certainement que la circonstance lui fut favorable; mais
quoi! n'y avait-il que lui? Le général Lejeune, par
exemple, qui pense maintenant à ses tableaux? Ils
ont eu un succès d'un jour, pourquoi ne parlerait-
on plus de lui, et parle-t-on toujours d'Horace
Vernet? C'est que le général Lejeune n'avait affaire
qu'à la mode, et Horace Vernet à la popularité. Ce
que je dis là pour un peintre, je le dirais, s'il
s'agissait de littérature, pour deux hommes qu'on
lui compare, MM. Casimir Delavigne et Scribe,
talents avérés et positifs qu'attaquent des feuilletons désœuvrés. Le succès des *Messéniennes* ressemble beaucoup à celui des *Batailles* d'Horace
Vernet. Aussi leur adresse-t-on quelquefois des critiques du même genre. Pour moi, qui sais encore
par cœur les strophes qui commencent ainsi :

> Eurotas, Eurotas, que font ces lauriers-roses
> Sur ton rivage en deuil par la mort habité ?

j'avoue que je ne puis me figurer que ce soit par
passion politique que je les ai apprises au collége,
lorsque j'étais en quatrième; mais ce n'est pas
assurément par passion politique que je les trouve
encore fort belles aujourd'hui, et que je les ai
récitées l'autre jour à souper à des amis, qui sont
de mon avis.

Mais sans plaider plus longtemps cette cause, et en reconnaissant d'abord à M. Horace Vernet la juste réputation qu'il s'est acquise, faut-il le citer à un autre tribunal, et lui demander un compte sévère de ces ouvrages si applaudis? Cette question peut être posée; mais j'y répondrais négativement. M. Horace Vernet n'est pas un jeune homme, et encore moins un apprenti; ses défauts mêmes sentent la main du maître; il les connaît peut-être aussi bien que nous; il sait ce que sa facilité doit entraîner de négligences, et ce que la rapidité de son pinceau doit lui faire perdre en profondeur; mais il sait aussi les avantages de sa manière, et, en tous cas, il veut être lui. Qui peut se tromper sur ses tableaux? Il n'y a que faire de signature, et cette seule preuve annonce un grand talent.

Le monde ne se doute guère que les réputations qu'il a consacrées sont remises en question tous les jours. Que de gens, vivant à Paris, s'occupant des arts, et capables d'en juger, seraient étonnés si on leur lisait tout ce qui s'imprime sur les écrivains ou sur les peintres qu'ils préfèrent!

On voit, d'après ce que je viens de dire, que je ne m'appliquerai point à un examen approfondi des quatre batailles que j'ai nommées plus haut. Il me suffira de les citer et de remarquer que ce qu'on y peut trouver de plus blâmable, c'est le titre qu'on leur a donné; ce ne sont point des batailles, d'abord parce qu'on ne s'y bat point, et on ne pouvait point s'y battre, puisque l'empereur est là en personne. A Iéna, l'empereur entend sortir des rangs de la garde impériale les mots : *En avant!* « Qu'est-ce? dit-il. Ce ne peut être qu'un jeune homme sans barbe qui ose préjuger ainsi de ce que je dois faire. » Tel est le sujet du premier épisode. Voyons ce qu'en a fait M. Vernet : il lance l'empereur au galop, Murat le suit, la colonne porte les armes. Un soldat pris d'enthousiasme crie en agitant son bonnet; l'empereur s'arrête : le geste est sévère, l'expression vraie; et sans aller plus loin, n'y a-t-il pas là beaucoup d'habileté? Quel effet eût produit, je suppose, l'empereur à pied, les mains derrière le dos? ou, quelle que fût sa contenance, quel autre geste eût mieux rendu l'action? Ce cheval ardent qui trépigne, retenu par une main irritée, cette tête qui se retourne, ce regard d'aigle, tout fait deviner la parole. Cependant, dans le creux d'un ravin, les grenadiers défilent en silence; au delà du tertre, l'horizon. Assurément, je le répète, ce n'est pas la bataille d'Iéna; mais c'est le sujet, tel qu'il est donné, conçu adroitement et nettement rendu. Voudriez-vous voir une plaine? l'armée? que sais-je? pourquoi pas l'ennemi? et l'empereur perdu au milieu de tout cela? Eh! s'il était si petit et si loin, on n'entendrait pas ce qu'il dit.

David disait à Baour-Lormian : « Tu es bien heureux, toi, Baour : avec tes vers, tu fais ce que tu veux; tandis que moi, avec ma toile, je suis toujours horriblement gêné. Supposons, par exemple, que je veuille peindre deux amants dans les Alpes. Bon. Si je fais deux beaux amants, des amants de grandeur naturelle, me voilà avec des Alpes grosses comme rien ; si au contraire je fais de belles Alpes, des Alpes convenables, me voilà avec de petits amants d'un demi-pied, qui ne signifient plus rien du tout! Mais toi, Baour, trente pages d'Alpes, trente pages d'amants ; t'en faut-il encore? trente autres pages d'Alpes, trente autres pages d'amants, etc. » Ainsi parlait le vieux David dans son langage trivial et profond, faisant la plus juste critique des critiques qu'on lui adressait. M. Vernet pourrait en dire autant à ceux qui lui demandent autre chose que ce qu'il a voulu faire. Puisque l'acteur est Napoléon, et puisque l'action est exacte, que vouliez-vous qu'il vous montrât entre les quatre jambes de son cheval?

Ceci s'applique également à l'épisode de Friedland et à celui de Wagram. Le vrai talent de M. Vernet, c'est la verve. A propos du premier de ces deux tableaux, je ne dirai pas : « Voyez comme ce coucher du soleil est rendu, voyez ces teintes, ces dégradations, ces étoffes ou ces cuirasses ; » mais je dirai : « Voyez ces poses ; voyez ce général Oudinot qui s'incline à demi pour recevoir les ordres du maître ; voyez ce hussard rouge, si fièrement campé, ce cheval qui flaire un mort. A Wagram, voyez cet autre cheval blessé, cette gravité de l'empereur qui tend sa carte sans se détourner, tandis qu'un boulet tombe à deux pas de lui! A

Fontenoy, voyez ce vainqueur, noble, souriant, ces vaincus consternés; comme tout cela est disposé, ou plutôt jeté! quelle hardiesse! » Certes il n'y a pas là la conscience d'un Holbein, la couleur d'un Titien, la grâce d'un Vinci; ce n'est ni flamand, ni italien, ni espagnol; mais, à coup sûr, c'est français. Ce n'est pas de la poésie, si vous voulez; mais c'est de la prose facile, rapide, presque de l'action, dit M. Michelet. En vérité, quand on y pense, la critique est bien difficile; chercher partout ce qui n'y est pas, au lieu de voir ce qui doit y être? Quant à moi, je critiquerai M. Vernet lorsque je ne trouverai plus dans ses œuvres les qualités qui le distinguent, et que je ne comprends pas qu'on puisse lui disputer; mais tant que je verrai cette verve, cette adresse et cette vigueur, je ne chercherai pas les ombres de ces précieux rayons de lumière.

La *Bataille de Fontenoy* m'amène à parler de M. Couder. Sa scène de Lawfeldt, considérée en elle-même et à part, est un ouvrage recommandable. Le roi et le maréchal de Saxe sont largement peints, et leurs habits sont en beau velours. Le vicomte de Ligonier et les soldats qui l'amènent forment un groupe sagement composé. Mais reconnaît-on sur cette toile la touche de l'auteur du *Lévite?* Pourquoi ce tableau, qui a du mérite, diffère-t-il si étrangement de son aîné qui le vaut bien? Est-ce une manière nouvelle que M. Couder vient d'adopter, et le premier tableau que nous aurons de lui sera-t-il fait dans cette manière?

Non; M. Couder a peint pour Versailles une *Bataille de Louis XV*, et il a cherché, dans son exécution, à se rapprocher des peintres du temps de Louis XV. Je suis fâché de retrouver, à côté de qualités solides, ce démon du pastiche qui me poursuit. Ce n'est pas le manque d'une manière reconnaissable que l'on peut reprocher à M. Delacroix. C'est encore un homme, à mon avis, dont il ne faut pas chercher les défauts avec trop de sévérité. Pour parler de lui équitablement, il ne faut pas isoler ses ouvrages, ni porter sur tel ou tel de ses tableaux un jugement définitif; car dans tout ce qu'il fait il y a la même inspiration, et on le retrouve toujours le même dans ses plus grands succès comme dans ses plus grands écarts. J'avoue que cette identité constante, quand je la rencontre, me rend la critique difficile; je serai aussi sévère qu'on voudra pour une œuvre qui se présentera seule, qui ne tiendra à rien, que rien n'amène ni ne doit suivre; mais je ne puis m'empêcher de respecter ce lien magique, cette force plus forte que la volonté même, qui fait qu'un homme ne peut lever la main sans que sa main ne le trahisse, et sans que son œuvre ne le nomme. Je juge chaque ouvrage d'un peintre sans manière comme je jugerais celui d'un mort, je n'y vois rien que ce qui est devant mes yeux; si je trouve alors un muscle de travers, un bras cassé, je suis impitoyable; je m'écrierai que c'est détestable, insupportable, ou, pour mieux faire, je m'en irai regarder autre chose. Mais dans un talent identique, en parlant du passé, il me semble que je parle aussi de l'avenir; je sens que j'ai affaire à un vivant, et, en blâmant ce que je vois, j'ai peur de blâmer ce que je ne vois pas encore, ce qui va arriver tantôt; et notez bien que M. Delacroix, de qui il s'agit maintenant, imite quelquefois. On se souvient de cette grande toile de *Sardanapale*, où il était clair que l'auteur avait cherché à se rapprocher de Rubens. Eh! mon Dieu, c'était bien inutile, aussi le résultat l'a-t-il trompé. Mais c'est une belle victoire que de se tromper impunément. M. Delacroix peut demain, s'il veut, se mettre à imiter Michel-Ange, comme il a imité Rubens. Après-demain il imitera Rembrandt, et dimanche le Caravage; mais lundi tout sera fini; il s'ennuiera de ce travail aride, et, vaincu par sa propre force, il redeviendra lui-même à son premier coup de pinceau.

Il y a dans le *Saint Sébastien* des défauts qui frappent le public; je les reconnais et je ne les signalerai pas; car le *Saint Sébastien* est le frère d'une famille déjà nombreuse, et je ne veux pas dire du mal du *Massacre de Scio*, ni de cette *Liberté* que M. Auguste Barbier seul pourrait décrire, ni des *Anges du Christ aux Olives*, ni du *Dante*, ni du *Justinien*; et je serais bien plus fâché encore de dire du mal du premier tableau que M. Delacroix peut nous faire, de son plafond que je n'ai pas vu, de ses projets que je ne connais pas. On a voulu faire de M. Delacroix le chef d'une école nouvelle, prête à renverser ce qu'on admire, et à usurper un trône en ruine. Je ne pense pas qu'il ait jamais eu ces noirs projets révolutionnaires. Je crois qu'il travaille en conscience, par conséquent, sans parti pris. S'il a un système en peinture, c'est le résultat de son organisation, et je n'ai pas entendu dire qu'il voulût l'imposer à personne : aussi ne le blâmerai-je pas d'aimer Rubens par-dessus tout; je partage son enthousiasme sans partager ses antipathies, et j'aime Rubens, quoique j'aime mieux Raphaël. Mais fussé-je l'ennemi déclaré de la manière de M. Delacroix, je n'en serais pas moins surpris qu'on ait, au jury d'admission, refusé un de ses tableaux. Je ne connais pas son *Hamlet*, et je n'en puis parler d'aucune façon; mais quelques défauts que puisse avoir cet ouvrage, comment se peut-il qu'on l'ait jugé indigne d'être condamné par le public? Est-ce donc la contagion qu'on a repoussée dans cette toile? Est-elle peinte avec de l'aconit? Il semble que tant de sévérité n'est juste qu'autant qu'elle est impartiale; et comment croire qu'elle le soit, lorsqu'on voit de combien de croûtes le Musée est rempli? Mais ce n'est pas assez que de tous côtés on trouve les plus affreux barbouillages; on a reçu jusqu'à des copies, que le livret donne pour originaux. J'ai noté un de ces vols manifestes, au n° 1491. On y trouve un tableau intitulé *une Bacchante*, de M. Poyet; or ce tableau est une copie, et une très-mauvaise copie d'un magnifique ouvrage de David, qui appartient à M. Bouchet.

Je passe devant le tableau de M. Steuben, et

puisque je parle de tout ce qu'on regarde, je conviens qu'on regarde sa *Jeanne la Folle*, mais j'en reviens à mon opinion : la mode n'est que l'apparence de la popularité, qui elle-même n'est pas toujours sûre. M. Steuben a, dans la galerie, un petit portrait d'une jeune fille qui sourit, appuyée sur son coude. Cette étude fine et naïve vaut mille fois mieux que ces grands mélodrames où on entasse le clinquant, et où l'œil cherche le trou du souffleur.

MM. Vauchelet, Alaux, Caminade, Rouillard, Saint-Èvre, Lepaulle, Gallait, ont exposé des portraits historiques faits pour le musée de Versailles. Dans quelques-uns de ces portraits se retrouve toujours le même défaut, l'imitation des peintres contemporains des personnages représentés.

Le *Christ au tombeau*, de M. Comeyras, ne manque certainement pas de talent. Mais, bon Dieu, quelle étrange couleur ! ces gens-là sont de cuivre et d'étain. Comment ne s'aperçoit-on pas que ce qui donne aux vieux tableaux des maîtres ces teintes qu'on imite, c'est le temps et la dégradation ?

Avant de sortir de la grande salle, il ne me reste plus qu'à parler de la *Bataille des Pyramides*; je retrouverai M. Granet dans la galerie, et je reviendrai pour Robert. C'est avec respect et avec douleur qu'il faut prononcer le nom de Gros. Ce doit être aussi avec ces deux sentiments que M. Debay, son élève, a terminé l'œuvre, laissée imparfaite, du plus grand peintre de notre temps. Nulle ne vaut pas, à beaucoup près, les autres ; mais c'est la dernière page d'un si beau livre, que sa seule ressemblance avec le reste doit l'ennoblir et la consacrer.

IV.

Nous voici dans la galerie. J'aime la *Venise*, de M. Flandin. Il a du moins fait sa lagune tranquille, et non agitée comme une mer, comme on s'obstine à nous la peindre en dépit de la vérité ; car, n'en déplaise au Canaletto lui-même, la lagune est toujours dormante, hors dans les jours de grande tempête ; encore ne s'émeut-elle guère aux entours de la Piazzetta. Puisque je fais de la science, je rappellerai à M. Flandin que l'ange du campanile de Saint-Marc est doré, et non pas blanc. Mais ne voilà-t-il pas une belle remarque ! Les tons sont justes, les ombres bien jetées ; c'est bien le moment du coucher du soleil. Le *François de Lorraine*, de M. Johannot, quoique assez habilement exécuté, a encore ce défaut inexorable qui dépare tant de toiles cette année : c'est évidemment un pastiche de Rubens.

Tout le monde se souvient du *Tobie* exposé l'année dernière par M. Lehmann. Il y avait, dans ce début, non-seulement tout ce qui annonce un beau talent, mais encore ce qui le constitue. C'était à la fois une espérance et un résultat. Aussi n'avait-on pas manqué d'encourager le jeune artiste ; sa *Fille de Jephté* a fait changer quelques journaux de langage, et il ne faut pas qu'il s'en étonne, ni en même temps qu'il s'en inquiète. S'il regardait les critiques qu'on lui adresse comme injustes et mal raisonnées, il aurait tort, et s'engagerait peut-être dans une route qui n'est pas la vraie. Mais il se tromperait plus encore si, en reconnaissant la justice des critiques, il se laissait décourager. Le public ne blâme dans son ouvrage que de certaines parties, qu'en effet il me semble impossible d'approuver. Pour parler d'abord des défauts matériels, il y a, dans les sept figures de ses femmes, une monotonie qui fatigue ; elles se ressemblent toutes entre elles, plus ou moins, une exceptée, qui est charmante, et dont la beauté fait tort à ses sœurs ; c'est celle qui est assise et inclinée à la droite de la fille de Jephté. Toutes les autres (je suis fâché de faire une remarque qui a l'air d'une plaisanterie), toutes les autres ont la tête trop forte, et M. Lehmann connaît sans doute trop bien l'antique pour ne pas savoir que la grosseur de la tête est incompatible avec la grâce des proportions ; en outre, les chairs ont une teinte mate qui leur donne l'air d'être en ivoire, et qui les fait ressortir trop vivement sur les étoffes et sur le fond, comme dans certains tableaux de l'Albane. Si de ces premières observations on passe à l'examen moral de l'ouvrage, M. Lehmann me permettra de lui dire que, dans la composition de sa scène, il a oublié une maxime qui a été vraie de tous les temps : c'est qu'on n'arrive jamais à la simplicité par la réflexion. Il est certain qu'en cherchant ces lignes parallèles, en traçant cette sorte de triangle que dessine le groupe des femmes, et que suivent les montagnes mêmes, l'artiste a voulu être simple. Il l'eût été en y pensant moins. Voilà, je crois, ce qu'une juste critique doit reprocher à M. Lehmann. Maintenant il faut ajouter que le personnage de la fille de Jephté est très-beau, vraiment simple d'expression, et parfaitement bien posé. Si le peintre qui l'a conçu n'eût voulu exprimer que la douleur, il se fût contenté avec raison d'avoir créé cette noble figure, et il eût groupé les autres autour d'elle avec moins d'apprêt et de recherche. Les deux femmes qui pleurent debout et qui s'appuient l'une sur l'autre méritent aussi beaucoup d'éloges; elles produiraient bien plus d'effet si l'artiste ne les avait pas fixées comme au sommet d'une pyramide, et si, les laissant au second plan, comme elles sont, il les eût placées à droite ou à gauche de leur sœur, et non pas au milieu de la toile. Que M. Lehmann pense au Poussin; qu'il voie comment ce grand maître dispose ses groupes, les met en équilibre sans roideur, et les entremêle sans confusion. Non que je conseille à M. Lehmann d'imiter le Poussin, ni personne; mais il me fâche de voir que, dans son tableau, il y a non-seulement le talent, mais encore les éléments nécessaires pour conquérir l'assentiment de tous; je ne doute pas que ses personnages mêmes, sans y faire de grands changements, mieux disposés, ne pussent plaire à tout le monde. Il me semble, en regardant cette

toile, qu'il n'y a qu'à dire à ces deux femmes :
« Vous, descendez de cette roche, éloignez-vous et
pleurez à l'écart; » à cette autre, vue en plein profil : « Faites un mouvement, détournez-vous; » à
cette autre : « Regardez le ciel; un geste, un rien
va tout changer; la douleur de votre sœur est vraie,
simple, sublime, ne la gâtez pas. »

En lisant dans le livret du Musée les dix lignes
du chapitre des *Juges* qui servent d'explication au
tableau de la *Fille de Jephté,* je fais une remarque,
peut-être inutile, mais que je livre à l'artiste pour
ce qu'elle vaut : c'est que, dans ce fragment, qu'on
a dû nécessairement abréger, la simplicité biblique
est singulièrement outrée. Qui a donné ces dix
lignes? Est-ce le peintre lui-même? Je l'ignore.
Jephté, dit le livret, en vouant sa fille, déchira ses
vêtements, et dit : « Ah! ma fille, tu m'as entièrement abaissé. » Or le latin dit, au lieu de cela :
« *Heu! me, filia mea, decepisti me, et ipsa decepta
es.* — Hélas! ma fille, tu m'as trompé, et tu t'es
trompée toi-même. » La fille de Jephté répond dans
le livret : « Fais-moi ce qui est sorti de ta bouche. »
Le latin dit : « *Si aperuisti os tuum ad Dominum,
fac mihi quodcumque pollicitus es.* — Si tu as ouvert ta bouche au Seigneur, fais-moi tout ce que
tu as promis. » Je ne relève pas par pédantisme ces
petites altérations du texte. A tort ou à raison,
elles me semblent avoir une parenté avec les défauts du tableau. Bien entendu que, si c'est le hasard qui en est cause, ma remarque est non avenue.

Mais je ne veux pas quitter M. Lehmann comme ces gens qui s'en vont au plus vite dès qu'ils ont dit un méchant bon mot. Je jette en partant un dernier regard sur cette belle fille désolée, sur sa charmante sœur aux yeux noirs, dont le corps plie comme un roseau, sur ces deux statues éplorées dont le contour est si délicat; et je me dis que la jeune main qui a rendu la douleur si belle se consacrera tôt ou tard au culte de la vérité. Un *Intérieur d'appartement gothique,* de M. Lafaye, doit être remarqué avec éloge. Je trouve à côté un tableau de M. Schnetz qui n'a pas assez d'importance pour qu'on puisse parler dignement, à propos de si peu de chose, du talent de l'auteur. C'est à Notre-Dame-de-Lorette que nous verrons bientôt ses nouveaux titres à une réputation si bien méritée.

Le *Martyre de saint Saturnin,* de M. Bézard, est une composition importante, et qui a un grand mérite de dessin. On y sent la manière de M. Ingres et l'étude de l'école romaine. Mais il ne faut pas que l'école romaine fasse oublier à ceux qui l'admirent qu'après Raphaël est venu le Corrége, et que l'absence du clair-obscur, en donnant du grandiose, ôte du naturel. Que M. Bézard se souvienne du mot du grand Allegri : *Ed io anche son pittore.*

Une *Voiture de masques,* de M. Eugène Lami, m'amuserait comme un vieux péché, quand bien même je n'aurais pas à constater dans son auteur un talent fin et distingué. J'aime mieux ce petit tableau que la *Bataille de Hondschoote,* dont le paysage est de M. Dupré. Cette toile, d'un effet bizarre, mais qui a bien aussi son mérite, perd à être vue au Salon ; placée isolément, elle gagnerait beaucoup.

Je remarque un *Site d'Italie*, de M. Jules Cogniet, et je m'arrête devant le *Dante*, de M. Flandrin. Le Dante est bien, sa robe rouge est largement peinte ; son mouvement exprime le sujet ; j'aime la tête du Virgile ; mais je n'aime pas ce bras qui retient son manteau, non à cause du bras, mais à cause du geste ; car on dirait que le manteau va tomber. En général, tout le tableau plaît ; c'est de la bonne et saine peinture. Les *Envieux* ne sont pas assez des envieux ; la première de ces figures est très-belle ; la seconde et la troisième, celle qui regarde le Dante, sont bien drapées ; mais la cinquième tête, correcte en elle-même, ne peut pas être celle d'un homme envoyé aux enfers pour le dernier et le plus dégradant de tous les vices, celui de Zoïle et de Fréron. Ce front calme, cet air de noblesse, cette contenance résignée appartiennent, si vous voulez, à un voleur ou à un faussaire, mais jamais à un envieux. M. Flandrin, qui, je crois, est encore à Rome, a un bel avenir devant lui. Son *Berger assis* est une charmante étude, qui annonce une intelligence heureuse de la nature, avec un air d'antiquité.

Dans le *Saint Hippolyte*, de M. Dedreux, il y a de la verve et de la vigueur. Les chevaux sont trop des chevaux anglais ; mais cela ne fait tort qu'au sujet, le tableau n'y perd qu'un peu de couleur locale, ce dont une palette bien employée du reste peut se passer sans inquiétude. Au-dessus du *Saint Hippolyte* est un bon portrait de M. Jouy aîné. Je dois aussi citer avec éloge celui de Mme C. et de sa sœur, de M. Canzi. Il est d'une adroite ressemblance et d'une gracieuse exécution.

C'est un très-étrange tableau que celui de M. Brémond. Je voudrais en savoir le secret, car cette nature laide me répugne, et cependant cet ange debout, avec son auréole d'or, ou plutôt malgré l'auréole, me frappe et m'émeut. Singulier travail ! Pour imité, il l'est à coup sûr ; mais il l'est si bien qu'il me trompe, et que je crois voir un vieux tableau. Je consulte encore mon livret, pour éclaircir mon impression, et je lis : « On dévala de la croix ce corps tout froissé que la Vierge... » Fi ! M. Brémond, *dévala* ! quel vilain mot vous allez choisir ! Qu'est-ce que c'est donc que *dévala* ? Est-ce qu'on dévale ? et qui ? juste Dieu ! Cet affreux mot me fait presque comprendre pourquoi votre Christ est si maigre et si vieux, et toute la recherche d'horreur que je vois dans votre tableau. Mais je continue : « Un ange, ému de la douleur de la Vierge, se place devant elle pour lui dérober la vue de la croix où son fils a été supplicié. » Ma foi, je ne sais plus que dire, car cette pensée me paraît belle, et elle est de M. Brémond, tandis que *dévala* est dans la Vie des saints.

Je fais de vains efforts pour critiquer les toiles

citoyennes de M. Court ; il est impossible d'en rien dire, pas même du mal. Quelle froideur dans cette signature de la proclamation royale ! Ce pauvre M. Dugas-Montbel, on l'a mis là aussi pourtant ! C'était le traducteur d'Homère, brave et digne homme, et très-savant ; en quoi a-t-il pu offenser M. Court ? Mais je me rappelle de ce peintre une jolie Espagnole en mantille, et je vais regarder le tableau d'Isabey.

Cette toile mérite, à mon avis, des éloges sans restriction, l'exécution en est magnifique, et la conception tellement forte, qu'elle étonne au premier abord. J'ai entendu reprocher à l'auteur de n'avoir montré qu'une partie de son vaisseau. Rien n'est moins juste que cette critique, car c'est de cette disposition hardie que résulte toute l'importance de la scène. Si le tableau avait deux pieds de plus, et si on en voyait davantage, la composition y perdrait moitié. M. Isabey n'a pas fait cette faute, qui nuit à M. Le Poittevin. Aussi produit-il le plus grand effet, et cet effet est un tour de force. Quelle difficulté n'y avait-il pas à fixer l'attention sur ce mort qu'on lance dans la mer par une fenêtre ! Et quelle autre difficulté à ce que la petite dimension et la position même du mort, attaché sur une planche, n'eussent rien de ridicule ! Qu'il était aisé d'échouer, et d'arriver à un résultat d'autant plus fâcheux que la prétention eût paru plus grande ! M. Isabey a plus que réussi ; il a trouvé le moyen d'être sérieux là où bien d'autres auraient été mesquins. Quand on regarde ces flots houleux, battus par le roulis, ce ciel sombre, cette cérémonie imposante, tout cet appareil religieux, on se sent pénétré de tristesse. Je ne sais de quelle angoisse invincible on est saisi à l'aspect de ce cadavre, qui, enveloppé d'un linceul blanc, au bruit du canon et devant tout l'équipage, descend solennellement dans la mer! Il semble que ce bâtiment va fuir, que cette planche va tomber, et que l'abîme, troublé un instant, va se refermer en silence.

Tous ceux qui ont lu la belle description de Constantinople, dans le *Voyage en Orient*, s'arrêtent avec intérêt devant le tableau de Mme Clerget. La multiplicité des détails, l'étendue du Bosphore, présentaient de grandes difficultés; elles sont heureusement vaincues par le talent original et distingué de l'artiste. Ce tableau se fait remarquer par de vaporeux lointains, par la transparence des eaux et l'exactitude du panorama. La *Vue du lac de Genève*, du même auteur, présente le même genre de mérite; on regrette qu'il soit placé dans la partie sombre de la galerie, ce qui nuit à l'effet qu'il devrait produire. Les ouvrages de Mme Clerget doivent fixer l'attention des amateurs, qui, en peinture, apprécient avant tout la vérité.

Le *Far-niente*, de M. Winterhalter, me plaît tellement, que je n'ose dire jusqu'à quel point. Ce n'est pas que j'aie peur de faire l'éloge d'un tableau où le talent me paraît évident, mais je crains que les beaux yeux d'une certaine jeune fille qui est accoudée près d'une certaine fontaine ne m'aient tant soit peu tourné la tête. Cette jeune fille me semble admirable, et tout le reste à l'avenant. Des paysans sont couchés à l'ombre. Une femme, assise au pied d'un arbre, présente à son enfant un sein blanc comme le lait. Une autre, étendue au soleil, rêve ou s'endort, ou fait semblant, tandis qu'un jeune pâtre indolent balance dans l'air une belle grappe de raisin qu'un enfant dévore des yeux. Plus loin, un bosquet et des danses ; à l'horizon, la mer et le volcan. Vers la gauche, un jeune homme assis, la guitare à la main, fredonne une canzonette :

> Io son ricco, e tu sei bella.
> Nina mia, che vuoi di più ?
> . . . .
> Ci fosse Nemorino !
> Me lo vorrei goder.
> Ci fosse Nemorino !

Ce n'est peut-être pas cet air-là ; mais je me le figure parce que je l'aime, et que, malgré moi, je marie ce qui me plaît. Voyez-vous ce petit moinillon qui retrousse son froc, comme il écoute ! Le petit drôle chante déjà au lutrin. Mais regardez ma belle paysanne ; elle est debout, le menton dans sa main ; quels yeux ! quelle bouche ! A quoi songe-t-elle ?

> Si, si, l'avremo, cara.

Vous serez aimée et cajolée, autant qu'il vous plaira

de l'être ; mais je m'en vais, crainte de prévariquer. Il est dangereux de s'ériger en juge quand on n'est pas d'âge à être député.

L'*Hiver*, de M. Cabat, vient à propos pour me sauver de la tentation, il n'y a rien de plus calmant qu'une vieille femme morte de froid. Encore ne suis-je pas bien sûr que ce ne soit pas un bûcheron. Je ne reconnais pas, dans ce paysage, la touche ordinaire de l'artiste ; c'est cependant le plus important qu'il ait exposé cette année. Si on le signait d'un nom flamand, même d'un nom célèbre, on pourrait s'y tromper.

Je regrette de n'avoir pas gardé une place distincte aux paysagistes, car je retrouve tant de noms sous ma plume, que je suis sûr d'en oublier, Dans le premier salon, MM. Gué et Hostein doivent être cités honorablement ; dans la galerie, MM. Mercey, Jolivard et Bucquet, talents remarquables, ainsi que M. Joyant, qui a exposé de jolies vues vénitiennes ; MM. Rousseau, Danvin, Veillat, Corot, dont la *Campagne de Rome* a de grands admirateurs. M. Paul Huet doit être mis à part ; ce serait plutôt en Angleterre qu'en France qu'on trouverait à qui le comparer. Je ne vois pas la nature aussi vague, mais il y aurait de l'injustice à ne pas reconnaître à ce jeune peintre une belle entente des grandes masses.

La mémoire, du moins, ne me manquera pas pour citer Mme de Mirbel. La patience unie au talent est une des premières vertus féminines, et c'était bien à elle qu'il appartenait de conserver en France l'art précieux de la miniature. Les deux portraits que Mme de Mirbel a envoyés cette année au Salon ont toujours cette grâce et cette finesse qu'on est habitué à trouver dans les petits chefs-d'œuvre signés de son nom. Je remarque en même temps, dans la travée opposée, une miniature de M. Bell, d'un rare fini.

Le *Réveil du juste*, de M. Signol, a le défaut d'être théâtral, et il n'y a pas de défaut plus dangereux, car il ne doit chercher que l'effet, et fausser les moyens. Que le décor et les trompe-l'œil demandent une main habile, j'en conviens, et je suis prêt à rendre justice aux toiles de fond de nos théâtres, quoique je sois fermement persuadé qu'avec cette splendeur d'entourage il n'y a pas d'art dramatique possible. Mais composer un tableau de chevalet comme une scène de tragédie, c'est commettre une grande erreur. M. Signol a du talent, et je regrette d'être si sévère. Mais pourquoi séparer son tableau en deux, et lui donner un air de famille avec la dernière scène des *Victimes cloîtrées?* Son méchant qui sort de la tombe est évidemment soutenu par une trappe, comme les nonnes de l'Opéra.

M. Granet est toujours lui, c'est-à-dire simple et admirable. Il est difficile de le louer d'une façon qui soit nouvelle. Le public préfère, en général, les *Catacombes* à la *Sainte Marie des Anges*. Je ne fais point de différence entre ces deux ouvrages, marqués tous deux du même cachet. Il y a une fierté singulière dans l'espèce d'inhabileté avec laquelle M. Granet peint les personnages de ses tableaux. Jamais on n'a mis tant de largeur dans les détails, ni tant de grandiose dans les petites choses. Je me souviens que, regardant un jour un petit tableau de bataille fait avec soin, je me demandais si, dans cette minutie scrupuleuse, il n'y avait pas beaucoup de convention. J'étais choqué de pouvoir compter jusqu'aux boutons des habits des soldats. « Ne devrait-on pas, me disais-je, lorsqu'on enferme un grand espace dans une toile si resserrée, laisser supposer au spectateur que ce qu'on lui montre est à distance ? Un paysage, par exemple, ne devrait-il pas toujours être un lointain ? car, autrement, quelle apparence de vérité pour celui qui regarde ? Il lui semble être dans une chambre obscure, et voir la nature à travers un appareil microscopique. » Cette réflexion m'est revenue en tête devant les ouvrages de M. Granet. Il n'y a point là de convenu, car ses tableaux veulent être vus à distance, comme s'ils étaient la nature même. Ce sont les seuls qui me fassent clairement comprendre que la réalité puisse être réduite, et que le talent produise l'illusion.

Il me semble qu'il doit y avoir dans la réputation de M. Granet, si juste, si calme, si incontestée, une leçon pour les artistes. Que de disputes, que de systèmes se sont succédé depuis dix ans dans les arts ! Sont-ils allés jusqu'aux oreilles de l'auteur de la *Mort du Poussin?* Non; il a sans doute fermé au bavardage la porte de son atelier; il y est seul avec la nature, et, sûr de lui, n'interroge pas. Ce serait un exemple à suivre, si tout le reste s'apprenait à ce prix.

Je ne suis pas grand partisan de la caricature en peinture, mais si la gravité est un mystère du corps inventé pour cacher les défauts de l'esprit, j'imagine que les gens qui s'arrêtent devant la *Revue*, de M. Biard, courront le risque de perdre leur gravité, et par conséquent de montrer quelle est la dose de leur esprit. Tout est parfait, depuis le serpent de village jusqu'au maire, et depuis l'officier qui conduit la troupe jusqu'à cette inimitable petite fille qui, l'œil au ciel, rouge et essoufflée, s'écarquille pour marcher au pas.

Le *Carnaval à Rome*, de M. Bard, a de l'entraînement et du mouvement. Le *Départ de la garde nationale*, de M. Cogniet, mérite des éloges, quoique les tons trop coquets fassent un effet mesquin. Le *Tobie*, de M. Balthazar, ne manque pas de délicatesse, mais l'ange qui l'accompagne est faible; c'est une femme qui a posé.

Le *Triomphe de Pétrarque*, de M. Boulanger, annonce un progrès marqué dans son talent. C'est quelque chose de rare et de louable que de voir un jeune artiste, dont les débuts ont été vantés outre mesure, et qu'on a toujours essayé de gâter, ne se laisser prendre ni à la flatterie, ni à la paresse, et marcher sans relâche à la poursuite du mieux. Quand je pense aux éloges effrayants dont j'ai vu

M. Boulanger entouré, et comme accablé dès ses premiers pas dans la carrière des arts, je me sens tenté de donner maintenant à son courage et à sa persévérance ces louanges qu'on prodiguait jadis à ses essais. Pour qu'un jeune homme résiste à une pareille épreuve, il faut que la voix de sa conscience parle bien haut et bien impérieusement. Je ne veux pourtant pas lui dire que son *Pétrarque* soit un chef-d'œuvre, vraisemblablement il ne le croirait pas; mais c'est un ouvrage qui fait plaisir à voir, et qu'on regarde en souriant sans se demander ce qu'il y manque. Je pardonne volontiers à M. Boulanger ses chevaux à la Jules Romain, et la naïveté de ce sol jonché de fleurs; car j'aime à croire que plus il ira, moins il sera tenté d'imiter.

Quel beau sujet, du reste, et quelle journée! Cet homme, vêtu d'une robe de pourpre, traîné sur un char triomphal, entouré de l'élite de la noblesse, des poëtes, des savants, des guerriers, marchant au milieu d'une ville, sur un tapis de roses effeuillées, suivi d'un chœur de jeunes filles et précédé par la Rêverie, applaudi, fêté, admiré de tous, et qu'avait-il donc fait pour tant de gloire? Il avait aimé et chanté sa maîtresse. Ce n'était pas lui qu'on couronnait et qu'on menait au Capitole, c'était la douleur et l'amour. Les conquérants ont eu bien des trophées; l'épée a triomphé cent fois, l'amour une seule. Pétrarque est le premier des poëtes. Que se passa-t-il ce jour-là dans ce grand cœur ainsi récompensé? Que regardait-il du haut de ce char?

Hélas ! sa Laura n'était plus ; il cachait peut-être une larme, et il se répétait tout bas : « *Beati gli occhi che la vider viva !* »

V.

Avant de descendre à la salle des sculptures, il ne faut pas oublier Mᵐᵉ Jaquotot ni les émaux de M. Kanz. C'est assurément un grand tort de parler légèrement d'un tableau, et si j'ai eu ce tort dans cet article, je ne crois pas du moins avoir eu celui de parler trop légèrement d'un peintre. Mais quand il s'agit d'un travail aussi difficile, aussi pénible que la peinture sur émail, il serait impardonnable de trancher au hasard. C'est le résultat de six ans d'études que M. Kanz apporte au Salon, dans un cadre d'un pied de haut, qu'on a accroché contre une fenêtre. Pour faire un portrait sur émail, il faut vingt-cinq séances de deux heures chaque, et pendant que l'artiste travaille, le four, constamment échauffé, est prêt à recevoir le résultat de la séance, et à changer, par l'action chimique, toutes les couleurs, laborieusement choisies. Ainsi le peintre recommence son ouvrage autant de fois qu'il le livre au feu. Mais le résultat est indestructible ; c'est l'émail même qui devient portrait. M. Kanz doit à son père l'héritage d'un vrai talent. Il devra, je n'en doute pas, à sa rare persévérance de se faire un nom dans l'art de Petitot.

Il n'y a qu'un seul mot à dire de la copie sur porcelaine que Mme Jaquotot a faite de la Vierge au Voile; c'est aussi beau que Raphaël.

Je remercie M. Étex de n'avoir pas fait dans sa *Geneviève* de ce roide et faux style gothique qu'on veut donner pour supportable. La tête de sa statue est belle, le geste simple; il y a de la grandeur. J'aime à voir sous ce corsage plat que c'est un être vivant qui le porte. Il était difficile de rester ainsi sur la lisière du gothique.

La statue de Bailly et celle de Mirabeau, par M. Jaley, ne manquent certainement pas de mérite. Je suis fâché qu'elles portent des habits, car il m'est impossible de comprendre le vêtement moderne en sculpture. Le *Paria* du même sculpteur a de la pensée.

Le lion en bronze de M. Barye est effrayant comme la nature. Quelle vigueur et quelle vérité! Ce lion rugit, ce serpent siffle. Quelle rage dans ce mufle grincé, dans ce regard oblique, dans ce dos qui se hérisse! Quelle puissance dans cette patte posée sur la proie! et quelle soif de combat dans ce monstre tortueux, dans cette gueule affamée et béante! Où M. Barye a-t-il donc trouvé à faire poser de pareils modèles? Est-ce que son atelier est un désert de l'Afrique, ou une forêt de l'Hindoustan?

L'*Anacréon*, de M. Lequien, la *Baigneuse*, de M. Espercieux, ont de la grâce, mais ce sont des pastiches de l'antique. Il y a un sentiment naïf dans la jeune fille de M. Lescorné; les pieds nus qui sortent de la robe ne produisent pas un bon effet. J'aime la *Renaissance*, de M. Feuchère, quoique ce soit encore un pastiche; mais le sujet voulait que c'en fût un. L'*Esclave*, de M. Debay, plaît beaucoup au public, et le public se trompe bien plus rarement en sculpture qu'en peinture; la forme le frappe. C'est une enfant de quinze ans qu'a représentée M. Debay; par conséquent, c'est une nature faible, encore indécise, et dont les proportions ne sont pas développées. Ce genre d'étude est nouveau en sculpture.

Le *modèle de vase*, de M. Triqueti, est une imitation curieuse. Le buste de la baronne de G..., de M. Ruoltz, est charmant. Je dois citer celui de Philippe V, de M. Lescorné; celui de Mme de Fitz-James, de M. Foyatier, et celui de Bellini, de M. Dantan. Le *Chactas*, de M. Duret, est une composition poétique, vraie d'expression, et belle d'exécution; la tête est admirable. J'arrive à la *Vénus*, de M. Pradier, et j'avoue qu'il m'a été impossible de ne pas me presser d'y venir. Le groupe me paraît si charmant, que j'aurais peur de commettre un sacrilége en disant ma pensée tout entière. Non-seulement je le trouve d'une parfaite exécution, mais la pensée m'en semble délicieuse. Cette *Vénus*, presque vierge encore, mais déjà coquette et rusée, qui se penche sur cet enfant boudeur, et l'interroge, capricieuse elle-même, sur un caprice léger; cette main qui se pose sur la tête chérie, plonge dans les cheveux et invite au baiser : cette bouche de l'enfant qui rêve, et refuse de répondre pour se faire prier; ces petites jambes, vraies comme la nature, où le marbre semble animé; tout m'enchante; je me sens païen devant un si doux paganisme. Il y a là de quoi passer un jour et oublier que la laideur existe. Pris seulement comme une étude, comme le portrait d'une femme et d'un enfant, ce marbre serait un morceau précieux, plein de grâce et de vérité. Car notez que, sauf la ligne grecque qui unit le nez avec le front, la *Vénus* est une femme de tous les temps et de tous les pays, ce qui, à mon sens, est un grand mérite; mais je serais bien fâché que M. Pradier eût appelé son groupe autrement que *Vénus et l'Amour*, car je vois là le parfait symbole de la volupté et du caprice, non de la volupté grossière, ivre, échevelée, comme on nous la fait, mais délicate, sensuelle et un peu pâle, intelligente et pleine de désirs; non du caprice effréné, furieux, qu'un rien déprave et que tout dégoûte, mais rêveur, jeune, avide de jouissance, tendre pourtant et aimant sa mère, sa fraîche nourrice, la blanche Volupté.

VI.

Je remonte maintenant dans la salle pour dire un mot des *Pêcheurs* de Robert.

J'ai vu que, dans plusieurs des articles qui ont été faits sur ce tableau, on demandait pourquoi tous les personnages y sont si tristes, et qu'on croyait en trouver la raison dans la crainte d'une tempête que le ciel, disait-on, présage. Le ciel est clair, et le paraîtrait plus, sans le voisinage de la toile de M. Hesse, dont les couleurs tranchées lui font tort. Les pêcheurs que Robert a peints sont des Chiojotes ; et le motif de leur tristesse, c'est qu'ils ont besoin pour vivre de deux sous par jour, à peu près, et qu'ils ne les ont pas tous les jours.

Les pêcheurs vénitiens n'ont point de lit, et ils couchent sur les marches des escaliers du quai des Esclavons. Ils ne possèdent qu'un manteau et un pantalon qui, le plus souvent, est de toile. Le manteau est très-court, d'une étoffe grossière, très-lourde, brune, et ils le portent été comme hiver. L'été seulement ils n'en mettent pas les manches, qu'ils laissent tomber sur leurs épaules ; le pêcheur assis dans le tableau a un manteau de cette espèce. C'est dans ce manteau qu'ils s'enveloppent pour dormir, se rapprochant le plus possible les uns des autres, afin d'éviter le froid des dalles. Il arrive souvent, surtout pendant le carême, que lorsqu'un d'eux s'éveille la nuit, il entonne un psaume à haute voix ; alors ses camarades se relèvent et l'accompagnent en partie, car ils ne chantent jamais à l'unisson, comme nos ouvriers ; leurs voix sont, en général, parfaitement justes, et d'un timbre très-sonore et très-profond ; ils ne chantent guère plus d'un couplet à la fois, et se rendorment après l'avoir chanté ; c'est pour eux l'équivalent d'un verre d'eau-de-vie ou d'une pipe. Quelques heures après, si un autre se réveille, ils recommencent. Leurs femmes, quand ils en ont, logent dans les greniers des palais déserts qu'on leur abandonne par charité. Elles ne se montrent guère qu'au départ ou au retour de la pêche, portant leurs enfants sur leurs bras, comme la jeune femme qu'on voit dans le tableau. Du reste, ils ne mendient jamais, différents en cela du peuple de Venise et de toute l'Italie, où tout mendie, même les soldats. Leur contenance a beaucoup de gravité, et l'étoffe dont ils sont vêtus ajoute à leur aspect sévère, par ses plis rares et immobiles; leurs poses sont souvent théâtrales, comme on peut le voir dans le tableau par celle de l'enfant qui déploie les filets. Leur seul moyen de subsistance est la pêche des huîtres et des poissons de mer, qui sont excellents dans l'Adriatique, mais qui se vendent à très-bon marché. Quoique leur misère soit profonde, ils sont très-honnêtes et ne commettent jamais aucun désordre. Il est bien rare qu'on entende parler d'un vol dans la ville, dont les rues, véritable labyrinthe, favoriseraient tous les attentats. Les seuls voleurs à Venise sont les marchands, qui en sont aussi la seule aristocratie.

Tels sont, à peu de chose près que j'oublie peut-être, les pêcheurs vénitiens; les Chiojotes sont beaucoup plus pauvres, car le lieu qu'ils habitent, situé à quelque distance de la ville, est loin de leur fournir les occasions des petits gains partiels dont les autres font leur profit.

J'étais à Venise, il y a deux ans, et, me trouvant mal à l'auberge, je cherchais vainement un logement. Je ne rencontrais partout que désert ou une misère épouvantable. A peine si, quand je sortais le soir pour aller à la Fenice, sur quatre palais du grand canal, j'en voyais un où, au troisième étage, tremblait une faible lueur ; c'était la lampe d'un portier qui ne répondait qu'en secouant la tête, ou de pauvres diables qu'on y oubliait. J'avais essayé de louer le premier étage de l'un des palais Mocenigo, les seuls garnis de toute la ville, et où avait demeuré lord Byron ; le loyer n'en coûtait pas cher, mais nous étions alors en hiver, et le soleil n'y pénètre jamais. Je frappai un jour à la porte d'un casin de modeste apparence, qui appartenait à une Française, nommée, je crois, Adèle ; elle tenait maison garnie. Sur ma demande, elle m'introduisit dans un appartement délabré, chauffé par un seul poêle, et meublé de vieux canapés. C'était pourtant le plus propre que j'eusse vu, et je l'arrêtai pour un mois ; mais je tombai malade peu de temps après, et ne pus venir l'habiter.

Comme je traversais la galerie pour sortir de ce casin, je vis une jeune fille assez jolie, brune, très-fraîche, qui portait un plat. Je lui demandai si elle était parente de la maîtresse de la maison, et à qui était destiné ce qu'elle tenait à la main. Elle me dit que c'était pour un locataire français qui habitait, au second, une petite chambre près d'un autre Français. « Et quand je demeurerai ici, lui demandai-je encore, me ferez-vous aussi déjeuner ? » Elle répondit en faisant claquer sa langue sur ses dents, ce qui veut dire *non* en vénitien. « Fort bien, lui dis-je, et quel est ce Français privilégié qui sait se faire servir tout seul ? C'est donc quelque grand personnage ? — Non, répliqua-t-elle ; c'est M. Robert, un peintre, que personne ne connaît. — Robert ! m'écriai-je, Léopold Robert ! Peut-on le voir ? où est son atelier ? — Il n'en a point, puisqu'il n'a qu'une petite chambre ; on ne peut pas le voir ; jamais personne ne vient. »

Je demandai, quelques jours après, à M. de Sacy, consul de France, si l'on pouvait obtenir de Robert la permission de le voir un instant ; M. de Sacy me répondit que je ne serais pas reçu si j'y allais, à moins que je ne fusse connu de lui ou de l'ami qui demeurait avec lui ; mais que si je voulais faire une demande, elle serait accueillie avec bonté. Ma démarche n'eut pas de suite, et je ne voulus pas insister de peur d'importuner le grand peintre. Mais jamais, depuis ce temps-là, je n'ai passé sur le petit canal qui baignait les murs de la maison, sans regarder les fenêtres avec tristesse. Cette solitude, cette crainte du monde, qui fuyait même les compatriotes, non par mépris, mais par ennui, sans doute ; ce mot : « que personne ne connaît ; » cette misère du casin, que le soin et la propreté même faisaient ressortir, tout me pénétrait et m'affligeait ; à cette époque, Léopold Robert terminait son *Départ pour la pêche*.

Ah Dieu! la main qui a fait cela, et qui a peint dans six personnages tout un peuple et tout un pays! cette main puissante, sage, patiente, sublime, la seule capable de renouveler les arts et de ramener la vérité ; cette main qui, dans le peu qu'elle a fait, n'a retracé de la nature que ce qui est beau, noble, immortel! cette main qui peignait le peuple, et à qui le seul instinct du génie faisait chercher la route de l'avenir là où elle est, dans l'humanité! cette main, Léopold, la tienne! cette main qui a fait cela, briser le front qui l'avait conçu!

15 avril 1836.

DE LA TRAGÉDIE

A PROPOS DES

DÉBUTS DE MADEMOISELLE RACHEL

Il se passe en ce moment au Théâtre-Français une chose inattendue, surprenante, curieuse pour le public, intéressante au plus haut degré pour ceux qui s'occupent des arts. Après avoir été complétement abandonnées pendant dix ans, les tragédies de Corneille et de Racine reparaissent tout à coup et reprennent faveur. Jamais, même aux plus beaux jours de Talma, la foule n'a été plus considérable. Depuis les combles du théâtre jusqu'à la place réservée aux musiciens, tout est envahi. On fait cinq mille francs de recette avec des pièces qui en faisaient cinq cents; on écoute religieusement, on applaudit avec enthousiasme *Horace*, *Mithridate*, *Cinna*; on pleure à *Andromaque* et à *Tancrède*.

Il est ridicule et honteux que ce soit un prodige; cependant c'en est un. On ne peut nier l'oubli profond dans lequel était tombé l'ancien répertoire. Cet oubli était si bien constaté, que quelques personnes, et même des gens d'esprit, regardent l'affluence qui se porte maintenant au Théâtre-Français comme le résultat d'un engouement passager qui ne peut pas durer. D'un autre côté, comme il y a très-longtemps que ces pièces n'avaient été suivies, on voit des gens qui arrivent là comme en pays étranger, et qui jugent au foyer nos vieux chefs-d'œuvre comme des vaudevilles nouveaux. Les uns, restés fidèles à la littérature classique, proclament une révolution, ou pour mieux dire, une restauration, et disent tout haut que le romantisme est mort; les autres, accoutumés au genre à la mode, et à tout le fracas de nos mélodrames, s'indignent, soit à plaisir, soit de bonne foi, et paraissent disposés à renouveler les querelles oubliées entre la nouvelle et l'ancienne école. C'est un assez singulier chaos que toutes ces opinions diverses.

Une jeune fille qui n'a pas dix-sept ans, et qui semble n'avoir eu pour maître que la nature, est la cause de ce changement imprévu, qui soulève les plus importantes questions littéraires. Avant d'essayer d'observer ces questions, il faut dire un mot de la débutante.

Mlle Rachel est plutôt petite que grande; ceux qui ne se représentent une reine de théâtre qu'avec une encolure musculeuse et d'énormes appas noyés dans la pourpre, ne trouveront pas leur affaire; la taille de Mlle Rachel n'est guère plus grosse qu'un des bras de Mlle George; ce qui frappe d'abord dans sa démarche, dans ses gestes et dans sa parole, c'est une simplicité parfaite, un air de véritable modestie. Sa voix est pénétrante, et, dans les moments de passion, extrêmement énergique; ses traits délicats, qu'on ne peut regarder de près sans émotion, perdent à être vus de loin sur la scène; du reste, elle semble d'une santé faible; un rôle un peu long la fatigue visiblement.

Si, d'une part, on considère l'âge de cette jeune tragédienne, et si on réfléchit, d'un autre côté, combien l'expérience est indispensable au comédien, seulement pour dire juste, on doit éprouver une grande défiance en voyant paraître un enfant sous les traits d'Hermione et de Monime. Que de sentiments, en effet, ne faut-il pas avoir connus par soi-même, et jusqu'à l'excès, pour oser rendre des rôles si variés, si passionnés, si profonds, tracés par la main des plus grands maîtres qui aient jamais sondé le cœur de l'homme! Mlle Rachel n'a pas l'expérience du théâtre, et il est impossible qu'à son âge elle ait l'expérience de la vie. On devait donc s'attendre à ne trouver en elle que des intonations plus ou moins heureuses apprises au Conservatoire et répétées avec plus ou moins d'adresse et d'intelligence. Il n'en est rien; elle ne déclame point, elle parle; elle n'emploie, pour toucher le spectateur, ni ces gestes de convention, ni ces cris furieux dont on abuse partout aujourd'hui; elle ne se sert point de ces moyens communs, qui sont presque toujours immanquables, de ces contrastes cadencés qu'on pourrait noter, et dans lesquels l'acteur sacrifie dix vers pour amener un mot; là où la tradition veut qu'on cherche l'effet, elle n'en produit pas la plupart du temps. Si elle excite l'enthousiasme, c'est en disant les vers les plus simples, souvent les moins saillants, et aux endroits où l'on s'y attend le moins. Dans *Tancrède*, par exemple, lorsque Aménaïde, accusée par son amant, s'écrie :

> Il devait présumer qu'il était impossible
> Que jamais je trahisse un si noble lien.

Il est certainement difficile de trouver deux vers plus ordinaires, on peut même dire plus prosaïques. Ils sont au milieu d'une tirade, et par conséquent, n'appellent point l'attention. Cependant, quand Mlle Rachel les prononce, un frémissement électrique parcourt toute la salle, et les applaudissements éclatent de toutes parts.

On peut juger par cet exemple du talent particulier de la jeune actrice, car ces deux vers, tout faibles qu'ils sont, n'en expriment pas moins un sentiment vrai, l'indignation d'une âme loyale qui se voit injustement soupçonnée ; ce sentiment suffit à Mlle Rachel ; elle s'en empare, et elle le rend avec tant de justesse et d'énergie que ce seul mot d'*impossible* devient sublime dans sa bouche. Et encore dans le rôle d'Hermione :

> Je percerai ce cœur que je n'ai pu toucher.

Pour quiconque l'a entendue et sait le prix de la vérité, l'accent qu'elle donne à ce vers, qui n'est pas bien remarquable non plus, est une chose incompréhensible dans une si jeune fille ; car ce qui va au cœur vient du cœur; ceux qui en manquent peuvent seuls le contester; et où a-t-elle appris le secret d'une émotion si forte et si juste? Ni leçons, ni conseils, ni études, ne peuvent rien produire de semblable. Qu'une femme de trente ans, exaltée et connaissant l'amour, pût trouver un accent pareil dans un moment d'inspiration, il faudrait encore s'étonner; mais que répondre quand l'artiste a seize ans?

J'ai choisi deux exemples au hasard, tels que ma mémoire me les a fournis; j'en aurais pu citer cent autres qui seraient autant de preuves concluantes. Il faut nécessairement reconnaître là une faculté divinatrice, inexplicable, qui trompe tous les calculs, et qui ressemble à ce qu'on appelle une révélation. Tel est le caractère du génie; il ne faut pas craindre ici de prononcer ce mot, car il est juste. Mlle Rachel n'a pas un talent consommé, il s'en faut même de beaucoup, et cela lui reste à acquérir; elle a besoin d'étudier; mais on peut affirmer qu'elle a du génie, c'est-à-dire l'instinct du beau, du vrai, l'étincelle sacrée qui ne s'acquiert pas et qui ne se perd pas non plus, quoi qu'on dise; voilà pourquoi il n'est pas à redouter que les compliments lui fassent tort. Si sa poitrine ne se fatigue pas, et si on ne la détourne pas de sa route, pour lui faire jouer le drame moderne, avec de l'étude et des passions, elle peut devenir une Malibran.

Venons aux questions littéraires. Pour ce qui regarde d'abord les gens qui croient voir une affaire de mode dans le retour du public à l'ancienne tragédie, disons, sans hésiter, qu'ils se trompent. Il est bien vrai qu'on va voir *Andromaque* parce que Mlle Rachel joue Hermione et non pour autre chose, de même qu'il est vrai que Racine écrivit *Iphigénie* pour la Champmeslé, et non pour une autre. Qu'est-ce, en effet, que la plus belle pièce du monde, si elle est mal jouée? Autant vaut la lire. Iriez-vous entendre le *Don Juan* de Mozart, si Tamburini chantait faux? Que ceux qui essayent de se persuader que Racine a passé veuillent bien se rappeler le mot de Mme de Sévigné, et prendre une tasse de café.

Quant à ceux qui pensent que ce même retour aux pièces du siècle de Louis XIV est une atteinte mortelle portée au romantisme, on ne peut leur répondre ni avec autant d'assurance, même au risque de se tromper, ni d'une manière absolument explicite. Il se pourrait bien, en effet, que des représentations suivies des chefs-d'œuvre de notre langue causassent un notable dommage aux drames qu'on appelle romantiques, c'est-à-dire à ceux que nous avons en France aujourd'hui. En ce sens, les classiques auraient raison; mais il n'en resterait pas moins avéré que le genre romantique, celui qui se passe des unités, existe; qu'il a ses maîtres et ses chefs-d'œuvre, tout comme l'autre; qu'il ouvre une voie immense à ses élèves; qu'il procure des jouissances extrêmes à ses admirateurs, et enfin, qu'à l'heure qu'il est, il a pris pied chez nous et n'en sortira plus. Voilà ce qu'il est peut-être hardi, mais nécessaire de dire aux classiques; car il y en aura toujours en France, de quelque nom qu'on les appelle. Nous avons quelque chose d'attique dans l'esprit, qui ne nous quittera jamais. Lors donc que les classiques de ce temps-ci assistent à un drame nouveau, ils se récrient et se révoltent, souvent avec justice, et ils s'imaginent voir la décadence de l'art; ils se trompent. Ils voient de mauvaises pièces faites d'après les principes d'un art qui n'est pas le leur, qu'ils n'aiment pas et ne connaissent pas tous, mais qui est un art : il n'y a point là de décadence. Je conviendrai tant qu'on voudra qu'on trouve aujourd'hui sur la scène les événements les plus invraisemblables entassés à plaisir les uns sur les autres, un luxe de décoration inouï et inutile, des acteurs qui crient à tue-tête, un bruit d'orchestre infernal, en un mot, des efforts monstrueux, désespérés, pour réveiller notre indifférence, et qui n'y peuvent réussir; mais qu'importe? Un méchant mélodrame bâti à l'imitation de Caldéron ou de Shakspeare ne prouve rien de plus qu'une sotte tragédie cousue de lieux communs sur le patron de Corneille ou de Racine, et, si on me demandait auquel des deux je me résignerais le plus volontiers, en cas d'arrêt formel qui m'y condamnât, je crois que je choisirais le mélodrame. Qui oserait dire que ces deux noms de Shakspeare et de Caldéron, puisque je viens de les citer, ne sont pas aussi glorieux que ceux de Sophocle et d'Euripide?

Ceux-ci ont produit Racine et Corneille, ceux-là Gœthe et Schiller. Les uns ont placé, pour ainsi dire, leur muse au centre d'un temple entouré d'un triple cercle; les autres ont lancé leur génie à tire-d'aile, en toute liberté : enfance de l'art, dit-on, barbarie; mais avez-vous lu les œuvres de ces barbares? *Hamlet* vaut *Oreste*, *Macbeth* vaut *Œdipe*, et je ne sais même ce qui vaut *Othello*.

Pourquoi a-t-on opposé ces deux genres l'un à l'autre? Pourquoi l'esprit humain est-il si rétréci qu'il lui faille toujours se montrer exclusif? Pourquoi les admirateurs de Raphaël jettent-ils la pierre à Rubens? Pourquoi ceux de Mozart à Rossini? Nous sommes ainsi faits; on ne peut même pas dire que ce soit un mal, puisque ces enthousiasmes intolérants produisent souvent les plus beaux résultats; mais il ne faudrait pourtant pas que ce fût une éternelle guerre. Lorsque jadis le pauvre La Motte proposa le premier à Paris de faire des pièces en prose, sans unités, Voltaire frémit d'horreur à Ferney et écrivit aux comédiens du roi que c'était *l'abomination de la désolation* dans le temple de Melpomène. Lorsque, de nos jours, M. Victor Hugo, avec un courage auquel on doit honneur et justice, monta hardiment à la brèche de ce même temple, quel déluge de traits n'a-t-on pas lancé sur lui! Mais il a fait comme Duguesclin, il a planté lui-même son échelle. Maintenant que la paix est faite, et la citadelle emportée, pourquoi les deux partis n'en profitent-ils pas?

Ceci m'amène au point délicat qui fait le sujet de cet article : à savoir, si la tragédie renaissait aujourd'hui, et reprenait franchement sa place à côté du drame romantique, ce qu'elle pourrait être. Il va sans dire que je n'ai pas la prétention de décider une question pareille, mais seulement de la poser et de faire quelques conjectures.

Le lecteur relèvera de lui-même mes erreurs, et de plus habiles que moi décideront.

Tout le monde sait l'histoire de la tragédie. Née pendant la vendange dans le chariot de Thespis, et ne signifiant alors que le *chant du bouc* *, élevée tout à coup, comme par enchantement, sur les gigantesques tréteaux d'Eschyle, corrigée par Sophocle, adoucie par Euripide, énervée par Sénèque, errante et abandonnée pendant douze siècles, retrouvée en Italie par Trissino, apportée en France par Jodelle et Garnier, son véritable père chez nous fut le grand Corneille; Racine, bien que plus tendre et plus passionné que l'auteur du *Cid*, suivit les lois que celui-ci avait posées; Voltaire et Crébillon tentèrent à demi de se rapprocher de l'antique; le reste ne fut qu'une longue imitation, où brillent de temps à autre quelques bons ouvrages. Ainsi est venue la tragédie jusqu'à nos écrivains d'aujourd'hui, qu'il ne m'appartient pas de juger, mais parmi lesquels ce serait une faute de ne pas citer ici MM. Casimir

---

* Τράγος ᾠδή. (*Note de l'auteur.*)

Delavigne, qu'on n'oublie pas, et Lemercier, qu'on oublie trop.

Au milieu de si rudes traversées, la tragédie a nécessairement subi de nombreuses transformations. Il n'y a cependant que deux époques importantes et que deux maîtres, Sophocle et Corneille. Le premier a fondé la tragédie ancienne, le second la moderne, fort différentes l'une de l'autre ; au-dessus de ces deux génies en domine un troisième, le plus grand peut-être de l'antiquité. Notre siècle est si extravagant et si puérilement railleur qu'on y hésite à nommer Aristote. Grâce aux quolibets de quelques ignorants, on a rendu presque ridicule le nom de cet homme qui, n'ayant pour guide que son jugement, pour règle que son coup d'œil, en philosophie, en zoologie, en littérature, dans presque toutes les sciences, a posé des bases aussi vieilles, aussi impérissables que le monde. Je ne prétends pas le suivre dans sa poétique, ni Corneille dans son discours des trois unités : ce seraient trop de détails inutiles ; je me bornerai à indiquer rapidement la différence de la tragédie antique et de la tragédie moderne, afin de venir clairement jusqu'à nous. La tragédie est la représentation d'une action héroïque, c'est-à-dire qu'elle a un objet élevé, comme la mort d'un roi, l'acquisition d'un trône, et pour acteurs, des rois, des héros ; son but est d'exciter la terreur et la pitié. Pour cela, elle doit nous montrer des hommes dans le péril et dans le malheur, dans un péril qui nous effraye, dans un malheur qui nous touche, et donner à cette imitation une apparence de vérité telle que nous nous laissions émouvoir jusqu'à la douleur. Pour parvenir à cette apparence de vérité, il faut qu'une seule action, pitoyable et terrible, se passe devant nous, dans un lieu qui ne change pas, en un espace de temps qui excède le moins possible la durée de la représentation, en sorte que nous puissions croire assister au fait même, et non à une imitation. Voilà les premiers principes de la tragédie, qui sont communs aux modernes et aux anciens.

L'homme, qu'il s'agit de nous montrer, tombe dans le péril ou le malheur par une cause qui est *hors de lui*, ou *en lui-même* : *hors de lui*, c'est le destin, le devoir, la parenté, l'action de la nature et des hommes ; *en lui*, ce sont les passions, les vices, les vertus ; voilà la source de la différence des deux tragédies. Cette différence n'est pas le résultat d'un hasard ni d'une fantaisie ; elle a un motif simple et facile à dire.

Dans presque toutes les tragédies antiques, le malheur du principal personnage naissait d'une cause étrangère ; la fatalité y présidait ; cela devait être. Les poëtes usaient de leurs moyens, et le dogme de la fatalité était la plus terrible comme la plus répandue des croyances populaires. Leurs théâtres contenaient dix mille spectateurs ; il s'agissait pour eux d'emporter le prix, et ils se servaient, pour soulever les masses, du levier le plus sûr qu'ils eussent sous la main. Qu'on examine seulement l'histoire des Atrides, qui a été le sujet de tant de tragédies : Agamemnon sacrifie sa fille parce que les dieux la lui ont demandée ; Clytemnestre tue son mari pour venger la mort de sa fille ; Oreste arrive, et égorge sa mère, parce qu'elle a tué Agamemnon ; mais Oreste lui-même est frappé du châtiment le plus horrible, il tombe en démence, les Furies le poursuivent, et vengent à leur tour Clytemnestre. Quel exemple, quelle recherche d'une fatalité aveugle, implacable ! Une pareille fable nous révolte ; il n'en était pas ainsi en Grèce ; ce qui ne nous semble qu'un jeu cruel du hasard, inventé à plaisir, était pour les Grecs un enseignement, car le hasard chez eux s'appelait le Destin, et c'était le plus puissant de leurs dieux. Ils apprenaient à se résigner et à souffrir, à devenir stoïciens, en assistant à des spectacles semblables. Aristote calcule et compare les diverses sortes de dénoûments, et non-seulement il donne la préférence aux plus affreux, aux plus féroces, mais il ne craint pas de témoigner son mépris pour les dénoûments heureux. Il va plus loin :

« La tragédie n'agit point, dit-il, pour imiter les mœurs, elle peut même s'en passer ; ce qu'il faut pour émouvoir, c'est un personnage sans caractère, mêlé de vices et de vertus, qui ne soit ni méchant ni bon, mais malheureux par une erreur ou par une faute involontaire. » C'était ainsi que les poëtes antiques apprenaient aux hommes à se soumettre, à se courber sans murmurer devant la Destinée.

Ils croyaient leur donner une leçon plus salutaire en leur montrant leurs semblables persécutés, accablés par un pouvoir injuste, capricieux, inexorable, qu'en faisant triompher la vertu aux dépens du vice, comme on en use aujourd'hui.

Mais ce qu'ils nommaient destin ou fatalité n'existe plus pour nous. La religion chrétienne d'une part, et d'ailleurs la philosophie moderne, ont tout changé : il ne nous reste que la Providence et le hasard ; ni l'un ni l'autre ne sont tragiques. La Providence ne ferait que des dénoûments heureux ; et quant au hasard, si on le prend pour élément d'une pièce de théâtre, c'est précisément lui qui produit ces drames informes où les accidents se succèdent sans motif, s'enchaînent sans avoir de lien, et se dénouent sans qu'on sache pourquoi, sinon qu'il faut finir la pièce. Le hasard, cessant d'être un dieu, n'est plus qu'un bateleur. Corneille fut le premier qui s'aperçut de la distance qui, sous ce rapport, nous sépare des temps passés ; il vit que l'antique élément avait disparu, et il entreprit de le remplacer par un autre. Ce fut alors qu'en lisant Aristote et en étudiant ses principes, il remarqua que, si ce grand maître recommande surtout la fatalité, il permet aussi au poëte de peindre l'homme conduit au malheur seulement par ses passions ; les anciens eux-mêmes l'avaient fait dans l'*Électre* et dans le *Thyeste*. Corneille se saisit de cette source nouvelle ; à peine eut-elle jailli devant lui qu'il la changea en fleuve ; il résolut de montrer la passion aux prises avec le devoir, avec le malheur, avec les liens du sang, avec la religion ; la pièce espagnole de Guillen de Castro lui sembla la plus propre à développer sa pensée ; il en fit une imitation qui est restée et restera toujours comme un chef-d'œuvre ; puis, comme il était aussi simple qu'il était grand, il écrivit une poétique, afin de répandre le trésor qu'il avait trouvé, ce dont Racine profita si bien. Par cette poétique, il consacra le principe dont il était question tout à l'heure, c'est-à-dire de faire périr le personnage intéressant par une cause qui est *en lui*, et non *hors de lui*, comme chez les Grecs.

La passion est donc devenue la base, ou plutôt l'axe des tragédies modernes. Au lieu de se mêler à l'intrigue pour la compliquer et pour la nouer comme autrefois, elle est maintenant la cause première. Elle naît d'elle-même et tout vient d'elle : une passion et un obstacle, voilà le résumé de presque toutes nos pièces. Si Phèdre brûle pour Hippolyte, ce n'est plus Vénus offensée qui la condamne au supplice de l'amour, ce sont les entrailles d'une marâtre qui s'émeuvent à l'aspect d'un beau jeune homme. La divinité n'intervient plus dans nos fables ; nous n'avons plus de ces terribles prologues où un dieu irrité sort d'un palais, et appelle le malheur sur ceux qui l'habitent. Apollon et la mort ne se disputent plus Alceste ; Hercule ne vient plus la tirer de la tombe ; si nous voulions faire un nouvel OEdipe, il n'exciterait que l'horreur et le dégoût, car sa rencontre avec Laïus et son mariage avec Jocaste, n'étant plus annoncés par un oracle, ne pouvant plus amener la peste après eux, ne seraient plus que de hideuses débauches d'imagination ; chez nous, l'homme est seul, et ses vertus, ses vices, ses crimes lui appartiennent. J'ai déjà dit que je ne pourrais entrer ici dans les subdivisions, ni parler, par conséquent, de la tragédie pathétique ou morale, simple ou implexe, des révolutions, des reconnaissances, ni des combinaisons qui résultent, chez les anciens comme chez les modernes, du mélange des deux systèmes. Au risque d'être repris justement, je ne puis m'occuper des exceptions.

Voici maintenant ce qui arriva : Corneille ayant établi que la passion était l'élément de la tragédie, Racine survint, qui déclara que la tragédie pouvait n'être simplement que le développement de la passion. Cette doctrine semble, au premier abord, ne rien changer aux choses ; cependant elle change tout, car elle détruit l'action. La passion qui rencontre un obstacle et qui agit pour le renverser, soit qu'elle triomphe ou succombe, est un spectacle animé, vivant ; du premier obstacle en naît un second, souvent un troisième, puis une catastrophe, et, au milieu de ces nœuds qui l'enveloppent, l'homme qui se débat pour arriver à son but peut inspirer terreur et pitié ; mais si la passion n'est plus aux prises qu'avec elle-même, qu'arrive-t-il ? Une fable languissante, un intérêt faible, de longs discours, des détails fins, de curieuses recherches sur le cœur humain, des héros comme Pyrrhus, comme Titus, comme Xipharès, de beaux parleurs, en un mot, et de belles discoureuses qui content leurs peines au parterre ; voilà ce qu'avec un génie admirable, un style divin et un art infini, Racine introduisit sur la scène. Il a fait des chefs-d'œuvre sans doute, mais il nous a laissé une détestable école de bavardage, et, personne ne pouvant parler comme lui, ses successeurs ont endormi tout le monde.

Faut-il lui en faire un reproche, et pouvait-il faire autrement? Ceci mérite qu'on l'examine, car c'est là qu'on peut trouver la différence de son temps au nôtre, et par conséquent les motifs qui doivent nous faire tenter une autre voie.

On s'attend peut-être que je vais parler des mœurs de la cour de Louis XIV, et essayer de prouver, après mille autres, que Racine a subi l'influence de cette cour efféminée ; cela est probable, mais c'est une autre raison beaucoup moins relevée, beaucoup plus réelle et matérielle, que je soumettrai ici au lecteur. « Un des plus grands obstacles, dit Voltaire, qui s'opposent, sur notre théâtre, à toute action grande et pathétique, est la foule des spectateurs confondue avec les acteurs... Les bancs qui sont sur le théâtre rétrécissent la scène, et rendent toute action presque impraticable... Il ne faut pas s'y méprendre ; un inconvénient tel que celui-là seul a suffi pour priver la France d'une foule de chefs-d'œuvre qu'on aurait sans doute hasardés si on avait eu un théâtre libre, propre pour l'action, et tel qu'il est chez toutes les autres nations de l'Europe... *Cinna, Athalie,* méritaient d'être représentés ailleurs que dans un jeu de paume, au bout duquel on a élevé quelques décorations du plus mauvais goût, et dans lequel les spectateurs sont placés, contre tout ordre et contre toute raison, les uns debout sur le théâtre même, les autres debout dans ce qu'on nomme parterre... Comment oserions-nous faire paraître, par exemple, l'ombre de Pompée ou le génie de Brutus au milieu de tant de jeunes gens qui ne regardent jamais les choses les plus sérieuses que comme l'occasion de dire un bon mot?... Comment apporter le corps de César sanglant sur la scène? comment faire descendre une reine éperdue dans le tombeau de son époux, et l'en faire sortir mourante de la main de son fils, au milieu d'une foule qui cache et le tombeau et le fils et la mère, et qui énerve la terreur du spectacle par le contraste du ridicule?... Comment cela peut-il s'exécuter sur une scène étroite, au milieu d'une foule de jeunes gens qui laissent *dix pieds* de place aux acteurs? De là vient que la plupart des pièces ne sont que de longues conversations... Il faut convenir que, d'environ quatre cents tragédies qu'on a données au théâtre, depuis qu'il est en possession de quelque gloire en France, il n'y en pas dix ou douze qui ne soient fondées sur une intrigue d'amour, plus propre à la comédie qu'au genre tragique. C'est presque toujours la même pièce, le même nœud, formé par une jalousie et une rupture, et dénoué par un mariage ; c'est une coquetterie continuelle, une simple comédie où des princes sont acteurs, et dans laquelle il y a quelquefois du sang répandu pour la forme. »

J'extrais ces phrases détachées de plusieurs passages de Voltaire ; elles me semblent concluantes au dernier point. Il n'y a d'ailleurs personne qui ne se souvienne de ces vers des *Fâcheux* de Molière :

> Les acteurs commençaient, chacun prêtait silence ;
> Lorsque, d'un air bruyant et plein d'extravagance,
> Un homme à grands canons est entré brusquement,
> En criant : Holà ! ho ! un siége promptement, etc., etc.

Triste vanité des choses humaines ! quoi ! ces belles théories de Racine, ces pompeuses pensées si élégamment vêtues, ces préfaces si concises, si nobles, ce doux système si tendre et si passionné, tout cela aurait eu pour cause véritable les embarras d'un espace de dix pieds et les banquettes de l'avant-scène ? Serait-il possible que tant de confidents n'eussent fait de si harmonieux récits, que tant de princes amoureux n'eussent si bien parlé que pour remplir la scène sans trop remuer, de peur d'accrocher en passant les jambes de messieurs les marquis ? Hélas ! il n'est que trop vrai. Et d'où vient maintenant qu'au théâtre, il faut le dire, les tragédies de Racine, toutes magnifiques qu'elles sont, paraissent froides par instant, et même d'une froideur bizarre, comme de belles statues à demi animées? C'est que le comte de Lauraguais a donné 30,000 francs, en 1759, pour qu'on ôtât les banquettes de la scène; c'est qu'Andromaque, Monime, Émilie, sont aujourd'hui toutes seules dans de grands péristyles où rien ne les gêne, où elles peuvent se promener sur une surface de soixante pieds carrés, et les marquis ne sont plus là pour entourer l'actrice, pour dire un bon mot après chaque tirade, pour ramasser l'éventail d'Hermione, ou critiquer les canons de Thésée. Oreste, son épée à la main, n'a plus besoin d'écarter la foule des petits-maîtres et de leur dire : « Messieurs, permettez-moi de passer; je suis obligé d'aller tuer Pyrrhus. » Voilà pourquoi nous nous apercevons que l'action languit, et nous nous étonnons que, toutes les portes étant ouvertes, tout le palais désert, personne n'entre, n'agisse, ne ranime la pièce.

Quel que soit donc notre respect pour les écrivains du grand siècle, nous sommes dans d'autres conditions qu'eux; nous devons faire autre chose que ce qu'ils ont fait; mais quoi? c'est là la question. Voltaire essaya, le premier, dans *Tancrède*, de créer une tragédie vraiment moderne. Il crut avoir complétement réussi, et il ne se trompait pas tout à fait. Son sujet est l'un des plus beaux, des plus pathétiques qu'on ait vus au théâtre; son plan est simple, hardi, tracé de main de maître; tout le monde convient malheureusement que la versification est lâche, commune, écrite à la hâte, et que la déclamation y usurpe la place de la vérité. Il semble que Voltaire n'ait rien écrit pour satisfaire sa propre conscience, excepté quand sa bile s'émouvait; le reste du temps on dirait un homme qui a fait une gageure et qui improvise. Lors même qu'il composait ses plus beaux vers, on croirait que ses amis étaient derrière la porte à l'écouter : c'est une perpétuelle parade. Je ne m'étonne pas qu'à Sainte-Hélène l'empereur, lisant *Zaïre*, ait jeté le livre, en s'écriant que Voltaire ne connaissait ni les hommes ni les passions. Napoléon ne pouvait pas tenir compte à l'auteur d'*Œdipe* des efforts admirables qu'il a entrepris pour faire goûter à une société dépravée et blasée les fruits sauvages de l'antiquité. Quoi qu'il en soit, et malgré ses défauts, la tragédie chevaleresque de *Tancrède* mérite d'être l'objet de graves méditations. Si ce n'est un modèle, c'est un exemple.

De Belloy a fait quelques essais pour amener une tragédie nationale; la pensée première en est remarquable, mais l'exécution est d'une telle faiblesse, qu'il n'y a pas moyen d'en parler. Chénier suivit la même route, et voulut faire jusqu'à un certain point une tragédie historique et républicaine. Mais ces détails m'entraîneraient trop loin, je veux seulement marquer la date d'une idée féconde.

L'introduction du drame en France a exercé une influence si rapide et si forte, que, pour satisfaire ce goût nouveau sans déserter entièrement l'ancienne école, quelques écrivains ont pris le parti de chercher un genre mitoyen, et de faire, pour ainsi dire, des drames tragiques. Ils n'ont pas précisément violé les règles, mais ils les ont éludées, et on pourrait dire, en style de palais, qu'ils ont commis un délit romantique avec circonstances atténuantes. D'excellents esprits ont tenté cette voie ; ils y ont réussi parce que le talent plaît toujours, sous quelque forme qu'on le trouve ; mais, en mettant à part ces succès mérités, je crois que ce genre en lui-même est faux, bâtard et dangereux pour les jeunes gens qui le tenteraient. « Que m'importe, dira-t-on, que les règles soient observées ou non dans une pièce, pourvu qu'elle m'amuse ? » Le public a raison de raisonner ainsi ; ce ne sont pas ses affaires que les divisions d'Aristote, mais ce sont les affaires de l'écrivain, qui doit les connaître, et ce n'est pas pour se divertir que le précepteur d'Alexandre a fait tant de calculs, tant de profondes études, tant de recherches arides, afin d'en venir à établir ces lois. Beaucoup de gens se sont habitués à regarder les règles comme des entraves ; La Motte disait que les trois unités étaient une chose de fantaisie, dont on pouvait se servir ou se passer à son gré. Il est certain que rien n'oblige un honnête homme à s'y astreindre. Qui veut peut écrire ce qui lui plaît. Les règles de la tragédie ne regardent que celui qui a dessein de faire une tragédie ; mais vouloir en faire une sans les unités, c'est à peu près la même chose que de vouloir bâtir une maison sans pierres. Une pièce sans unités peut être fort belle ; on peut y trouver mille charmes et les plus beaux vers du monde ; on peut même imprimer sur une affiche que c'est une tragédie; mais, pour le faire croire, c'est autre chose, à moins d'imiter ce moine qui, en carême, jetait un peu d'eau sur un poulet en lui disant : « Je te baptise carpe. »

Si les règles étaient des entraves inventées à plaisir pour augmenter la difficulté, mettre un auteur à la torture, et l'obliger à des tours de force, ce serait une puérilité si sotte qu'il n'est guère probable que des esprits comme Sophocle, Euripide, Corneille, s'y fussent prêtés. Les règles ne sont que le résultat des calculs qu'on a faits sur les moyens d'arriver au but que se propose l'art. Loin d'être des entraves, ce sont des armes, des recettes, des secrets, des leviers. Un architecte se sert de roues, de poulies, de charpentes; un poëte se sert des règles, et plus elles seront exactement observées, énergiquement employées, plus l'effet sera grand, le résultat solide ; gardez-vous donc bien de les affaiblir, si vous ne voulez vous affaiblir vous-même.

Je suppose que ce genre que j'appelle mitoyen, à demi dramatique, à demi tragique, s'établisse en France et devienne coutume. Je suppose encore que deux écrivains, l'un d'un génie indépendant comme Shakspeare, l'autre d'un goût épuré comme Racine, se présentent et, trouvant le genre adopté, essayent de le suivre; qu'arrivera-t-il? L'homme indépendant n'aura pas plutôt écrit quatre pages qu'il se trouvera à l'étroit; il ne pourra supporter la gêne; un besoin irrésistible de se développer tout entier lui fera secouer un faible joug qui lui semblera inutile et injuste; l'autre écrivain, au contraire, s'apercevra bientôt qu'en se rapprochant de la simplicité, il a tout à gagner; il sentira que les épisodes, les changements de décoration, les tableaux de mœurs et de caractères, ôtent à son ouvrage la grandeur et la force qu'il y veut imprimer. S'il ignore les règles, il les devinera; s'il les connaît, il en fera usage. Ainsi le genre mitoyen sera insuffisant pour le premier de ces deux hommes, dangereux et inutile pour le second; l'un brisera la chaîne, l'autre la resserrera.

Si la tragédie reparaît en France, j'ose avancer qu'elle devrait se montrer plus châtiée, plus sévère, plus antique que du temps de Racine et de Corneille. Dans toutes les transformations qu'elle a subies, dans tous les développements, dans toutes les altérations qui l'ont dégradée, il y avait une tendance vers le drame. Lorsque Marmontel proposa de changer les décorations à chaque acte; lorsque l'Encyclopédie osa dire que la pièce anglaise de *Beverley* était aussi tragique qu'*OEdipe*; lorsque Diderot voulut prouver que les malheurs d'un simple particulier pouvaient être aussi intéressants que ceux des rois, tout cela parut une décadence, et tout cela n'était que la préface du romantisme. Aujourd'hui le drame est naturalisé français; nous comprenons Gœthe et Shakspeare aussi bien que Mme de Staël; l'école nouvelle n'a encore, il est vrai, produit que des essais, et son ardeur révolutionnaire l'a emportée, comme dirait Molière, un peu bien loin ; mais nous ferons mieux plus tard, et le fait reste accompli. Or, par cette raison même que le drame est adopté, il me semble que la tragédie, si elle veut renaître et vivre, doit reprendre son ancienne allure avec plus de fierté que jamais. Depuis Voltaire, elle n'a presque toujours été qu'un prétexte, une espèce de thème au moyen duquel on s'exerçait à tout autre chose, et souvent à la détruire elle-même. Le romantisme, cherchant à se faire jour, s'introduisait dans la tragédie pour la ronger, comme un ver dans un fruit mûr ; et il ne manque pas de gens à présent qui croient le fruit desséché ou pourri. Si Melpomène veut reparaître sur nos théâtres, il faut qu'elle lave ses blessures.

Ne serait-ce pas une belle chose que d'essayer si, de nos jours, la vraie tragédie pourrait réussir ? J'appelle vraie tragédie, non celle de Racine, mais celle de Sophocle, dans toute sa simplicité, avec la stricte observation des règles.

Pourquoi ne traiterions-nous pas des sujets nouveaux, non pas contemporains ni trop voisins de nous, mais français et nationaux ? Il me semble qu'on aimerait à voir sur notre scène quelques-uns de ces vieux héros de notre histoire, Duguesclin ou Jeanne d'Arc chassant les Anglais, et que leurs armures sont aussi belles que le manteau et la tunique.

Ne serait-ce pas une entreprise hardie, mais

louable, que de purger la scène de ces vains discours, de ces madrigaux philosophiques, de ces lamentations amoureuses, de ces étalages de fadaises qui encombrent nos planches, et d'envoyer cette friperie rejoindre les marquis de Molière et les banquettes du comte de Lauraguais?

Pourquoi ne prendrions-nous pas pour devise ce vers de Chénier, qui a servi d'épigraphe au romantisme, et qui serait vraiment applicable à la renaissance de la tragédie :

> Sur des pensers nouveaux faisons des vers antiques.

Ne serait-ce pas une grande nouveauté que de réveiller la muse grecque, d'oser la présenter aux Français dans sa féroce grandeur, dans son atrocité sublime? « Les malheurs qui arrivent à des amis ou à des indifférents, dit Aristote, ne sont point tragiques; une mère qui tue son fils, un fils qui égorge son père, un frère près d'être immolé par sa sœur, voilà des sujets de tragédie. » Ce ne sont pas là, comme on voit, des madrigaux.

Ne serait-il pas curieux de voir aux prises avec le drame moderne, qui se croit souvent terrible quand il n'est que ridicule, cette muse farouche, inexorable, telle qu'elle était aux beaux jours d'Athènes, quand les vases d'airain tremblaient à sa voix?

Ne serait-il pas temps de prouver que la tragédie est autre chose qu'une statue qui déclame, de montrer enfin qu'on peut agir en parlant, et marcher avec le cothurne?

Ne serait-il pas temps de ramener dans les sujets sérieux la franchise du style, d'abandonner la périphrase, cette pompeuse et frivole manière de tourner autour de la pensée? N'est-il donc pas aussi noble de dire, par exemple, « un homme qui frappe avec son épée, » que, « un mortel qui immole avec son glaive? » Les anciens méprisaient cette timidité, et Corneille ne parlait pas ainsi.

Telles sont les questions que j'oserais adresser aux écrivains qui sont en possession d'une juste faveur parmi nous, si le talent de la jeune artiste qui remet aujourd'hui en honneur l'ancien répertoire les engageait, comme il est probable, à écrire un rôle pour elle.

1er novembre 1838.

REPRISE DE BAJAZET

AU THÉATRE-FRANÇAIS

MADEMOISELLE RACHEL

Le Théâtre-Français vient de reprende *Bajazet*; Mlle Rachel joue Roxane ; c'est, si je ne me trompe, son sixième début. La critique, qui s'était montrée cinq fois indulgente et juste en même temps (chose presque rare), a fait preuve, cette fois, de sévérité ; j'avoue que je ne sais pas pourquoi ; mais huit feuilletons, écrits le même jour par des gens d'esprit et de goût, sont mécontents de cette reprise. Je ne sais pas non plus pourquoi ils font de cet essai une circonstance à peu près décisive, sur laquelle on remet en question le mérite de la jeune artiste et celui de Racine par la même occasion ; j'avais assisté à la reprise, j'y suis retourné en toute conscience, afin de tenter d'éclaircir ce point, et je sais encore moins pourquoi. Des six rôles que Mlle Rachel a représentés depuis qu'elle est au théâtre, après Hermione, Roxane me semble celui dans lequel il faut la voir, préférablement à tout autre.

Je me souviens qu'un jour, au bal, je vis entrer une jeune femme (c'était une actrice, ce qui rentre dans mon sujet), et je me retournai vers mon voisin, pour lui dire que je la trouvais jolie ; mon voisin était un Anglais, homme d'esprit ; il fut de mon avis. « Cependant, lui dis-je, les journaux disent qu'elle est laide. — Mais vous savez, me répondit-il, *une* journal, c'est *une* jeune homme. — Comment, un jeune homme ? — Eh oui ! c'est *une* jeune homme qui écrit pour dire comme il voit, pas autre chose. — Fort bien, mais plusieurs journaux trouvent cette personne laide. — Eh bien ! me répondit mon Anglais, nous voilà deux qui *le* trouvons jolie ; nous sommes autant que deux journaux. »

Encouragé par cet exemple, j'ose déclarer que je suis un jeune homme qui trouve *Bajazet* joli et Roxane charmante. J'ai beau faire, je ne comprends pas ce qu'on a trouvé de mal à cette reprise. La décoration ? Elle est fort convenable. Les costumes ? Ils sont tout battant neufs, passablement exacts. Les acteurs ? Mais ce sont les mêmes qui ont joué *Mithridate, Andromaque, Cinna*, etc., etc., excepté celui qui est chargé du rôle de Bajazet. Joanny, qui joue Acomat, jouait Mithridate, Auguste, le vieil Horace ; Mlle Rabut, qui représente Atalide, représente Andromaque, Sabine ; d'où vient donc le mécontentement dont on parle, et que, du reste, il m'a été impossible de remarquer dans la salle ? Il ne reste que deux choses à critiquer, ou l'auteur, ou la principale actrice.

Comme il me semble que l'auteur est Racine, je

ne m'y arrête pas, pour cause. C'est donc l'actrice qu'on attaque. Pourquoi dans ce rôle? Elle l'a étudié, il suffit de la regarder pour le voir, et de l'écouter pour le sentir; a-t-elle un moins bon maître, moins d'intelligence, moins de cœur? Est-elle plus faible, ou moins inspirée, ou plus craintive, ou moins bien placée dans cette pièce? ou enfin, paraissant sous les habits de Roxane et obligée à quelque éclat, est-elle plus petite qu'il y a un mois? Cette dernière question est peut-être la plus importante; je crois, en effet, que c'est le reproche le plus sérieux qu'on puisse adresser à Mlle Rachel; elle n'est pas grande; voilà une chose sur laquelle il faut prendre son parti. Pellegrini, excellent acteur, chanteur divin, avait le nez trop long; Lablache est un peu gros; Duprez est aussi trop petit; tout cela est fâcheux. Mlle Rachel est donc petite, à telle enseigne qu'au quatrième acte de *Bajazet,* pendant le monologue, j'ai entendu quelqu'un du parterre s'écrier : « Quel petit démon ! » Ce quelqu'un-là ne se doutait guère qu'en parlant ainsi il résumait habilement de grandes questions, et que son mot valait un feuilleton tout entier. En effet, ne serait-il pas curieux de savoir pourquoi Roxane doit être plus grande qu'Hermione?

Roxane est, avec Phèdre, le rôle le plus difficile que Racine ait écrit. Certes, pour comprendre l'étendue de rôles pareils et pour les *composer,* comme on dit, ce serait une terrible entreprise, si ces rôles n'étaient depuis longtemps connus; mais ils le sont, et non-seulement connus, approfondis, calculés, mais notés. Qui les a créés? Racine lui-même ; on sait, depuis cent soixante ans, comment sortir, rentrer, marcher, parler, dans les chefs-d'œuvre du grand siècle ; il est vrai que Mlle Rachel ne suit point la tradition, mais, sans la suivre, elle ne l'ignore pas ; à quelque inspiration qu'elle se livre, c'est sous le portique sacré, *antique* et *solennel*, qu'elle improvise ; il n'est pas difficile de reconnaître dans ses plus hardies interprétations le respect et l'intelligence du passé ; elle ne joue pas Roxane de souvenir, car elle n'était pas née la dernière fois qu'on l'a jouée avant elle ; mais il suffit qu'une tirade soit de Racine pour qu'on y sente la Champmeslé. Il ne s'agit donc point, à proprement parler, de savoir si elle a bien conçu le rôle, mais si elle veut, sait, peut le rendre. Mais à quoi bon discuter cela, quand le parterre, les loges, ont applaudi? Quelqu'un qui a plus que de l'esprit disait l'autre soir au foyer des Français : « En vérité, on juge singulièrement ici ; on demande non-seulement plus, mais autre chose que ce qu'on peut avoir ; on a réfléchi sur tout, fait mille rêves, on s'est épuisé en fantaisies ; on voudrait trouver Shakspeare dans Racine, Racine dans Shakspeare ; ce n'est pas juger raisonnablement, ni même, pour ainsi dire, d'une manière honnête. »

Mlle Rachel, on le sait, n'a pas dix-huit ans, voilà ce dont on s'est aperçu lorsqu'on l'a vue la première fois dans le costume de Camille ; voilà, il me

semble, ce à quoi on devrait penser quand on la voit dans cette robe orientale qui la gênait vendredi dernier. De bonne foi, ce n'est pas sa faute si elle est si jeune. Mais Roxane, dit-on, est une belle esclave, devenue sultane par un caprice, plaçant son amant dans l'alternative ou de l'épouser, ou de mourir, amoureuse par les sens seulement, furieuse sans ironie, dissimulée par boutade, lascive et emportée, mais surtout jalouse ; et on s'étonne, on s'indigne presque qu'une enfant de dix-sept ans n'exprime pas tout cela ; ce sont de belles imaginations, de profondes découvertes, sans doute ; Mlle Rachel n'a pas probablement encore eu le temps de les faire. Et pourquoi, alors, entreprend-elle ce rôle ? demande-t-on. Pourquoi veut-elle rendre des sentiments, je me trompe, des sensations qui lui sont inconnues ? La réponse ne serait pas difficile à faire. D'abord, Racine était un homme pieux, simple, quoique poli, consciencieux, et on n'avait pas inventé de son temps la littérature du nôtre ; il est donc plus que douteux qu'il ait donné à la favorite d'Amurat le hideux caractère qu'on lui prête ; quand ce caractère eût été historique, il n'aurait ni voulu, ni pu le retracer ; et Mlle Rachel, que je ne connais pas, me semble une honnête fille, consciencieuse, qui ne voudrait ni ne pourrait le jouer.

Veux-je dire par là que Roxane soit une vestale ? Non, Dieu merci ! c'est une tête de fer, passionnée, fougueuse ; c'est une sultane, une esclave, une amante, tout ce qu'on voudra ; mais elle a passé par le noble cerveau de Racine ; et croyez qu'un poëte qui mettait deux ans et demi à traduire la *Phèdre* d'Euripide, presque vers par vers (comme Schiller, à son tour, a traduit la traduction française), croyez, dis-je, que ce poëte avait dans l'âme un certain instinct de la beauté et de l'idéal, qui ne s'accommode pas d'héroïnes tigresses. Celui qui passe une heure à polir un vers n'y fait pas entrer une idée honteuse ; si sa pensée est cruelle, il sait l'adoucir ; ardente, la purifier ; amoureuse, l'ennoblir ; jalouse, la sonder sans trouble ; sublime et chaste, l'exprimer simplement ; s'il a à peindre une Roxane, il la peindra, n'en doutez pas, et sans qu'un trait manque au tableau ; mais chaque trait sera tel que nulle autre main que la sienne ne l'aura pu dessiner ; et de cette main, le cœur en répond. Avant tout, la poésie est là, qui veille, cette rose *empoisonnée* dont parle Shakspeare, et dont le parfum ne s'échappe qu'avec crainte, modestie et honnêteté ; voilà pourquoi une enfant de seize ans, quand elle s'appelle Rachel, peut jouer Roxane.

Pour citer un exemple, entre autres, quelques journaux ont remarqué ce vers :

Je plaignis Bajazet, je lui vantai ses charmes.

Ils ont appuyé sur le sens de ces mots, et ils les ont trouvés très-licencieux. Que peut-on entendre, disent-ils, par les *charmes* d'un homme ? Eh mon Dieu ! Racine, à coup sûr, n'entendait par là que la beauté du visage, la grâce des manières, la douceur du langage, qui peuvent appartenir à un homme aussi bien qu'à une femme. Et depuis quand, en effet, le mot *charmes* veut-il dire autre chose? Dieu sait quelle rougeur eût monté au front du poëte, si on avait cherché devant lui une interprétation obscène à son vers! Mais que voulez-vous! du temps de Racine, Robert Macaire n'existait pas.

Pour me servir de ce mot qu'on dénature, et qui n'en vaut pas moins pour cela, je dirai que Mlle Rachel a rempli son rôle avec un charme inimitable. Si ce rôle était son premier début, la critique n'aurait pas assez d'éloges, d'épithètes pompeuses, de phrases louangeuses, pour rendre compte de la représentation de *Bajazet*. Dans quel étonnement ne serions-nous pas, dans quel enthousiasme! Mais c'est le sixième rôle qu'elle joue, et voilà comme nous sommes à Paris : nous aurions voulu autre chose que Mlle Rachel elle-même ; nous connaissons cette grande manière de dire, ces gestes rares, frappants, ce regard profond, cette religieuse intelligence de notre jeune artiste ; nous les admirions hier, nous les aimions, et tout cela nous allait au cœur. Mais aujourd'hui, nous avons mal dîné, et nous voudrions du nouveau. Au lieu de cette énergie, nous voudrions de la tendresse ; au lieu de cette sobriété, du désordre, et que l'actrice surtout fût plus grande. Voilà comme on juge, du moins dans les journaux ; car, Dieu merci, le public n'est pas le moins du monde de cet avis : il est venu à la seconde représentation comme il est venu à la première, comme il ira à la troisième ; il a vingt fois interrompu l'action par ces murmures involontaires que ne peut retenir une foule émue, et qui sont les vrais applaudissements. En un mot Roxane a été l'un des plus beaux triomphes de Mlle Rachel.

Pourquoi quelques journaux veulent-ils nier ce triomphe? J'ai dit que je n'en savais rien, et s'il m'était permis de le leur demander, voici comment je m'exprimerais :

Mais enfin, dites-moi, messieurs, pourquoi la chagrinez-vous? Elle a fait ce qu'elle a pu et ce que nulle autre qu'elle, assurément, ne pourrait faire. Puisque vous dites qu'il faut pour ce rôle des femmes de trente ans, amenez-en donc, et que nous leur entendions dire :

> Bajazet, écoutez, je sens que je vous aime,
> Vous vous perdez.

Puisque vous ne voulez pas d'ironie, enseignez-nous comment il faut prononcer autrement que notre jeune tragédienne :

> Vous jouirez bientôt de son aimable vue.

Puisque vous aimez la passion, l'énergie, je dirais presque la férocité, trouvez donc l'accent de ce vers :

> Ma rivale à mes yeux s'est enfin déclarée.

Puisqu'enfin vous refusez à Mlle Rachel ce qu'on

appelle la sensibilité, c'est-à-dire l'expression qui sort du cœur, essayez donc de répéter après elle :

Tu ne saurais jamais prononcer que tu m'aimes.

Pour parler sérieusement, la critique a des droits que nul ne conteste ; c'est à juste titre que des hommes de sens et d'esprit, qui ont fait leurs preuves et qui sont en possession d'une réputation légitime, parlent et discutent sur toutes choses, donnent des arrêts quelquefois légers, mais fins, piquants, et qui se font toujours lire ; si quelques-uns s'en plaignent, tous en profitent ; oui, la critique est une vraie puissance, et l'une des plus grandes aujourd'hui.

Oui, lorsqu'une jeune fille débute, lorsqu'elle arrive sur un théâtre qu'elle ne connaît pas, où elle doit craindre plus qu'espérer, où rien ne la soutient encore ; lorsque le public qui l'ignore et qui ne se donne la peine de rien deviner la laisse jouer dans le désert des pièces qu'il s'est habitué à abandonner ; et lorsque, dans cette solitude, l'artiste, inconnue mais fidèle à sa conscience, révèle courageusement son talent, sans regarder qui est là, ni si on l'écoute ; oui, la critique alors a une noble tâche à remplir : c'est d'écouter, de prendre la plume, d'avertir le public qu'il faut venir, et le public vient. Cette foule blasée, indifférente, dont on a gâté le goût, assourdi les oreilles, quitte l'Opéra, le boulevard, voire même la rue Saint-Denis, et accourt ; elle s'assied, elle fait silence, elle voit qu'on ne l'a pas trompée, et tout Paris se dérange le lendemain pour venir entendre, au milieu de cinq actes qu'il sait par cœur, cent vers récités par une enfant.

Oui, lorsque plus tard cette même jeune fille, devenue femme, sûre d'elle-même et de sa réputation, adoptée depuis longtemps par tous, paraît dans un rôle nouveau, la critique a encore une belle part; c'est de veiller sur la gloire de l'artiste, de ne pas la laisser descendre de la place qu'elle a conquise, de l'avertir à son tour et au besoin de la blâmer, de faire en un mot l'office de la vigie qui annonce la terre et marque aussi l'écueil.

Mais quand on est encore aux premiers pas, quand cette enfant qui ne doit pas croire à sa gloire est encore à lutter pour qu'on la comprenne; lorsque, applaudie dans cinq rôles, elle s'essaye dans un sixième, et là, n'ayant encore que du génie, lorsqu'elle cherche à mûrir son talent, viendrez-vous déjà, dès le lendemain, avec votre esprit, votre expérience, viendrez-vous vous asseoir sur ce même banc où vous avez été si juste, et jugerez-vous sévèrement maintenant cette noble et modeste intelligence qui s'exerce devant deux mille personnes, qui s'écoute elle-même en public, impatiente de se sentir, de se deviner, dans un des plus difficiles, des plus dangereux rôles de nos tragédies? assisterez-vous à cet essai comme si c'était un spectacle ordinaire, une fantaisie, un passe-temps? Et vous, forts de vos souvenirs, viendrez-vous hocher la tête là où vous devriez battre des mains, uniquement parce que ce n'est plus tout à fait un premier début, parce que votre esprit a changé peut-être, parce qu'il faut du nouveau à tout prix?

Si c'est là aujourd'hui votre rôle, alors nous, public, nous qui payons nos stalles, nous que vous avez avertis hier de venir voir *Andromaque*, nous avons le droit de vous dire comme le vieux Corneille : Tout beau! car ce n'est plus d'une actrice qu'il s'agit, ni d'une réputation, ni d'un caprice de mode; vous nous avez appris à aimer un plaisir que nous avions perdu, mais qui nous est cher et qui est à nous; nous voulons voir ce qui en sera, comment Mlle Rachel jouera Roxane après demain, et ensuite Esther et Chimène. La tragédie renaît par elle-même, nous n'entendons pas qu'on l'étouffe; il faut nous laisser d'abord écouter, et nous vous dirons dans deux ans d'ici ce que nous en pensons définitivement; l'artiste, jusque-là, ne vous appartient plus; ce n'est plus elle qui est en question, c'est l'art qu'elle ravive, l'art immortel, gloire et délices de l'esprit humain.

Quel est votre but, en effet, et que prétendriez-vous faire? Admettons que Mlle Rachel n'ait réellement pas été à sa hauteur ordinaire dans *Bajazet*, ce que je suis loin d'accorder, mais n'importe. Admettons encore que c'est en conscience que vous signalez cet échec, et que vous faites en cela un acte d'impartialité. Ne croyez-vous pas que votre devoir était, au contraire, l'indulgence? Vous en aviez pour

Talma vieillissant, vous ne lui disiez pas ainsi qu'il avait été faible un soir; et ce silence que vous vous imposiez par respect pour la renommée d'un homme, ne pouviez-vous pas le garder aujourd'hui pour vos propres espérances, pour l'avenir de l'art, pour les efforts d'une enfant, pour vos paroles de la veille? Quand il serait vrai que *Bajazet* eût été moins bien joué que *Mithridate*, quelle si grande importance y attachez-vous donc, quelle si grande différence y avez-vous trouvée? Ne voyez-vous pas qu'en attaquant ainsi cette jeune fille, vous plaidez une cause qui n'est pas la vraie, qui ne peut pas être bonne, quand même elle serait juste? Est-ce votre admiration pour Racine qui produit votre mécontentement, et êtes-vous si fort indignés de le voir moins bien représenté aujourd'hui qu'hier? A qui rendez-vous service en le disant? Ce n'est pas à Racine lui-même, car si ses ouvrages reprennent faveur au théâtre, ce sera grâce à Mlle Rachel, et ne sentez-vous pas qu'en se voyant blâmée si vite, avec si peu de ménagement, elle peut se décourager? Ne sentez-vous pas qu'en lisant vos articles, cette enfant, en qui seule repose toute la grandeur d'une renaissance, cette enfant qui n'est pas sûre d'elle, et qui, malgré son génie précoce, n'est pas encore à l'épreuve des chagrins que peut nous causer la critique, cette enfant qui joue si bien Hermione, qui sait si bien comprendre et réciter Racine, peut se mettre à pleurer?

Voyez le grand mal! dira-t-on peut-être; oui,

ce serait un très-grand mal ; que les journaux attaquent demain Mlle Grisi ou Fanny Elssler, et qu'elles s'en affligent un instant, peu importe ; leur réputation est faite, leurs noms sont aimés, elles sont à l'abri d'un blâme passager. D'ailleurs, la musique, la pantomime, la danse, ne sont point aujourd'hui des arts délaissés. Il en est autrement de la tragédie. Si on décourageait Mlle Rachel, ce serait Hermione elle-même, Monime et Roxane qu'on découragerait. Quiconque aime les arts doit y regarder à deux fois. Sommes-nous donc aux beaux jours de Talma, de la Duchesnoy, de Lafont, de Mlle Georges? Peut-être alors on aurait eu le droit de traiter légèrement une débutante, de la comparer à ceux qui l'auraient entourée, et de lui donner, dans son intérêt, des conseils sévères ; mais aujourd'hui, dans le désordre où nous sommes, dans le triste état où se trouve le théâtre, les amis des arts, critiques et poëtes, artistes de toute sorte, peintres, musiciens, tous tant que nous sommes, nous n'avons qu'une chose à faire lorsque nous allons aux Français, c'est d'applaudir Mlle Rachel, de la soutenir de toutes nos forces, de la vanter même outre mesure, s'il le faut, sans crainte de la gâter par nos éloges. N'est-ce pas un assez beau spectacle que cette volonté, cette puissance d'une jeune fille, qui ne se laisse troubler ni par la multitude, ni par les répliques si souvent fausses des acteurs qui jouent avec elle, ni par la difficulté, ni par la grandeur de sa tâche, mais qui arrive seule, simplement et tranquillement, se poser devant le parterre et parler selon son cœur? N'en fait-elle pas assez par cela seul qu'elle fait ce qu'elle peut, et qu'elle peut régénérer l'art au temps où nous sommes? Quant à moi, si je savais qu'un des articles dirigés contre elle l'eût affligée, et si je l'avais vue pleurer, je lui aurais dit : « Pleurez pour Bajazet, mademoiselle; pleurez pour Pyrrhus, pour Tancrède ; voilà des sujets dignes de vos pleurs, et soyez sûre que la moindre larme que vous versez pour eux sur la scène en fera plus pour votre gloire que tous les feuilletons de l'univers. »

Il n'y a de bonne cause que celle de l'avenir, car c'est la seule à qui doive rester la victoire. On peut nuire à cette cause, la gêner, l'affaiblir, mais non la détruire; voilà ce qu'on ne sait pas assez. On peut écraser un talent médiocre, on peut aussi le faire valoir et lui donner une apparence de renommée; mais vouloir étouffer un vrai talent, c'est la même chose que d'essayer de prouver que le bleu est rouge, ou qu'il fait clair à minuit; c'est s'attaquer à plus fort que soi, c'est perdre son temps d'une méchante manière; le talent triomphe tôt ou tard, car il n'a qu'à se montrer pour qu'on le reconnaisse. Celui qui me dirait que Mlle Rachel est l'objet d'un caprice du public, et qu'elle ne tiendra pas ses promesses, je ne lui répondrais qu'une chose : Mon esprit peut porter un faux jugement, mais quand je suis ému, je ne saurais me tromper; je puis lire ou écouter une pièce de théâtre et m'abuser sur sa valeur, mais, eussé-je le goût le plus faux et le plus déraisonnable du monde, quand mon cœur parle, il a raison. Ce n'est pas là une vaine prétention à la sensibilité, c'est pour vous dire que le cœur n'est point sujet aux méprises de l'esprit, qu'il décide à coup sûr, sans réplique, sans retour, que ni brigues ni cabales ne peuvent rien sur lui, que c'est, en un mot, le souverain juge. Voilà ce qui me donne la hardiesse de répéter ce que j'ai dit de Mlle Rachel, qu'elle sera un jour une Malibran. Voilà pourquoi j'ai vu avec peine, avec tristesse, qu'on l'ait attaquée ; voilà enfin pourquoi il me semble que, si peu de crédit qu'on ait, il faut la défendre autant qu'on le peut, et se garder surtout de vouloir détruire dans le cœur d'une enfant le germe sacré, la semence divine, qui ne peut manquer de porter ses fruits.

1er décembre 1838.

CONCERT

DE

MADEMOISELLE GARCIA

Je ne sais pourquoi l'apparition des morts est regardée en général comme une chose si horrible et si effrayante; les esprits les plus fermes sont, à cet égard, aussi faibles que les enfants. Nous frémissons à l'idée de voir reparaître un seul moment les êtres que nous avons le plus aimés, ceux dont la mémoire nous est la plus chère. Au lieu de cette belle coutume des anciens « de séparer par l'action d'un feu pur cet ensemble parfait formé par la nature avec tant de lenteur et de sagesse, » nous ensevelissons à la hâte, en détournant les yeux, les corps de nos meilleurs amis, et une pelletée de terre n'est pas plutôt tombée sur ces corps que tout le monde évite d'en parler. Il semble que ce soit manquer aux convenances que de rappeler à un fils, à un frère, une mère, une sœur morte; au lieu de ces urnes qui renfermaient jadis la cendre des familles, et qui restaient près du foyer, nous avons imaginé ces affreux déserts qu'on appelle des cimetières, et nous avons remplacé les évocations antiques par la peur des revenants.

Depuis que Mlle Garcia commence à se faire connaître, tous ceux qui l'ont vue ont remarqué sa ressemblance avec la Malibran, et, le croirait-on? il paraît certain que plusieurs des anciens amis de la grande cantatrice ont été presque épouvantés de cette ressemblance. On cite, là-dessus, de nombreux exemples, parmi lesquels j'en choisirai un. Il y a à peu près un an, une demoiselle anglaise prenait, à Londres, des leçons de Lablache, qui habitait la même maison que Mlle Garcia ; la jeune personne se disposait à chanter un air de *Norma*, et son maître, tout en la conseillant, lui parlait de la manière dont la Malibran comprenait cet air ; au moment où l'écolière va se mettre au piano, une voix se fait entendre dans la chambre voisine (c'était Mlle Garcia qui chantait précisément, dit-on, la cavatine de *Norma*) ; l'Anglaise croit reconnaître la voix de la Malibran elle-même, elle s'arrête, frappée de surprise ; elle s'imagine qu'un fantôme vient lui donner une leçon ; la terreur s'empare d'elle, elle s'évanouit.

Il me semble qu'en pareil cas j'aurais été ouvrir la porte au fantôme. La première fois que j'ai entendu Mlle Garcia, j'ai cru aussi un peu voir un revenant, mais j'avoue que ce revenant de dix-sept ans m'a inspiré tout autre chose que l'envie de me trouver mal. Il est certain qu'aux premiers accents, pour quiconque a aimé la sœur aînée, il est impossible de ne pas être ému. La ressemblance, qui consiste, du reste, plutôt dans la voix que dans les traits, est tellement frappante qu'elle

paraîtrait surnaturelle, s'il n'était pas tout simple
que deux sœurs se ressemblent. C'est le même
timbre, clair, sonore, hardi, ce *coup de gosier* espagnol qui a quelque chose de si rude et de si doux
à la fois, et qui produit sur nous une impression à
peu près analogue à la saveur d'un fruit sauvage.
Mais si le timbre seul était pareil, ce serait un
hasard de peu d'importance, bon, en effet, tout au
plus, à donner des attaques de nerfs ; heureusement pour nous, si Pauline Garcia a la voix de sa
sœur, elle en a l'âme en même temps, et, sans la
moindre imitation, c'est le même génie ; je ne
crois, en le disant, ni exagérer, ni me tromper.

Je n'ai pas la prétention de rendre compte en
détail du concert qui a été donné au théâtre de la
Renaissance : je ne vous dirai pas si Mlle Garcia va
de *sol* en *mi* et de *fa* en *ré*, si sa voix est un *mezzo
soprano* ou un *contralto*, par la très-bonne raison
que je ne me connais pas à ces sortes de choses, et
que je me tromperais probablement. Je ne suis pas
musicien, et je puis dire, à peu près comme M. de
Maistre : « J'en atteste le ciel, et tous ceux qui
m'ont entendu jouer du piano. » La jeune artiste a
chanté trois airs : voici le jugement qu'en portait
une personne d'esprit, dans une lettre écrite le lendemain, qui vaut mieux que ce que je pourrais
dire : « Elle a chanté d'abord un air de Costa fait
pour la Malibran, qui est une sorte de vocalise très-
favorable au développement de toutes les belles
cordes ; grands applaudissements, mais pas d'émo-

tion; ensuite l'air de M. de Bériot, mais l'orchestre a mal accompagné; elle tient sa musique à la main avec une grâce particulière, et elle est décidément jolie à la scène. Elle était tout en blanc, une chaîne noire avec un petit diamant sur le haut du front; elle avait l'air plein de distinction; elle salue aussi en se pliant un peu, et ce salut plein de modestie frappe par sa dignité; sans séparation avec le *tremolo* qui avait enlevé le parterre, elle a chanté la cadence du diable; mauvaise musique, tour de force à deux qui vous laisse étonné, et voilà tout. Vous voyez qu'elle n'a pu développer ni son talent dramatique, ni son vrai chant; on l'avait un peu sacrifiée. »

Mlle Garcia sait cinq langues; elle peut jouer sur un théâtre allemand, anglais, français, espagnol ou italien, et elle serait aussi à son aise à New-York ou à Vienne qu'à la Scala ou à l'Odéon. Elle s'accompagne elle-même avec la plus grande facilité; lorsqu'elle chante, elle ne semble éprouver aucun embarras, ni mettre aucune application; que ce soit une cavatine ou un boléro, un air de Mozart ou une romance d'Amédée de Beauplan, elle se livre à l'inspiration avec cette simplicité pleine d'aisance qui donne à tout un air de grandeur. Bien qu'elle ait fait de longues études, et que cette facilité cache une science profonde, il semble qu'elle soit comme les gens de qualité qui savent tout sans avoir jamais rien appris. On ne sent pas, en l'écoutant, ce plaisir pénible que nous causent toujours des efforts calculés, quand même le résultat serait la perfection ; elle n'est pas de ces artistes travailleurs qu'on admire en fronçant le sourcil et dont le talent donne des maux de tête. Elle chante comme elle respire ; quoiqu'on sache qu'elle n'a que dix-sept ans, son talent est si naturel, qu'on ne pense même pas à s'en étonner. Sa physionomie, pleine d'expression, change avec une rapidité prodigieuse, avec une liberté extrême, non-seulement selon le morceau, mais selon la phrase qu'elle exécute. Elle possède, en un mot, le grand secret des artistes ; avant d'exprimer, elle sent. Ce n'est pas sa voix qu'elle écoute, c'est son cœur, et si Boileau a eu raison de dire :

Ce que l'on conçoit bien s'énonce clairement,

on peut dire avec assurance : « Ce que l'on sent bien s'exprime mieux encore. »

Je n'ai jamais compris par quelle raison on est, pour ainsi dire, convenu de ne parler franchement avec éloge que des morts, à moins que ce ne soit pour réserver les injures aux vivants. L'esprit humain est si misérable, que la louange la plus sincère passe presque toujours pour un compliment, dès qu'elle s'adresse à une personne qui n'est pas aux antipodes ou en terre. « J'ose dire ce que j'ose faire, » disait Montaigne. On devrait oser dire ce qu'on ose penser. Je pense donc que Mlle Garcia, qui doit, je crois, débuter dans deux ans, a devant

elle un avenir aussi glorieux que celui de sa sœur..
Je n'ai qu'un regret, c'est qu'elle ne débute pas ce
soir, afin de nous délivrer d'un genre faux, affecté,
ridicule, qui est à la mode aujourd'hui.

Je suis loin, en parlant ainsi, de vouloir nier que
nous ayons d'excellents artistes ; ils sont même si
bien connus qu'il est inutile de les citer : il ne
m'entre d'ailleurs dans l'esprit d'attaquer personne,
c'est un métier que je n'aime pas. Je veux parler,
non d'un acteur ni d'un théâtre, mais d'un genre,
lequel est une exagération perpétuelle. Cette maladie règne partout, envahit tout ; on s'en fait
gloire. C'est l'affectation du naturel, parodie plus
fatigante, plus désagréable à voir que toutes les
froideurs de la tradition ancienne. La tradition est
très-ennuyeuse, je le sais ; elle a un défaut insupportable, c'est de faire des mannequins qui semblent tenir tous à un même fil, et qui ne remuent
que lorsqu'on tire ce fil ; l'acteur devient une marionnette. Mais l'exagération du naturel est encore
pire. Si, du moins, puisque maintenant le joug de
la tradition est brisé, le comédien, livré à lui-même,
suivait réellement son inspiration, bonne ou mauvaise, il n'y aurait que demi-mal. On verrait sur la
terre des personnages vrais, les uns ridicules, les
autres sérieux, les uns froids, les autres passionnés.
Il n'y a pas deux hommes qui sentent de même ;
chacun exprimerait donc à sa façon. Au lieu de
cela, qu'arrive-t-il ? La Malibran, il faut en convenir, a contribué à amener le genre à la mode ; elle

s'abandonnait à tous les mouvements, à tous les gestes, à tous les moyens possibles de rendre sa pensée ; elle marchait brusquement, elle courait, elle riait, elle pleurait, se frappait le front, se décoiffait, tout cela sans songer au parterre ; mais, du moins, elle était vraie dans son désordre. Ces pleurs, ces rires, ces cheveux déroulés étaient à elle, et ce n'était pas pour imiter telle ou telle actrice qu'elle se jetait par terre dans *Othello*. Quelle impression voulez-vous produire sur moi, quand vous vous arracheriez réellement les cheveux et quand vous en feriez cent fois plus que la Malibran, si je m'aperçois que vous ne sentez rien ? Quel intérêt voulez-vous que je prenne à vos cris de désespoir, à vos contorsions ? Je n'en comprends même pas le motif, je ne sais pas pourquoi vous vous démenez ainsi. Lorsque les chanteurs allemands sont venus à Paris, il y avait une certaine actrice qui s'appelait, je crois, Mme Fischer ; c'était une jolie personne, grande, blonde, avec une voix très-fraîche ; elle se posait sur le bord de la rampe, près du trou du souffleur ; elle joignait les mains comme quelqu'un qui fait sa prière, et là, elle chantait de son mieux. Jamais elle ne bougeait autrement, son air durât-il une demi-heure ; si on lui criait *bis*, elle revenait à la même place, rapprochait ses mains et recommençait. Ce n'était certainement pas une Malibran, c'était Mme Fischer, chantant à sa manière et ne cherchant à imiter personne ; elle n'en faisait pas beaucoup, il est vrai, mais pourquoi en aurait-elle fait plus si elle n'en sentait pas davantage? Voilà une question qu'on pourrait aujourd'hui adresser à bien des gens : pourquoi en faites-vous tant? Vous vous croyez sublime, et vous seriez peut-être passable si vous en faisiez moitié moins.

L'exagération des acteurs vient de la manie, ou plutôt de la rage de faire de l'effet, qui semble aujourd'hui s'être emparée de tout le monde. Je veux bien supposer que cette manie a existé dans tous les temps, mais je ne puis croire qu'elle ait jamais été poussée si loin. On dirait que nous avons la simplicité en horreur. Auteurs, acteurs, musiciens, tous ont le même but, l'effet, et rien de plus; tout est bon pour y parvenir, et dès qu'on l'atteint, tout est dit; l'orchestre tâche de faire le plus de bruit possible pour qu'on l'entende; le chanteur, qui veut couvrir le fracas de l'orchestre, crie à tue-tête; le peintre et le machiniste entassent dans les décorations des charpentes énormes, afin qu'on regarde leur nom sur l'affiche; l'auteur ajoute à l'orchestre quarante trompettes, afin que son opéra fasse plus de tapage que le précédent, et ainsi de suite, les uns renchérissent sur les autres. Le public ébahi, assourdi, ouvre les yeux et les oreilles dans une stupeur muette; le directeur ne pense qu'à la recette et fait *mousser* la pièce dans les journaux; et, au milieu de tout cela, il n'y a pas une honnête créature qui se demande si autrefois il n'existait pas quelque chose qu'on appelait la musique.

Ce qu'il y a d'inouï dans ce temps-ci, c'est qu'on

nous donne *Don Juan* et que nous y allons. Mme Persiani nous chante : *Vedrai carino*, l'air le plus simple et le plus naïf du monde, et nous le trouvons charmant. En sortant de là, nous allons voir l'opéra à la mode ; nous voilà dans une tombe, dans l'enfer, que sais-je ? Voilà des bourreaux, des chevaux, des armures, des orgies, des coups de pistolet, des cloches, pas une phrase musicale ; un bruit à se sauver, ou à devenir fou ; et nous trouvons encore cela charmant, juste autant que *Vedrai carino*. Pauvre petit air, que Mozart semble avoir écrit pour une fauvette amoureuse, que deviendrait-il, grand Dieu ! si on le mettait dans un opéra à cloches et à trompettes ?

Ce que je disais tout à l'heure de ma science musicale me donne sans doute peu d'autorité en cette matière ; je n'ai pas les armes nécessaires pour attaquer un genre que je crois mauvais, et tout ce que je puis dire, c'est qu'il est mauvais. De plus habiles que moi sauraient expliquer pourquoi, et de plus habiles le pensent ; mais on ne le dit pas assez. Je me souviens d'avoir lu quelque part une excellente question d'Alphonse Karr : « Mais, monsieur, demande un spectateur à son voisin en écoutant un opéra, croyez-vous que ce soit réellement de la musique ? » Je ne sais trop ce que répond le voisin, mais je répondrais en pareil cas : « Non, monsieur, ce n'est pas précisément de la musique, et cependant on ne peut pas dire non plus tout à fait que ce n'en soit pas. » C'est un terme moyen entre la musique et pas de musique ; ce sont des airs qui ne sont ni des airs ni des récitatifs, des phrases qui ont une velléité d'être des phrases, mais qui, au fond, n'en sont pas. Quant à des chants, à de la mélodie, ce n'est plus de cela qu'il s'agit ; on ne chante plus, on parle ou on crie ; c'est peut-être une sorte de déclamation notée, un *compromis* entre le mélodrame, la tragédie, l'opéra, le ballet et le diorama. C'est un assemblage de choses qui remuent les sens ; la musique s'y trouve peut-être, mais je ne saurais dire quel est le rôle qu'elle y joue. Du reste, demandez à tel chanteur italien que nous connaissons tous s'il admire cet opéra, il vous répondra que oui, qu'il y a dedans des choses superbes, de grands effets, de belles combinaisons d'harmonie, beaucoup de science et de travail ; mais demandez-lui s'il voudrait y chanter un rôle, il vous répondra qu'il aimerait mieux être aux galères.

Il est temps qu'on nous débarrasse de la maladie des effets. Il faut, lorsque Mlle Garcia débutera, qu'elle ait le courage de dire à l'orchestre : « Messieurs, pas si haut ; » aux acteurs : « Vous criez trop fort ; » et à l'auteur : « Votre opéra est un charivari. » Il faut du courage et de l'énergie pour oser parler aussi clairement ; mais, quand on s'appelle Garcia, qu'on est sœur de Ninette et fille de Don Juan, on peut tenir un pareil langage, ou plutôt on n'a pas besoin d'y penser ; la vérité est une force invincible, qui a son cours comme les fleuves, et le génie est le levier dont elle se sert. On parle déjà d'un opéra nouveau qu'on ferait pour Mlle Garcia, on dit aussi qu'elle va en Angleterre ; ce seraient deux torts ; il ne faut pas aller en Angleterre, parce que c'est à Paris qu'est le vrai public, et il ne faut pas débuter dans un opéra nouveau, parce que c'est dans les maîtres qu'est la vraie musique. De ce que toutes les cantatrices du monde ont joué un rôle, ce n'est pas une raison pour qu'une débutante recule devant ce rôle ; bien au contraire, c'est par ce motif même qu'il faut qu'elle le joue à son tour. La Malibran, la Pasta, Mme Fodor, qui voudrez-vous encore, ont chanté tel opéra ; chantez-le donc aussi, et que, par vous comme par elles, cet opéra devienne nouveau pour nous... Mais je m'aperçois que, sans y penser, je donne à Mlle Garcia des conseils dont elle n'a pas besoin. J'aurais dû borner cet article à un seul mot : la Malibran est revenue au monde, il n'y a pas d'inquiétude à avoir, et on n'a qu'à la laisser faire.

Le jour même où j'ai entendu Mlle Garcia, en passant le matin sur le pont Royal, j'ai rencontré Mlle Rachel. Elle était dans un cabriolet de place avec sa mère, et, chemin faisant, elle lisait ; probablement elle étudiait un rôle. Je la regardais venir de loin, son livre à la main, avec sa physionomie grave et douce, plongée dans une préoccupation profonde ; elle jetait un coup d'œil sur son livre, puis elle semblait réfléchir. Je ne pouvais m'empêcher de comparer en moi-même ces deux jeunes filles, qui sont du même âge, destinées toutes deux à faire une révolution et une époque dans l'histoire des arts; l'une sachant cinq langues, s'accompagnant elle-même avec l'aisance et l'aplomb d'un maître, pleine de feu et de vivacité, causant comme une artiste et comme une princesse, dessinant comme Grandville, chantant comme sa sœur; l'autre, ne sachant rien que lire et comprendre, simple, recueillie, silencieuse, née dans la pauvreté, n'ayant pour tout bien, pour toute occupation et pour toute gloire, que ce petit livre qui s'en allait vacillant dans sa main. Elles sont pourtant sœurs, me disais-je, ces deux enfants qui ne se connaissent pas, qui ne se rencontreront peut-être jamais. Il y a entre elles une parenté sacrée, le même point de départ et deux routes si diverses, le même but et deux résultats si différents! Celle-là n'a qu'à ouvrir les lèvres pour que tout le monde l'aime et l'admire; on pourrait dire qu'elle est née fleur, et que la musique est son parfum; et celle-ci, quel travail, quel effort ne faut-il pas à cette petite tête pour comprendre la délicatesse d'un courtisan de Louis XIV, la noblesse et la modestie de Monime, l'âme farouche de Roxane, la grâce des muses, la poésie des passions! quelle difficulté dans sa tâche, et quel prodige qu'elle y réussisse! Oui, le génie est un don du ciel, c'est lui qui déborde dans Pauline Garcia comme un vin généreux dans une coupe trop pleine; c'est lui qui brille au fond des yeux distraits de Rachel, comme une étincelle sous la cendre. Oui, il y a dans ce moment-ci un coup de vent dans le monde des arts ; la tradition ancienne était une admirable convention, mais c'était une convention ; le débordement romantique a été un déluge effrayant, mais une importante conquête. Le joug est brisé, la fièvre est passée ; il est temps que la vérité règne, pure, sans nuages, dégagée de l'exagération de la licence, comme des entraves de la convention. Le retour à la vérité est la mission de ces deux jeunes filles. Qu'elles l'accomplissent! qu'elles suivent leur chemin! Il ne m'appartient malheureusement pas de les suivre, mais je puis du moins les regarder partir, et boire à leur santé le coup de l'étrier.

Tout en rêvant ainsi, je suis allé au concert, et, comme il faut toujours qu'un rimeur rime ses pensées, j'ai fait, tant bien que mal, ces strophes :

Ainsi donc, quoi qu'on dise, elle ne tarit pas,
 La source immortelle et féconde
Que le coursier divin fit jaillir sous ses pas.
Elle existe toujours, cette séve du monde,
Elle coule, et les dieux sont encore ici-bas !

A quoi nous servent donc tant de luttes frivoles,
Tant d'efforts toujours vains et toujours renaissants ?
Un chaos si pompeux d'inutiles paroles,
 Et tant de marteaux impuissants,
 Frappant les anciennes idoles ?

Discourons sur les arts, faisons les connaisseurs ;
 Nous aurons beau changer d'erreurs
 Comme un libertin de maîtresse ;
Les lilas au printemps seront toujours en fleurs,
Et les arts immortels rajeuniront sans cesse.

Discutons nos travers, nos rêves et nos goûts,
Comparons à loisir le moderne et l'antique,
 Et ferraillons sous ces drapeaux jaloux.
Quand nous serons au bout de notre rhétorique,
Deux enfants nés d'hier en sauront plus que nous.

O jeunes cœurs remplis d'antique poésie,
Soyez les bienvenus, enfants aimés des dieux !
Vous avez le même âge et le même génie.
 La douce clarté soit bénie
 Que vous ramenez dans nos yeux !

 Allez, que le bonheur vous suive !
Ce n'est pas du hasard un caprice inconstant
 Qui vous fit naître au même instant.
Votre mère ici-bas, c'est la Muse attentive,
Qui sur le feu sacré veille éternellement.

Obéissez sans crainte au dieu qui vous inspire.
Ignorez, s'il se peut, que nous parlons de vous.
Ces plaintes, ces accords, ces pleurs, ce frais sourire,
 Tous vos trésors, donnez-les-nous :
 Chantez, enfants, laissez-nous dire.

1er janvier 1839.

DÉBUTS
DE
MADEMOISELLE PAULINE GARCIA
AU THÉATRE-ITALIEN

Je me félicite d'avoir attendu pour essayer de dire quelques mots sur les débuts de Mlle Garcia. Il est vrai qu'en venant si tard je n'ai plus rien à apprendre à personne, et qu'aujourd'hui le public n'a que faire de mon avis ; raison de plus pour que je le lui donne, car ainsi ce que je pourrai dire ne sera pas, Dieu merci, de la critique, et je n'aurai pas de verdict à prononcer en une heure sur un avenir plein d'années. Mon opinion ne sera pas un jugement, mais une causerie, si l'on veut, comme celles du foyer pendant un entr'acte.

Les juges les plus sévères ont reconnu à Mlle Garcia une voix magnifique, d'une étendue extraordinaire, une méthode parfaite, une facilité charmante, un talent dramatique plein de force, d'imagination et de vérité. On pourrait, à la rigueur, s'en tenir là, et un pareil éloge suffirait à une cantatrice consommée. Cependant cet éloge s'adresse à une jeune fille de dix-huit ans, qui n'a paru que six fois sur notre scène. Le rôle qu'elle a abordé le premier, celui de Desdémone, est un des plus difficiles du Théâtre-Italien : c'est peut-être le plus difficile. Il faut y être cantatrice et tragédienne, être émue et songer à soi, non-seulement exécuter la musique la plus compliquée et la plus fatigante, mais animer cette musique, toucher le cœur avec des fioritures diaboliques, rendre Rossini et Shakspeare. Ajoutez à cela qu'il faut lutter contre les plus dangereux souvenirs, celui de la Malibran, de la Pasta. — Sortir triomphante d'une pareille épreuve, dès le premier jour, sans hésitation, ce n'est pas peu de chose. Mlle Garcia aura fort à faire si ce ne sont que des promesses ; elle débute comme bien d'autres voudraient finir.

Je n'ignore pas que le chapitre des restrictions est une nécessité à laquelle il faut satisfaire. Notre charité chrétienne ne saurait admettre un éloge sans restriction. Je suis là-dessus aussi savant qu'un autre, et j'ai très-savamment remarqué que, Mlle Garcia étant fort jeune, sa voix n'est pas aussi assurée ni aussi développée qu'elle le deviendra probablement un jour, quand elle sera plus âgée. J'ai remarqué de même que, n'ayant joué que fort rarement, elle n'a pas autant d'habitude de la scène qu'elle pourra en acquérir lorsqu'elle aura plus d'expérience. J'ai fait encore bien d'autres remarques tout aussi profondes ; mais je demande la permission de ne pas disputer sur le présent quand l'avenir me semble clair, et de ne pas compter les plumes qui tombent au premier coup d'aile d'un oiseau qui s'envole.

Certes, c'est toujours un spectacle touchant, et qui dispose à la bienveillance, que l'apparition d'une jeune fille qui se hasarde pour la première fois en public dans une carrière où elle a mis toutes ses espérances. Mais quand on sait d'avance quelle est cette jeune fille, quand on la connaît, comme nous connaissons tous Mlle Garcia, pour une personne remplie de talents, de mérite et de modestie, chez qui une excellente éducation a fécondé la plus riche nature, ce spectacle alors fait plus que de toucher, il commande le respect, et éveille en même temps la plus vive sollicitude. La première représentation d'*Otello* avait attiré à l'Odéon ce qu'on appelle tout Paris; lorsque, sur la ritournelle mélancolique de l'air d'*Élisabeth*, Mlle Garcia est entrée en scène, il y a eu d'abord dans la salle un moment de silence. La jeune artiste était émue, elle hésitait; mais avant qu'elle eût ouvert la bouche, des applaudissements unanimes l'ont saluée de toutes parts. Était-ce la mémoire de la sœur que nous avons tant aimée? N'était-ce qu'un généreux accueil fait à une débutante qui tremblait? Personne, peut-être, ne s'en rendait compte. Chacun des premiers sons, encore voilés par l'émotion, qui sortirent des lèvres de Pauline Garcia, furent, pour ainsi dire, recueillis par la foule, et suivis d'un murmure flatteur. A la première difficulté qui se présenta dans le chant, le courage lui revint tout à coup; les applaudissements recommencèrent, et, en un quart d'heure, une belle destinée fut ouverte ; ce fut une noble chose qui fait honneur à tous.

On ne saurait trop louer l'*Otello* de Rossini ; je ne sais pas s'il passera de mode, car la mode en musique est effrayante. Il n'y a pas d'art plus périssable au monde, et on peut lui appliquer, mieux qu'à la peinture, ce vers de Dante :

> Muta nome perchè muta lato.

Quoi qu'il en soit, pour nous, qui sommes de notre temps, l'opéra d'*Otello* est un chef-d'œuvre. Je ne parle pas, bien entendu, du libretto. Il est même curieux de voir jusqu'à quel point on a pu si peu et si mal faire avec une pièce de Shakspeare. Mais quelle puissance dans le génie qui a su écrire un duo sublime sur ces quatre méchantes rimes :

> No più crudele un' anima
> No, che giammai si vide ! etc.

Je ne sais même pas si c'est de l'italien.

L'Othello de Rossini n'est pas celui de Shakspeare. Dans la tragédie anglaise, maîtresse tragédie s'il en fut, la passion humaine conduit tout. Othello, brave, ouvert, généreux, est le jouet d'un traître subalterne qui l'empoisonne lentement. L'angélique pureté de Desdémone lutte, par sa seule douceur, contre tous les efforts d'Iago. Othello écoute, souffre, hésite, maltraite sa femme, puis fond en larmes ; il succombe enfin, dit à la fois adieu à la gloire et au bonheur, et frappe. Dans l'opéra, une fatalité terrible, inexorable, domine. Depuis le moment où l'action commence jusqu'à celui où elle s'achève, la victime est dévouée. La musique respire constamment la plus sombre mélancolie; en dépit des roulades, des fanfares et des *concetti* chantés qui s'y trouvent, tous les motifs sont tristement frères : tous s'appellent, s'enchaînent, de plus en plus sombres, jusqu'au dernier, celui qui annonce l'arrivée de la mort dans la chambre nuptiale, et qui semble le chœur invisible des démons qui poussent au meurtre. L'Othello de Shakspeare est le portrait vivant de la jalousie, une effrayante dissection sur le cœur de l'homme; celui de Rossini n'est que la triste histoire d'une enfant calomniée qui meurt innocente.

Personne, je crois, n'a mieux compris que Mlle Garcia le rôle de Desdémone, et il est à propos de remarquer ici la différence qui existe entre les deux sœurs. La Malibran jouait Desdémone en Vénitienne et en héroïne ; l'amour, la colère, la terreur, tout en elle était expansif; sa mélancolie même était énergique, et la romance du *Saule* éclatait sur ses lèvres comme un long sanglot. On eût dit qu'elle mettait en action ce mot d'Othello débarquant et embrassant sa femme : « O ma belle guerrière ! » et cette fière parole devait plaire, en effet, à son ardent génie. Pauline Garcia, qui, du reste, n'a pu voir jouer sa sœur qu'un petit nombre de fois, a imprimé au rôle entier un grand caractère de douceur et de résignation. Ses gestes craintifs, modérés, trahissent à peine le trouble qu'elle éprouve. Son inquiétude et le pressentiment secret de sa destinée, pressentiment qui ne la quitte pas, ne se révèlent que par des regards tristes et suppliants, par de tendres plaintes, par de doux efforts pour ressaisir la vie. Ce n'est plus la belle guerrière, c'est une jeune fille qui aime naïvement, qui voudrait qu'on lui pardonnât son amour, qui pleure dans les bras de son père au moment même où il va la maudire, et qui n'a de courage qu'à l'instant de la mort; en un mot, pour citer encore Shakspeare, c'est d'un bout à l'autre de la pièce « une excellente créature. * »

Un trait particulier pourra rendre plus sensible la différence dont je parle.

Au second acte, lorsque Othello est sorti pour se battre, Desdémone, restée seule, interroge le chœur sur le sort de son époux. « Il vit, » répond le chœur. On sait avec quelle vivacité la Malibran jouait cette scène; le cri de joie qu'elle poussait était irrésistible, et électrisait la salle entière. Mlle Garcia rend cette situation tout autrement, et arrive à l'effet par un moyen contraire. A peine s'est-elle livrée à l'espérance qu'elle se retourne, aperçoit son père qui entre, et reste frappée de terreur : c'est par ce contraste puissant et plein de vérité qu'elle se fait

---

*   Excellent wretch! perdition catch my soul,
      But I do love thee! (*Othello*.)
                                  (*Note de l'auteur.*)

applaudir, en sorte que l'émotion du spectateur, au lieu de porter sur un éclair de joie, se fixe sur une impression douloureuse. Je ne prétends pas décider laquelle des deux sœurs a raison, et je crois qu'elles l'ont toutes deux ; je ne veux que signaler une nuance remarqnable.

La pièce italienne, à proprement parler, ne commence qu'à la fin du premier acte. Mlle Garcia a joué ce finale avec une grâce et une retenue parfaites ; son attitude soumise près de son père, les regards détournés qu'elle ose à peine jeter sur Othello, la crainte mortelle qui l'agite, tout a été profondément senti et pudiquement exprimé. Dans ce beau chœur dont on n'entend qu'un mot : *la dolce speme* (et ce seul mot suffit, tant cette langue est charmante), elle a chanté avec une admirable tristesse.

Au second acte, elle a un peu manqué, pendant la première scène, de cette habitude du théâtre dont il était question tout à l'heure. Je crois que Rubini, pour se soustraire à ses demandes, a été obligé de chercher un abri jusque dans la coulisse. Le moment où elle tombe à terre, repoussée par Othello, a semblé pénible à quelques personnes. Pourquoi cette chute ? Il y avait là, autrefois, un fauteuil, et le libretto dit seulement que Desdémone s'évanouit. Si je fais cette remarque, ce n'est pas que j'y attache grande importance, mais ces grands mouvements scéniques, ces coups de théâtre précipités, sont tellement à la mode aujourd'hui, que je crois qu'il faut en être sobre. La Malibran en usait souvent, il est vrai; elle tombait, et toujours très-bien. Mais aujourd'hui, les actrices du boulevard ont aussi appris à tomber, et Mme Garcia, plus que toute autre, me paraît capable de montrer que, si on peut réussir avec de tels moyens, on peut aussi s'en abstenir.

L'air *Se il padre m'abbandona* est un morceau des plus bizarres; c'est un mélange des phrases les plus simples et des difficultés les plus contournées. La situation force l'actrice à être aussi touchante que possible, et en même temps, à peine a-t-elle dit les premières notes, que la vocalise l'entraîne et la jette dans un déluge de fioritures; mais, à cause de sa bizarrerie même, cet air peut servir de pierre de touche pour juger une cantatrice : si elle n'est pas à la hauteur de la situation, on s'en aperçoit sur-le-champ. Que de fois n'avons-nous pas vu de belles personnes, pleines de bonne volonté, lancer hardiment les premières mesures d'une voix si émue, qu'on croyait qu'elles sentaient quelque chose et qu'elles allaient faire pleurer, puis s'arrêter là tout à coup, reprendre haleine tranquillement et se mettre à jouer de la flûte ! Quand la phrase simple arrive, on est à l'opéra ; mais, dès que la difficulté se présente, on est au concert. L'émotion retombe en triples croches, comme une fusée en étincelles. Mme Garcia, dans cet air, n'a rien laissé à désirer. Les difficultés, loin de l'affaiblir, semblaient l'animer. Sa voix, qui, comme on sait, a deux octaves et demie, mélange rare du soprano et du contralto, s'est développée avec la plus grande liberté. Elle a su donner l'accent de la douleur aux traits les plus hardis et les plus périlleux. Le parterre a applaudi les roulades avec transports, et il avait raison ; la phrase principale a ému tout le monde ; pour ma part, je recommande, à ceux qui savent comprendre, la manière dont Mlle Garcia prononce le premier vers :

> L'error, l'error d'un'infelice.

Dans la lenteur qu'elle met à s'agenouiller, dans la façon dont le geste suit la voix, dans ses mains tremblantes qui se joignent d'abord, puis qui retombent quand le genou plie, il y a une gradation singulière, tout instinctive, que l'artiste n'a certainement pas calculée, et qui suit merveilleusement la musique ; on croira peut-être que je cherche une finesse ; tout au contraire, rien n'est plus simple, et c'est de ces simples choses que vit la poésie.

Si je voulais suivre pas à pas, jusqu'au bout, Mlle Garcia dans le troisième acte, cet article n'aurait pas de fin. Rossini a semé dans ses récitatifs une telle profusion de beautés, qu'il n'y a pas une seule phrase qui ne vaille la peine de s'y arrêter. Ces récitatifs, d'autre part, ont été rendus de tant de façons, on les a si souvent étudiés et commentés, qu'il n'y a plus moyen d'en rien dire de nouveau. Il faut cependant noter certains mots auxquels la jeune artiste a donné un accent qui lui est propre : l'adieu à son amie, *Il baccio estremo*, la phrase presque parlée qu'elle adresse à Othello quand elle s'éveille, le moment de colère et d'indignation contre Iago, et surtout le cri plein de fierté, *intrepida morrô*, ces passages ont été exprimés d'une manière neuve et originale, c'est pourquoi je les cite. Les autres ont été plus ou moins heureusement exécutés, mais dans un sens conforme à la tradition.

Il me reste à parler de la romance. On a dit que Mlle Garcia, dans cet air, avait surpassé la Malibran. C'est beaucoup dire et aller bien vite. On ne surpasse pas la perfection. Chacun la cherche suivant ses facultés, et un bien petit nombre peut l'atteindre ; mais, entre ces intelligences privilégiées, auxquelles il est donné de temps en temps de toucher à la suprême beauté, je ne peux pas comprendre qu'on établisse des comparaisons. Quiconque a des sens, et écoute, a le droit de dire : « Je préfère ceci, » mais il n'a jamais le droit de dire : « Ceci vaut mieux. » Quand donc en viendra-t-on, à Paris, à ne plus mêler le blâme à l'éloge, et à dire le bien sans médire ?

Je cherche à peindre l'impression qu'a produite sur moi cette romance, et je ne trouve rien qui l'exprime, car je ne puis me résoudre à la détailler. Dirai-je comment Mlle Garcia tenait sa harpe, qu'elle a fait au second couplet un arpége de deux octaves ? La romance du *Saule* est la poésie même ; c'est l'inspiration la plus élevée d'un des plus grands maîtres qui aient existé ; on ne rend pas plus ou moins bien de pareils airs ; on les rend tout à fait ou pas du tout. La Malibran chantait le *Saule* ; Pauline Garcia l'a chanté.

En vérité, quand on pense au travail infini que doit coûter à l'artiste la composition d'un rôle, il y a de quoi effrayer. Que d'études, d'efforts, de calculs ! quelle dépense d'intelligence et de force pour nous donner trois heures de distraction, à nous qui sortons de table et qui daignons payer ! Il est vrai qu'à l'Odéon tout le monde ne daigne pas jouer. Rubini, par exemple, soit dit en passant, avec son admirable talent, est un chanteur divin, mais un acteur par trop paresseux. Je le lui pardonnerais de bon cœur si je n'avais pas vu la *Lucia*. Pourquoi, quand on peut jouer ainsi pendant un quart d'heure, ne pas jouer plus souvent ? Duprez chante comme un lion, et Rubini joue comme un rossignol.

Mme Garcia est entrée de prime abord et hardiment dans la vraie route. Comme son père et comme sa sœur, elle possède la rare faculté de puiser l'inspiration tragique dans l'inspiration musicale. Ce serait peut-être une étude curieuse que de rechercher jusqu'à quel point ces deux muses peuvent s'allier, où commence leur union et où elle finit ; car, il ne faut pas s'y tromper, elles ne peuvent être constamment unies. Diderot, dans *le Neveu de Rameau*, a dit, je crois, le premier, une chose qui me semble parfaitement fausse. Il a prétendu que la musique n'était que la déclamation exagérée, en sorte que, si l'on comparait la déclamation à une ligne droite, à un thyrse, je suppose, la musique tournerait à l'entour en l'enveloppant à peu près comme un pampre ou une branche de lierre. C'est une ingénieuse absurdité. La déclamation, c'est la parole, et la musique, c'est la pensée pure. L'opéra d'*Otello*, comme bien d'autres, le prouverait. Rien n'est assurément plus dramatique et (en prenant le mot en bonne part) plus déclamatoire que la majeure partie de cet opéra. Mais quand le souffle musical arrive, voyez comme tout s'efface devant lui ! Y a-t-il vestige de déclamation dans la romance ? Si la mélodie enveloppe alors la parole, ce n'est pas comme un lierre qui s'attache à elle, mais comme un nuage léger qui l'enlève et qui l'emporte dans les cieux.

Que deviendra maintenant Pauline Garcia ? Personne ne doute de son avenir ; son succès est certain, il est constaté ; elle ne peut, quoi qu'elle fasse, que s'élever plus haut. Mais que fera-t-elle ? La garderons-nous ? Ira-t-elle, comme sa sœur, se montrer en Allemagne, en Angleterre, en Italie ? Quelques poignées de louis de plus ou de moins lui feront-elles courir le monde ? Cherchera-t-elle sa gloire ailleurs, ou saurons-nous la lui donner ? Qu'est-ce, à tout prendre, qu'une réputation ? Qui la fait et qui en décide ? Voilà ce que je me disais l'autre soir en venant de voir *Otello*, après avoir assisté à ce triomphe, après avoir vu dans la salle bien des visages émus, bien des yeux humides ; et j'en demande pardon au parterre, qui avait battu des mains si bravement, ce n'est pas à lui que cette question s'adressait. Je vous en demande pardon aussi, belle dame des avant-scènes, qui rêvez si bien aux airs que vous aimez, qui frappez quelquefois dans vos gants, et qui, lorsque le cœur vous bat aux accents du génie, lui jetez si noblement vos bouquets parfumés. Ce n'était pas non plus à vous que j'avais affaire, et encore moins à vous, subtils connaisseurs, honnêtes gens qui savez tout, et que par conséquent rien n'amuse! Je pensais à l'étudiant, à l'artiste, à celui qui n'a, comme on dit, qu'un cœur et peu d'argent comptant, à celui qui vient là une fois par extraordinaire, un dimanche, et qui ne perd pas un mot de la pièce ; à celui pour qui les purs exercices de l'intelligence sont une jouissance cordiale et salutaire ; qui a besoin de voir du bon et du beau, et d'en pleurer, afin d'avoir du courage en rentrant, et de travailler gaiement le lendemain ; à celui enfin qui aimait la sœur aînée, et qui sait le prix de la vérité.

1er novembre 1839.

PRÉFACE

DE LA PREMIÈRE ÉDITION DES CONTES D'ESPAGNE ET D'ITALIE.

AU LECTEUR.

Une préface est presque toujours, sinon une histoire ou une théorie, une espèce de salutation théâtrale, où l'auteur, comme nouveau venu, rend hommage à ses devanciers, cite des noms, la plupart anciens, pareil à un provincial qui, en entrant au bal, s'incline à droite et à gauche, cherchant un visage ami.

C'est cette habitude qui nous ferait trouver étrange qu'on entrât à l'Académie sans compliment et en silence. Me permettra-t-on d'imiter le comte d'Essex, qui arriva dans le conseil de la reine crotté et éperonné?

On a discuté avec talent et avec chaleur, dans les salons et dans les feuilles quotidiennes, la question littéraire qui succède aujourd'hui à la question oubliée de la musique italienne. On n'a sans doute rien prouvé entièrement.

Il est certain que la plupart de nos anciennes

pièces de théâtre, à défaut de grands acteurs, demeurent sans intérêt ; Molière seul, inimitable, est resté amusant.

Le moule de Racine a été brisé; c'est là le principal grief; car, pour cet adultère tant discuté du fou et du sérieux, il nous est familier. Les règles de la trinité, de l'unité, établies par Aristote, ont été outrepassées. En un mot, les chastes muses ont été, je crois, violées.

La pédanterie a exercé de grands ravages; plus d'une perruque s'est dédaigneusement ébranlée, pareille à celle de Hændel qui battait la mesure des oratorios.

Le genre historique toutefois est assez à la mode, et nous a valu bien des mémoires. A Dieu ne plaise que je veuille décider s'ils sont véridiques ou apocryphes !

De nobles essais ont été faits; plus d'un restera comme monument; qu'importe le reste? La sévère et impartiale critique est celle du temps. Elle seule a voix délibérative, et ne repousse jamais un siècle pour en élever un autre ; elle se souvient, en lisant Dante et Shakspeare, que l'héroïne du premier roman du monde, Clarisse Harlowe, portait des paniers.

Janvier 1830.

LE TABLEAU D'ÉGLISE.

La ville était au pillage.

Je pénétrai dans une église au coucher du soleil, le jour où le canon cessa de se faire entendre. Je cherchais un endroit où je pusse me délasser, me sentant très-abattu ; ainsi, jugeant, par le silence qui régnait dans la nef, que l'église était déserte, je m'avançai précipitamment.

Tu le sais, Henri, ce n'est pas pour moi que sont faites les lâches terreurs dont au premier abord sont saisis ces hommes... Mais pourquoi te parler d'eux ? Ni la triste solennité des monuments, ni l'obscurité de la nuit n'agissent sur ton âme ; ce monde invisible que le vulgaire entrevoit dans les ténèbres n'est qu'un songe à tes yeux, ô mon ami !

— Je marchai sous les profondeurs des voûtes, et ne m'arrêtai qu'à une petite chapelle qui me semblait favorable à mon dessein ; car, dans ce moment, le besoin de repos se faisait sentir avec force. À tout instant je fermais les yeux malgré moi. Toutefois mon sang se ralluma à la vue d'une certaine toile que j'aperçus.

« Périssez, périssez, misérables ornements, fils des temps qui ne sont plus ! Écroule-toi, édifice vermoulu des superstitions ; le soleil qui meurt t'emporte avec lui, celui qui naîtra demain refusera de t'éclairer. » Ainsi m'écriai-je dans ma fureur, tandis qu'au moyen d'une épée que j'avais à la main, je précipitais à terre un tableau à demi-brisé! Les signes consacrés étaient épars sur les dalles, mais la colère qui me transportait était parvenue à son comble.

Cependant lorsque le démon fut apaisé, je demeurai frappé d'étonnement d'avoir ainsi agi, seul et sans aucun motif. Le jour, qui pénétrait faiblement à travers les vitraux peints de diverses couleurs, s'enfuyait avec rapidité. Appuyé sur un pilier qui servait de soutien à la voûte, je résolus d'attendre le sommeil.

Peu à peu le sang se calma; cette espèce d'engourdissement qui précède la perte de la réflexion s'empara de mon être; les objets, déjà incertains, parurent flotter dans l'espace. En ce moment, ma tête s'abaissa naturellement vers la terre, et mes regards, à demi voilés, se portèrent sur le tableau étendu devant moi... J'ignore combien de temps je demeurai les yeux ainsi fixés sur cette toile où je ne distinguais rien; comment l'attention se réveilla peu à peu avant de s'éteindre entièrement, c'est ce que je ne puis non plus m'expliquer.

Une large ouverture avait séparé la toile du cadre, et plusieurs coups d'épée l'avaient fendue. Cependant un dernier rayon de soleil qui glissa sur la surface, et qui fut peut-être cause de la réflexion que je fis, me montra que le sujet traité par l'artiste était un *Noli me tangere*. C'était évidemment l'ouvrage d'un Romain; mais je crus reconnaître qu'il n'était pas du bon temps, bien qu'il fût assez ancien, à en juger par la manière dont les parties obscures s'étaient rembrunies. Une certaine affectation de vigueur, et comme une recherche apprêtée du grandiose, annonçaient en même temps que le peintre n'était pas éloigné de cette école qui voulut puiser aux deux sources. La tête du Christ attira d'abord mes regards, et je ne fus pas longtemps à me convaincre qu'elle était l'œuvre d'un génie original et novateur. Les linéaments n'en étaient pas très-déliés et ne cherchaient même pas à imiter sous ce rapport les compositions délicates de Raphaël; mais un sentiment de tristesse profond me parut y dominer. Comme je te l'ai dit, le peintre avait puisé aux deux sources; ainsi, les draperies annonçaient le style de Rome, tandis que sur les traits du visage il avait fait flotter les ombres du Vinci; et tout le reste dans ce goût... Mais pourquoi t'en dirais-je davantage sur ce sujet? il te suffira de savoir qu'insensiblement le sommeil reprit son empire, et que je tombai tout à fait sans connaissance. Mais, chose assez singulière, il me semblait en dormant que j'étais resté les yeux ouverts, et que je n'avais pas cessé de les fixer sur le tableau, en sorte que, par une réflexion machinale, je continuai de l'examiner. Rien ne se fit sentir pendant les premiers moments; mais, peu à peu (probablement le sommeil devenant plus profond), je crus voir de nouveau la lumière éclairer la surface polie de la toile. Alors je pus plonger avidement jusque dans l'âme des personnages : de grandes beautés se révélèrent à moi, et un certain regard que l'artiste avait su donner à son Christ me ravit par-dessus tout. Il était debout et étendait une main de mon côté, tandis que de l'autre il retenait les plis de son manteau ; la suppliante était immobile à ses pieds. Il me sembla tout à coup que les traits de son visage s'éclairaient bien plus que tout le reste du tableau, qui demeurait dans les ténèbres ; et bientôt toute sa personne devint si lumineuse que je crus qu'elle était sortie de sa prison de bois. Poussé par une force invisible, je m'avançai vers lui et je touchai sa main ; elle saisit doucement la mienne, et aussitôt une mélancolie profonde, semblable à celle qu'il éprouvait, me pénétra jusqu'au cœur. Quel sentiment de pitié et de douleur m'inspiraient les blessures terribles dont son corps était diapré ! Il me les fit toucher avec un sourire, et le sang vermeil qui en dégouttait sur ses membres plus blancs que l'ivoire commença à rougir la terre. Alors une partie de mon propre sang voulut s'élancer de mon cœur et se mêler au sien ; un second mouvement me rapprocha de lui. « Jésus ! Jésus ! m'écriai-je, sommes-nous frères ? Oui, tu es sorti comme moi des entrailles d'une femme... » Un sourire plus doux et plus triste encore que le premier fut sa seule réponse ; un inexprimable regret me saisit. « T'aurais-je méconnu ? » Une étincelle électrique qui s'échappa de sa main me traversa rapidement. Ainsi consterné, je retombai dans les ténèbres ;

alors sa voix se fit entendre à mon oreille : « Méconnu !... non pas par toi... Si le prix des souffrances est éternel... si la vie de l'homme est le sang de ses veines... songe à la nuit du Golgotha...

— Oui ! m'écriai-je d'une voix étouffée ; ô nuit ! ô nuit terrible où tu vis qu'il fallait mourir ! Et s'il est vrai que le doute... »

Je m'éveillai en prononçant ces paroles. Elles retentissaient encore de tous côtés sous les voûtes profondes qui m'entouraient ; ainsi le souvenir de cette vision resta gravé dans mon esprit.

« Hommes, méprisables créatures, pensai-je, tandis qu'enveloppant sous mon manteau l'image terrible, je m'éloignais lentement, c'est votre souffle empoisonné qui a détruit et annulé l'ouvrage de cette créature céleste. Même en voulant le servir, c'est vous qui l'avez renversé. Du trône radieux où il s'était assis à la droite de son père, vous l'avez précipité sur la fange où s'agitent les ombres humaines. Comment le plus précieux des métaux est-il devenu plus vil que le plomb? Des milliers d'anges tombent des plaines célestes ; c'en est fait, ô Christ ! ton ouvrage est détruit.

« Ainsi le sang des martyrs qui s'est séché dans les flammes, tant de soupirs, tant de plaintes, tant de larmes, tout est perdu ! Qui oserait placer la première pierre d'un autre édifice sur les ruines de celui-ci? Tout est perdu pour l'éternité !

« La superstition, cette vieille chaîne si souvent redorée qui traînait les peuples derrière le char des souverains, s'est brisée tout à coup. L'homme ne veut plus pour guide que ces lois indestructibles jetées dans le monde comme des semences divines, et plus vieilles que lui. O Christ! ô Christ! quelle main cependant, même après avoir détruit tes œuvres, osera s'avancer jusqu'à toi? Qui t'arrachera l'auréole de feu achetée au prix de la couronne d'épines? Lorsque, debout sur les confins de deux siècles, et rejetant les débris corrompus du vieil univers, tu rajeunissais la face du monde, as-tu jamais pensé qu'un jour... O céleste imposteur! quand on cessera de t'appeler le premier des dieux, quel rang te restera parmi les hommes? »

Ainsi réfléchissant, je regagnai ma demeure ; mais la même pensée ne cessa point de me poursuivre.

Méconnu!... murmurait à mon oreille la voix harmonieuse... Lorsque je revis cette toile, mes larmes coulèrent malgré moi !

« Que l'être dont la raison se révolta le plus souvent contre la superstition humaine pleure donc sur ta chute, ô Christ! que ses larmes se mêlent à celles de ta mère au pied de la croix sanglante !

« Ta mère!... Elle ne voulut point croire à ta divinité ; elle rejetait le dieu qui la privait de son fils. N'est-ce pas le fils du charpentier Joseph? disait-elle, et voilà ses frères... Et cependant tu marchais, tu t'avançais sur le sable des mers ; et les pêcheurs suivaient la trace de tes pas.

« Mais lorsque tu t'arrêtas sur la montagne, et que tu vis qu'un peuple te suivait, quelles paroles sortirent de ta bouche! La foule y répondit en t'appelant roi. — Roi! pensas-tu, non pas, mais dieu.

— Il en fallait un au monde; et jusqu'à toi que d'insensés avaient essayé de mettre des idoles sur les autels déserts! Pieds nus, tu montas sur les trépieds d'or, et tu donnas un dieu pauvre à cet univers gorgé de richesses. O Christ! le vieil Olympe en tressaillit au Capitole; tu vis que ton manteau de bure ne te garantissait pas des pierres de Jérusalem; tu découvris ta poitrine, et lorsque de larges blessures l'eurent ouverte, tu montas sur la croix...

« Mais là... mais là... oh! si au fond de ton âme, si dans les derniers et secrets replis de ta pensée, le Doute, le Doute terrible... si toi-même tu ne croyais pas à cette immortalité que tu prêchais; si l'homme, l'homme criait alors en toi!... Et pas un être au monde ne savait ta pensée... Jamais, lorsque tu marchais sur cette terre, ignorant si tu serais tout ou rien, tu ne versas dans une âme humaine ce qui accablait ton âme divine... Et dans cette nuit terrible des Oliviers, oh! devant qui t'agenouillas-tu? Qui l'a su? qui le saura jamais?... quoi! pas un être!... »

A cette parole je m'arrêtai. La voix harmonieuse avait glissé dans les airs; une douce mélodie se fit sentir à mon oreille, et j'entendis chuchoter : *Maria Magdalena!*

1830.

FAIRE SANS DIR.

PROVERBE

1836.

PERSONNAGES.

MARIANI, musicien.
L'ABBÉ FIORASANTA.
LE COMTE APPIANI.
JULIE.

(Rome.)

Un cabinet de travail.

MARIANI, seul.

Maintenant que te voilà belle, ma chère basse, va-t'en là; — il faut que je me couche. Je t'ai joliment frottée, ma grosse! Comme tu reluis! Tu es bien contente. Cette poussière te rendait honteuse.

Il sort sa flûte.

Petite, petite, tu vieillis. Ah! Dieu du ciel, moi aussi... Que de lumières il y a là-bas! Hélas! il est minuit. C'est maintenant que la richesse s'éveille, et que la pauvreté s'endort. Bah! toute cette musique à copier sera finie demain. Le diable soit de la plume qui a fait un pâté sur cette page!

Il ferme la fenêtre.

Triste ou gai, pourquoi le serais-je? Vivre sans

inquiétude et sans espérance, est-ce être heureux ou malheureux? Ah! pauvre lit, tu sens le tombeau. Pauvres murs, les rayons du soleil ne vous aiment guère; vous êtes si noirs! Allons, serrons tout ceci. La médiocrité est une triste chose. Il est certain que je dîne, que je vais et viens ici et là, comme un renard dans une ménagerie; mais il n'est pas prouvé que cela s'appelle vivre. Ainsi pourtant l'âge arrive, et la mort... A quoi vais-je rêver!

Il m'a semblé tout à coup que j'entendais courir. Qui est-ce qui crie? Ma foi, on se sauve; on s'arrête par instants; — il se fait quelque méchant coup de main dans ce quartier.

<small>On frappe.</small>

Qui est là?

<small>UNE VOIX, en dehors.</small>

Ouvrez, ouvrez, qui que vous soyez.

<small>Entrent Julie, masquée, et l'abbé Fiorasanta.</small>

<small>L'ABBÉ.</small>

Fermez la porte! la porte! ouf! je suis plus mort que vif.

<small>Julie s'assoit.</small>

<small>MARIANI.</small>

En quoi puis-je vous servir, monsieur?

<small>L'ABBÉ.</small>

Vous vous mourez, belle Julie. Cette fuite précipitée, mon idole, m'afflige autant que vous. Je serai chassé des États du pape!

<small>MARIANI.</small>

Pourquoi cela?

L'ABBÉ.

Silence, mon cher monsieur! paix! paix! voilà un bruit d'armes et de chevaux. Ah Dieu! nous sommes suivis! Dieu nous sauve! Monsieur, n'y a-t-il pas une seconde issue dans cette maison?

MARIANI.

Oui; voilà la porte de mon caveau qui donne sur la campagne.

L'ABBÉ.

Y pensez-vous? En rase campagne! O ciel! ceux qui ont juré ma mort sont à cheval. Ah! c'est fini; voilà la fin de tout; c'est mon heure dernière.

MARIANI.

Si, en frappant à cette porte, vous n'avez voulu demander que l'hospitalité, monsieur l'abbé, je puis me retirer, et la décence même m'en fait un devoir.

L'ABBÉ.

Ah! monsieur, si vous pouviez nous sauver d'une manière ou d'une autre, mon oncle le cardinal vous récompenserait.

MARIANI.

Parlez, dites un mot; que puis-je faire?

L'ABBÉ.

Qu'il vous suffise de savoir qu'on nous poursuit, monsieur, et que votre cœur fasse le reste. Il m'est impossible de vous confier en entier le secret d'une aventure...

Il lui parle à l'oreille.

JULIE, se levant.

Cet homme est mon amant, monsieur; j'ai quitté,

il y a un quart d'heure, la maison de ma mère, et mon frère nous poursuit.

L'ABBÉ.

Nous ne pouvons rester là, ma flamme, mon bien chéri, voilà des torches qui rôdent par ici.

JULIE.

Tu as peur, Fiorasanta?

L'ABBÉ.

Que nous nous séparions, voilà le vrai moyen. Que peut-on prouver, si on nous trouve dans deux endroits différents ?

JULIE.

Demande une épée à monsieur, et reste.

L'ABBÉ.

Voilà bien les femmes ! Un duel entre moi et votre frère accommoderait bien les choses! Tenez, belle Julie, n'en parlons pas; je suis sûr qu'en vous confiant à monsieur, je vous laisse entre les mains d'un galant homme; je me hasarderai par les champs, et je rentrerai au palais, si je puis. Demain, à la pointe du jour, je viens vous chercher, et nous partons.

JULIE.

Pourquoi veux-tu te sauver et me laisser?

L'ABBÉ.

Parce que nous ne pouvons fuir ensemble sans danger. On n'attrape pas aisément un homme seul, et d'ailleurs que pourrait-on me dire?

JULIE.

Pars si tu veux.

<small>Elle se rassoit.</small>

L'ABBÉ.

Vous voyez, seigneur cavalier, de quoi il s'agit. Cette jeune demoiselle est la comtesse...

MARIANI.

Je ne vous demande pas de nom, monsieur; voilà mon manteau, et la porte est ouverte.

L'ABBÉ.

C'était un coup monté de partir cette nuit en chaise de poste. Nous avons été surpris et obligés de fuir. — O ciel! tandis que je parle, le comte Appiani, son odieux frère, promène ses torches de tous côtés! jamais Sa Sainteté ne me pardonnera; — et mon oncle le cardinal ne me donnera pas un ducat.

<small>Il met le manteau de Mariani.</small>

Heureusement que ce frère ne saurait m'avoir vu nulle part; j'étais encore au séminaire dimanche dernier; d'ailleurs il n'a pu distinguer mon visage dans toute cette fuite. Monsieur, je vous confie la plus charmante femme de l'Italie.

<small>Il sort.</small>

MARIANI.

Vous pleurez, mademoiselle?

JULIE.

Non.

<small>Un silence.</small>

MARIANI.

Les torches approchent de la maison. Il est très-possible qu'on y frappe, puisque vous y avez frappé vous-même. Que fera votre frère s'il vous trouve ici?

JULIE.

Je n'en sais rien.

MARIANI.

Pardonnez-moi ces questions. En supposant qu'il vous rende à votre mère, croyez-vous qu'elle vous pardonne?

JULIE.

Je n'en sais rien.

MARIANI.

Jugez-vous à propos de vous retirer dans une pièce écartée de cette maison? alors je pourrais tout nier, dans le cas où l'on vous y viendrait chercher; ou croyez-vous qu'il vaille mieux s'en remettre à la générosité du comte Appiani?

JULIE.

Je n'en sais rien.

MARIANI.

Vous seule, cependant, pouvez décider de ce qu'il faut que je fasse, et de ce que vous devez faire vous-même. Ayez du cœur et ne désespérez pas.

JULIE, montrant le stylet qu'elle porte à sa ceinture.

En voilà un qui ne désespère pas.

MARIANI, à part.

Ou cette femme est bien peu de chose, ou elle mérite qu'on fasse tout pour elle. Voyons! faut-il que je la rende à son frère? faut-il que je me mêle de cette affaire-là? Je ne la connais pas, cette femme. Voyons! voyons! suis-je un lâche ou ai-je du cœur?

<small>Il s'assoit. — On frappe à la porte.</small>

Voilà son frère, cela est clair. Il n'est pas bien difficile de trouver cette maison isolée. Faut-il que j'ouvre? et quand j'aurai ouvert, que faut-il que je fasse?

<small>On frappe un second coup.</small>

Au fait, tout cela ne me regarde pas. Est-ce ma faute si son amant est un poltron fieffé, et s'il la jette à la tête du premier venu, pour sauver sa peau? D'un autre côté, si je me croise les bras, son frère peut être un brutal, et elle n'a personne pour la défendre. D'où sort-elle? et qu'est-ce qui dit qu'elle ne va pas me rire au nez si je fais le rodomont? Il faut faire tout ou rien.

<small>On frappe encore.</small>

JULIE.

A quoi pensez-vous, seigneur cavalier?

<small>Elle ôte son masque.</small>

MARIANI.

Entrez ici, madame, et laissez-moi faire.

<small>Julie sort.</small>

Qu'elle soit ce qu'elle voudra, elle est belle comme le soleil.

<small>Il va ouvrir. — Entre Appiani.</small>

APPIANI.

Qui êtes-vous?

MARIANI.

Et vous ?

APPIANI.

Ma sœur est ici.

MARIANI.

Qu'en savez-vous ?

APPIANI.

Es-tu son amant ?

MARIANI.

Que fais-tu si je le suis ?

APPIANI.

Dis oui ou non, ou tu es un lâche.

MARIANI.

Non.

APPIANI, appelant.

Julie, sors de cette chambre. Ne te cache pas, je t'ai vue par la fenêtre.

Julie rentre.

JULIE.

Bonjour, Benvenuto ; me voilà.

APPIANI.

Ta mère te déshérite, ma sœur. Ton père te maudit.

JULIE.

Jésus ! Jésus !

Elle tombe.

APPIANI.

Si tu me connais, tu sais que je ne pardonne pas. Vis comme tu pourras ; je ne viens pas te chercher pour te ramener, comme tu peux le croire ; fais-toi entretenir par ton amant. On se passera de toi, fillette.

MARIANI.

Taisez-vous ; elle va mourir.

APPIANI.

Qu'elle meure celle qui a un amant qui ne la défend pas ! Corps de Bacchus ! quel nom porte celui qui laisse tomber une femme, et ne la relève pas ?

MARIANI, assis, comptant sur ses doigts.

Six cents ducats chez Angelo, — deux cents ducats chez Battista. — La maison peut en valoir quinze cents, avec le jardin...

APPIANI.

Quel nom porte celle qui quitte son père et sa mère pour un gredin qui ne vient pas quand on l'appelle ? Holà ! n'y a-t-il rien ici qui ressemble à un homme ? T'es-tu enlevée toute seule, Julie ?

MARIANI.

Les frais du concert et l'éclairage payés, il m'est resté quinze cents francs... Quinze cents et cinq cents d'une part...

Il compte à voix basse.

APPIANI.

Qu'est-ce que tu marmottes, valet ?

MARIANI.

Avez-vous quelque autre parent, quelque autre protecteur au monde, madame ?

JULIE.

Pas un.

MARIANI, à Appiani.

Viens, toi, tu es mort.

Il sort avec Appiani. — Julie, seule, se met à genoux, et récite un Ave Maria. *— Un long silence. — Mariani rentre.*

JULIE.

O Christ ! et mon frère ?

MARIANI.

Priez pour lui.

JULIE.

Bourreau, pourquoi l'as-tu tué ?

MARIANI.

Parce qu'il fallait que je me battisse, et que, si je l'avais laissé faire, il m'aurait tué.

JULIE.

Pourquoi te bats-tu pour moi ? tu n'es pas mon amant.

MARIANI.

Votre mère vous déshérite ; votre père vous a maudite. Je vous ai demandé si vous aviez quelque autre protecteur au monde ; vous m'avez dit que non. Sans les injures de votre frère, tout pouvait encore se concilier. Votre famille pouvait se laisser fléchir, et révoquer l'arrêt qu'elle a prononcé contre vous ; mais votre frère a voulu un duel. Rentrez dans cette chambre, madame, ma vue doit vous faire horreur.

JULIE.

Laissez-moi partir d'ici.

MARIANI.
Où allez-vous? La maison de votre père est fermée.
JULIE.
J'ai un père là-haut qui a la sienne ouverte.
MARIANI.
Dieu ne console pas les pauvres, madame, et vous êtes déshéritée. Si vous croyez qu'on se fait religieuse comme on veut, vous vous trompez.
JULIE.
Mourir, alors!
MARIANI.
Si vous mourez, j'ai commis un crime inutile.
JULIE.
Que voulez-vous donc de moi?
MARIANI.
J'ai fait avertir Fiorasanta, votre amant.
JULIE.
Vous le connaissez?
MARIANI.
Oui. Êtes-vous fière, fille des Appiani?
JULIE.
Assez pour ne jamais parler à un lâche.
MARIANI.
Il ne viendra pas.
JULIE.
Pourquoi?
MARIANI.
Parce que c'est un lâche. Maintenant, êtes-vous capable d'écouter ce que j'ai à vous dire, ou voulez-

vous que je vous laisse seule jusqu'à la pointe du jour ? je ne puis rester plus longtemps ici ; mon adversaire est tué sans témoin, et le meurtre est puni de mort.

JULIE.

Qu'est-ce que vous voulez me dire ?

MARIANI.

Pouvez-vous supporter ma vue patiemment ?

JULIE.

Parlez.

MARIANI, s'asseyant.

Cherchez bien dans votre mémoire ; il vous reste un moyen de vivre en paix pendant quelques mois, peut-être pendant quelques années, jusqu'à ce que votre famille veuille vous pardonner et vous recevoir de nouveau.

JULIE.

Quand les Appiani pardonnent, les rivières changent de cours.

MARIANI.

Je vous laisse cette maison qui est à moi. Vous y resterez sous le nom que vous choisirez ; mes habitudes étaient solitaires, et l'on ne saura peut-être pas que ce pauvre taudis a changé de maître.

JULIE.

Et toi ?

MARIANI.

Moi, je suis un homme, et un homme vit avec ses bras. Si vous êtes chassée de votre famille, et privée de vos biens irrévocablement, vous avez de quoi vivre ici. Si vous redevenez riche un jour, vous me rendrez tout cela.

JULIE.

J'ai aussi des bras, je puis me faire ouvrière.

MARIANI.

Prenez garde à un mouvement d'orgueil.

JULIE.

Prenez-y garde aussi.

MARIANI.

Ai-je agi trop vite?

JULIE.

Non ; mais !...

<small>Elle marche à grands pas.</small>

MARIANI.

Les nuits sont courtes dans cette saison. Voilà l'orient qui se colore. Dans une heure il faut que j'aie quitté Rome.

JULIE.

Ta patrie, Mariani?

MARIANI.

Cette ville n'est pas ma patrie ; je suis Vénitien. Tenez, il y aura dix ans à l'Assomption que, par une nuit comme celle-ci, j'entrai dans cette belle cité. Les feux du matin paraissaient, comme dans ce moment, derrière ces collines ; je portais avec moi cet instrument. J'étais jeune, joyeux, et sûr de réussir. Je n'avais rien, tout est venu depuis en travaillant. Aujourd'hui ce sera dans ma chère Venise que je reviendrai comme un chanteur en voyage; et si mon bon génie est las de me suivre, j'irai mourir pour la liberté de l'Italie.

JULIE.

Tu es brave, mais tu es fou.

MARIANI.

Je vous supplie d'accepter.

Il se jette à genoux.

JULIE.

Mais quel nom porterai-je ici?

MARIANI.

Un nom plébéien : c'est une sauvegarde.

JULIE.

Je passerai pour une aventurière. Comment, à la première recherche, ne découvrira-t-on pas qui je suis? Si je ne tiens à rien, si je ne connais personne, personne ne répondra pour moi, et je serai mise en prison par mes parents ou par la police.

MARIANI.

Je puis pour cela vous offrir un moyen certain... Je crains que vous ne me refusiez.

JULIE.

Lequel?

MARIANI.

Je vous le dirai plus tard. — Maintenant, permettez-moi de me préparer à partir.

Il s'éloigne.

JULIE, seule.

Es-tu fou, toi aussi, mon cœur? Quel rêve fais-tu? Cet homme est chaud du sang de ton frère.

Elle s'agenouille et prie.

MARIANI, rentrant.

Voici ce que je vous propose : seule ici, quel que puisse être le serviteur que je vous laisserai, il vous faut, en effet, un nom qui réponde pour vous ; je vous offre le mien.

JULIE.

Ton nom?

MARIANI.

Il n'est pas noble, mais il est sans souillure, du moins jusqu'à ce jour. Mon père était joaillier à Venise ; il fut ruiné par un naufrage ; j'ai un frère qui est riche et qui fait le commerce à Bassora. Ma famille ne remonte pas bien haut ; cependant, quand le père de mon père est mort, il occupait dans l'armée un grade distingué.

JULIE.

C'est ton nom, Mariani, qui est trop noble pour moi.

MARIANI.

J'étais sûr que vous refuseriez, et cependant il faut que je parte.

JULIE.

Non, non.

MARIANI.

Est-ce le nom d'un assassin que vous ne voulez pas porter? Songez que, si je ne disparais, je change de rôle demain et je deviens victime.

JULIE.

Et que te donnerais-je en échange?

MARIANI.

Un souvenir qui me suivra comme une sœur fidèle dans les plus lointaines contrées.

JULIE.

Tu es jeune, Mariani, et le jour où tu aimeras?... Ne ferme pas ton cœur imprudemment; que diras-tu alors?

MARIANI.

Je dirai que j'ai laissé mon nom à une femme que les profondes mers séparent de moi, et que j'ai fini sur la terre.

JULIE.

Tu ne me connais pas, cependant!

MARIANI.

Réponds-moi; il faut que je parte.

JULIE.

Va dans cette chambre; prends une cassette que j'ai apportée, et qui contient quelques diamants; elle est à toi.

MARIANI.

J'accepte.

Il sort.

UNE VOIX en dehors.

Je vous dis que c'est ici, je reconnais la porte.

On frappe.

JULIE, ouvrant.

C'est toi!

Entre Fiorasanta.

L'ABBÉ.

Oui, belle Julie, c'est moi; j'ai reçu la nouvelle

bien fâcheuse de la mort du comte Appiani ; savez-vous ce que j'ai fait ? J'ai tout appris à mon oncle le cardinal.

JULIE.

Eh bien ?

L'ABBÉ.

Eh bien, tout est au mieux ; il consent à payer à Sa Sainteté tout ce qui est nécessaire pour avoir notre pardon ; il exige seulement que nous quittions la ville pour quelque temps. Nous irons à Naples, où je quitte les ordres et où je vous épouserai. Mon oncle le cardinal a écrit à votre mère pour assoupir l'affaire, et lui demander votre main pour moi ; la réponse a été que votre frère en mourant a exigé qu'on pardonnât votre fuite. Les derniers instants de cet homme, autrefois inflexible, ont été consacrés à prier pour vous et pour lui-même. Vous ne me répondez pas ? J'amène avec moi vos porteurs, qui vont, s'il vous plaît, vous reconduire à votre palais, où mon oncle le cardinal s'est lui-même fait transporter ; à moins que vous ne jugiez convenable d'indiquer tout autre lieu qu'il vous plaira.

Mariani rentre.

JULIE.

Mariani, j'ai le pardon de ma mère.

L'ABBÉ.

Monsieur, je vous remercie pour tous les soins que vous avez pris, et vous engage à venir avec moi. Mon oncle le cardinal ne laissera pas vos services sans récompense.

JULIE.

Écoute-moi, Mariani : je veux que tu me jures de m'accorder ce que je vais te demander :

MARIANI.

Je te le jure.

JULIE.

Sur la foi de ton âme?

MARIANI.

Oui.

JULIE.

Je me nomme Julie, comtesse Appiani. Je suis pupille du cardinal Grimani, qui m'a laissé son bien par testament, après sa mort; je veux que mon nom soit rayé de ce testament, et le tien écrit à la place. Maintenant, prends cette bague,

Elle se coupe une mèche de cheveux.

et mets cela dedans.

Elle fait ouvrir la porte, et monte dans sa chaise.

L'ABBÉ.

Où ordonnerai-je à ces porteurs de vous mener, madame?

JULIE.

Chez les sœurs de la Visitation. Prêtre, tu diras à ma mère que j'ai pris le voile.

1837.

UNE
MATINÉE DE DON JUAN

FRAGMENT

DON JUAN est couché. — Entre LEPORELLO, qui ouvre les volets.

DON JUAN, bâillant.

Ah! ah! ah! ouf!

LEPORELLO.

Il est midi un quart. Voilà la grand'messe.

DON JUAN.

Les chevaux sont-ils à la chaise?

LEPORELLO.

Non, monsieur, dans une heure.

DON JUAN.

Animal, je t'avais dit de m'éveiller pour partir.

LEPORELLO,

J'ai cru que vous auriez faim; et puis votre toilette...

DON JUAN.

Quel temps fait-il?

LEPORELLO.

Doux et humide.

DON JUAN.

On éternue dans l'antichambre.

LEPORELLO.

Le sellier, le tailleur, et le traiteur sont là.

DON JUAN.

Bien, je suis satisfait qu'on me vienne faire sa cour à mon lever. Tiens, Leporello, prends cent louis et donne-les au marchand de carrosses; — non, cela serait désobligeant pour mon tailleur.

LEPORELLO.

Je ne porterai donc rien?

DON JUAN.

Non, tu enverras seulement cent pistoles au duc qui me les gagna hier soir, au quinze, sur parole. Tu demanderas en même temps une tasse de thé et mes lettres.

Leporello sort. Don Juan se rendort.

LEPORELLO, rentrant.

Il n'y a qu'un poulet ce matin.

DON JUAN.

Hein?

LEPORELLO.

Je dis qu'il n'y a ce matin qu'un billet doux.

DON JUAN.

Quel cachet?

LEPORELLO.

Un lion et un amour.

DON JUAN.

Brûle-le avec soin. — Viens me mettre sur mon

séant; — tu me donneras le journal. — Ah! ah! que je m'ennuie!

LEPORELLO.

Il n'y a que celui d'hier.

DON JUAN.

C'est égal, c'est toujours la même chose.

LEPORELLO.

Ah! monsieur, la cause de la liberté va mal.

DON JUAN.

Tu n'es qu'un butor. Ouvre la fenêtre. Salut, beau ciel! ma poitrine s'élargit en te voyant. Ah! quel exécrable carillon de cloches! Le diable soit de toi de m'avoir éveillé trop tôt! Je rêvais, je rêvais... et toi, à quoi rêves-tu? tu as l'air d'une huître qui hume le vent.

LEPORELLO.

J'écoutais ce que vous dites.

DON JUAN.

Va-t'en. Hé! Leporello, reviens; tu es bien sûr que je ne pourrai partir avant une heure d'ici?

LEPORELLO.

Non, monsieur, pas plus tôt.

DON JUAN.

Je ne te quitterai pas, belle France, non, je ne te quitterai pas sans regret. Une heure encore, et la vallée de la Seine va disparaître. Quel est le sot qui a médit de tes femmes?

LEPORELLO.

Voilà le thé.

DON JUAN.

J'éprouve un sentiment plus doux à voir sur la liste de mes maîtresses le nom de tes femmes, que les noms harmonieux de l'Italie ; je t'aime, France !

LEPORELLO.

Le traiteur et le cocher crient comme des sourds.

DON JUAN.

Donne-leur à boire. — Où est ma liste ? assois-toi là, et lis-la-moi un peu pour me désennuyer.

LEPORELLO.

Est-ce que monsieur a le spleen ?

Il s'assoit et lit.

Par où commencerai-je ?

DON JUAN.

Au hasard.

LEPORELLO.

« La baronne de Valmont. »

DON JUAN.

Quelle paire de moustaches elle avait !

LEPORELLO.

« Henriette de Merteuil, sans date. »

DON JUAN.

Passe.

LEPORELLO.

« Miss Julia Pipty. »

DON JUAN.

Charmante fille ! elle était bête comme une oie.

LEPORELLO.

« Jeanne trois étoiles. »

DON JUAN.

C'était un lundi gras.

LEPORELLO.

« La marquise de la terrasse des Feuillants. »

DON JUAN.

Ses yeux étaient transparents comme des larmes. Quand on valsait avec elle, on avait peur de la casser ; pauvre enfant ! Elle ne m'avait coûté qu'un bouquet.

LEPORELLO.

« Anaïs de Saint-Ange. »

DON JUAN.

Qu'y a-t-il au-dessous ?

LEPORELLO.

Rien.

DON JUAN.

Écris donc ces deux lignes siciliennes :

> Lontano dagli occhi,
> Lontano dal cuore.

LEPORELLO.

« Fernanda. »

DON JUAN.

La petite fringante.

LEPORELLO.

« La grande bavarde à la bague bleue. »

DON JUAN.

Quel nez elle avait ! mais j'aimais son esprit.

LEPORELLO.

« La baronne de ... Il y a un pâté. »

DON JUAN.

Passe.

LEPORELLO.

« Trois figurantes; Emma, modiste; une sœur de Charité, inconnue. »

DON JUAN.

Et que te reste-t-il pour avoir voulu te désaltérer tant de fois? Une soif ardente, ô mon Dieu!

Leporello laisse tomber la liste. Des musiciens entrent dans la cour et font un tapage horrible. Leporello se lève et va à la fenêtre.

LEPORELLO.

Ah! monsieur, que de monde! Vieilles et jeunes, dévotes et fillettes, tout se presse, caquette et sautille.

DON JUAN.

Viens ici, prends une plume, et écris.

LEPORELLO.

J'attends.

DON JUAN.

« Si un malheureux qui vous adore peut mériter votre pitié, ô charmante inconnue, vous vous retournerez à la messe. »

LEPORELLO.

C'est fait.

DON JUAN.

« Et vous suivrez le confident discret qui se trouvera derrière votre chaise, ma très-chère vie, idole de mon âme. » Plie et mets le cachet.

LEPORELLO.

Et puis?

DON JUAN.

Prends-le, butor, bien délicatement avec tes doigts de serrurier; suspends le poulet au-dessus de la fenêtre; et, puisque tu vois tant de beautés, laisse-le tomber sur le plus petit pied que tu apercevras.

LEPORELLO, à la fenêtre.

Voici une grosse, ronde, rebondie poulette; son œil babille, son chien frétille, son bonnet rond s'envole au vent.

DON JUAN.

Hélas! je vous connais, mesdemoiselles. Ne lâche pas le billet, Leporello.

LEPORELLO.

Voici une petite cendrillon qui trottine à côté d'un chanoine; il y a écrit sur sa modestie qu'elle est nièce d'un curé. Ses mains sont bien gantées, sa jupe la pince, elle est habillée tout à neuf.

DON JUAN.

Tiens ferme.

LEPORELLO.

Mais monsieur ne trouvera rien qui lui plaise.

DON JUAN.

Peut-être.

LEPORELLO.

Levez-vous donc alors et regardez vous-même.

DON JUAN.

Non, je connais la Fortune, laisse-moi attendre au lit cette belle prostituée.

LEPORELLO.

Voici une duchesse d'antichambre, escortée de son duc, laquais et petit chien assortissants.

DON JUAN.

Comme les polissons s'accrochent aux carrosses de louage qui passent, c'est ainsi que les gens de cour s'agrippent aux hommes en faveur. Triste engeance ! Je n'en aime rien, Leporello, pas même les femmes...

LEPORELLO.

Oh ! oh ! goddam ! Voici une prude.

DON JUAN.

Point de ceci.

LEPORELLO.

J'aperçois un pâle narcisse, la démarche à l'anglaise et les yeux battus.

DON JUAN.

Pas davantage ; celui qui sent son corps brûler par les ardeurs de l'été doit plonger sa tête dans une source plus pure et plus fraîche que le cristal ; passe, Leporello ; j'aime assez en hiver la neige où personne n'a marché.

LEPORELLO.

Voici donc une jeune fille bien élevée, dûment talonnée par une gouvernante pourvue de lunettes bleues.

DON JUAN.

Oh ! c'est trop long, il faut des quinze jours à ces scrupules-là.

LEPORELLO.

Que dites-vous d'une doucereuse momie qui joue la poitrinaire? Elle tousse à petit bruit comme un académicien qui va lire une complainte de réception.

DON JUAN, bâillant.

Ah! ah! tiens, Leporello, déchire le billet.

LEPORELLO.

Ma foi, monsieur, il est tombé.

DON JUAN.

Ah! à quel propos!

LEPORELLO.

A propos du plus petit pied que j'aie encore vu; la demoiselle, du reste, est voilée; je lui donne bien quinze ans. La voilà qui se baisse et ramasse. — Elle lit. Oh! quels yeux noirs! sa gouvernante n'a rien vu, grâce à Dieu.

DON JUAN.

Et qu'en dit-elle?

LEPORELLO.

La main tremble.

DON JUAN.

Comme le cœur.

LEPORELLO.

Elle se retourne et ne sait d'où la manne est tombée.

DON JUAN.

Applique sur tes lèvres épaisses tes doigts crochus, et dépêche-lui un gros baiser.

LEPORELLO.

Elle en rit.

DON JUAN.

Ah! miséricorde! c'est une grisette! A quoi exposes-tu ton maître, double sot que tu es! ne vas-tu pas me donner pour rival quelqu'un de ces Werther à imaginations ardentes, qui usent leur coude sur un comptoir?

LEPORELLO.

Monsieur, chassez-moi si ce n'est pas un morceau de prince.

DON JUAN.

Vraiment? Lève-moi donc, et me donne mon corset.

Décembre 1833.

ARTICLES

PUBLIÉS DANS LE JOURNAL *LE TEMPS*

EN 1830 ET 1831.

I.

EXPOSITION DU LUXEMBOURG

AU PROFIT DES BLESSÉS.

Dans un siècle comme le nôtre, ou plutôt comme tous les siècles possibles, où chacun vise à l'originalité ; où dans la clameur universelle qui proclame à tout moment ce qu'elle appelle les besoins du temps, chacun s'écrie : « C'est moi ! c'est moi qui l'ai trouvé; » et tandis que l'esprit humain s'en va tombant d'une ornière dans une autre, bien digne d'être comparé par Luther à un paysan ivre qu'on ne peut placer d'équilibre sur son cheval et qui chavire de droite si on le relève de gauche ; il est bien doux, bien précieux pour le petit nombre de gens tranquilles qui ne voient les choses ni à travers des verres de couleur, ni en fermant les yeux à moitié et en jurant sur l'*auto-da-fé*; il est bien doux, disons-nous, de voir tout d'un coup revenir et reparaître de vieux chefs-d'œuvre enfouis, et pour ainsi dire mûris dans l'ombre; ouvrages aussi étrangers aux idées et aux systèmes du jour qu'un homme débarqué hier de l'Amérique; faits non avec de l'*art*, comme on dit à présent, mais avec le cœur; ouvrages simples, sans modèle, non sans imitateur il est vrai, mais du moins sans affectation de style ni d'originalité.

Qu'est M. Gros? est-ce un classique, un romantique, un Florentin comme celui-ci, un raphaélien comme celui-là, un Vénitien comme tel autre? Qu'est son tableau? est-ce une prétention, un système, une compilation? C'est Bonaparte et les pestiférés, rien de plus; c'est la nature, vivante, terrible, majestueuse, superbe. Il a vu son héros, il a emporté dans sa pensée cette tête sévère jusqu'au pied de sa toile; il a trempé son pinceau dans les couleurs ardentes d'un ciel empoisonné; il a peint comme Homère chantait.

Nous ne craignons pas d'être accusé de partialité, en disant qu'aucun ouvrage de l'école française n'est supérieur à ces trois toiles magnifiques. Comme autrefois Voltaire, comme Gœthe maintenant, le peintre qui les a produites peut se vanter d'assister vivant au jugement de la postérité. Ce qu'elle considère, c'est l'œuvre, non l'ouvrier; et les tableaux dont nous parlons sont contemporains d'un siècle déjà bien loin de nous. Il était beau de voir, au premier jour de cette exposition faite dans un si noble but, l'écrivain de ces trois sublimes pages de notre vieille histoire, jouissant, sans orgueil ni modestie affectée, du plaisir qu'il éprouvait à revoir ces ouvrages de sa jeunesse et de son beau temps; entouré de ses vieux et de ses jeunes amis, parlant de lui et des autres sans envie, sans haine, sans exagération, comme pour prouver qu'il était aussi peu de ce siècle que ses tableaux.

Aboukir représente la fierté et le courage d'un vainqueur superbe; le pied de son cheval est posé sur les corps des vaincus; l'œil étincelant, mais toujours aussi ferme sur sa selle qu'un jour de parade, Murat regarde la fuite de l'armée qu'il a combattue, et les derniers efforts du pacha. Quelle misérable agonie! comme il saisit avec fureur un fuyard par son turban, tandis que son jeune fils présente avec grâce au héros français la poignée de son sabre.

Parlerons-nous de Japha? Regardez cette vaste et admirable composition; regardez Eylau; quelle expression dans ce personnage de l'empereur! quelle tristesse! Son geste a tout dit. Si vous êtes artiste d'ailleurs et que vous aimiez les remarques d'artiste, considérez attentivement ces blessés couverts de plaies, de fange et de neige; ces Cosaques avec des bandeaux sanglants; ces pestiférés accroupis, livides, se traînant aux murailles, se roulant par terre pour chercher un coin d'ombre... et rappelez-vous Géricault. *La Méduse* n'est-elle pas sortie de là?

Croirait-on que c'est un reproche que nous adressons à Géricault? A Dieu ne plaise! Pourquoi désavouer l'imitation si elle est belle? bien plus, si elle est originale elle-même? Virgile est fils d'Homère, et le Tasse est fils de Virgile. Il y a une imitation sale, indigne d'un esprit relevé; c'est celle qui se cache et renie, vrai métier de voleur; mais l'inspiration, quelle que soit sa source, est sacrée. Et d'ailleurs, depuis quand avons-nous perdu ce droit du bon vieux temps? Gloire en soit rendue à ces tristes critiques dont l'impuissance se consume et s'use à décourager les jeunes gens, en se raillant des vieillards? noble et digne mission, qui pourtant est plus à la mode qu'on ne croit!

Mercredi, 27 octobre 1830.

II.

PROJET

D'UNE REVUE FANTASTIQUE.

Il faudrait que deux hommes montassent en chaise de poste pour parcourir le monde, c'est-à-dire l'Europe et un petit coin de l'Amérique, car il ne s'agirait que du monde politique et littéraire. Ces deux hommes seraient d'un caractère différent: l'un, froid et compassé comme une fugue de Bach, aurait toute la science nécessaire pour faire une présentation convenable et porter un toast; il saurait gravement baiser la mule papale, disserter gravement avec tous les *bas bleus* de tout sexe qu'il pourrait rencontrer chemin faisant; ce serait un personnage tout nourri de respect humain, tout pétri de concessions.

Prenant toujours au sérieux cette comédie qu'on appelle la vie, et ne cessant jamais d'y jouer avec prudence et retenue le rôle qui lui serait confié, chargé de quelque grande inutilité cérémonieuse, il aurait une mission qui lui donnerait accès dans les plus hauts rangs de l'échelle humaine; sérieux comme une prude, incapable d'un sourire moqueur, il jugerait les choses de ce monde sur l'apparence et les êtres sur l'écorce; il saluerait en conscience un habit brodé sans s'inquiéter de celui qui le porte, et consignerait un fait matériel sans y ajouter une réflexion. L'autre, espèce de casse-cou à la manière de Figaro, porterait sur les tempes le signe que Spurzheim attribue à la ruse. Tandis que son compagnon glisserait à la surface des mers, il en visiterait les profondeurs en y plongeant, en s'y agitant en tous sens. Celui-là aurait affaire à l'évêque, au consul, au ministre, celui-ci au valet de chambre, à la maîtresse, au perroquet; l'un écouterait, l'autre ferait jaser; l'un, vertueux et sensible comme Werther, promènerait autour de lui des regards innocents; l'autre, damné comme Valmont, aurait cet œil dont l'éclair est comparable à une flèche aiguë.

Qu'en arriverait-il? L'un verrait les effets, l'autre apercevrait les causes. Celui-là ferait le texte, celui-ci les commentaires. Quelle plaisante histoire écrite de ces deux mains!

Mais le premier chapitre des mémoires de ces chercheurs de vérité pourrait porter pour titre : *Des influences*. Quel abîme immense présente à l'esprit ce seul mot! à côté des faits habillés, la réalité se montrerait par ce moyen, s'il est possible; car, avant de trouver la vérité toute nue, que d'oripeaux il faut lui ôter! les parures dont elle se couvre avec coquetterie ou avec impudence sont sept fois plus nombreuses que les bandes interminables qui cachent la momie à l'œil du savant.

Les mobiles imperceptibles de tout ce qui se dit et ce qui se fait, voilà ce que rechercherait assidûment le rusé voyageur. Triste et plaisant travail! Il ne croirait à rien, comme tous ceux qui savent quelque chose. Où l'histoire finit, il dirait : Commençons; mais qui sait quand il achèverait lui-même? Cependant les axiomes, ces ennemis jurés des maximes, ont quelquefois raison. Prenez dix doubles de soie, mettez-les sur une planche, tirez dessus un pistolet de combat à bout portant, la balle n'entamera pas plus les dix doubles qu'un coup de pouce dans un oreiller. Oh! qu'il est décourageant de penser combien d'invulnérables n'ont été par ce moyen que des porteurs de douillette! Sans compter l'influence du magnétisme, celle des hommes sur les animaux, des femmes sur les hommes, de la lune sur les femmes, du soleil sur la lune, quels anneaux infinis se déroulent de toutes parts dans la création!

Plus petits, mais aussi bizarres, ils se retrouveraient dans la société, cette création secondaire, à l'œil de l'observateur.

Voilà une question qu'on a posée : Si les 27, 28, 29 juillet dernier, il avait fait une pluie battante ou un verglas terrible, que serait-il arrivé? les attroupements auraient-ils eu lieu? les amorces auraient-elles pris feu? les oisifs auraient-ils couru par la ville et se seraient-ils mêlés aux braves que le nombre encourage toujours, quelle que soit la cause qui les entraîne? les hommes résolus, se voyant ainsi tout seuls, et se comptant, n'auraient-ils pas senti l'amour de la liberté et le dévouement à la patrie défaillir? les passants... y aurait-il eu des passants? O Charles X! peut-être si ta funeste et dernière détermination t'était venue pendant le dégel, peut-être aujourd'hui Louis-Antoine de France ne frapperait pas sur ses bottes molles à l'écuyère, en disant : « Il n'y a qu'en Angleterre qu'on fasse des bottes pareilles* ». Mais les rudes chaleurs d'août, qui faisaient mûrir la vengeance publique, échauffèrent sans doute la royale colère; et voilà comment on est conduit au fatalisme.

A quelles influences obéissent toutes les puissances qui depuis une année ont gouverné l'Europe! Ici la Russie, ce grand empire valétudinaire, qui ne s'en appuie pas moins, parce qu'il s'appuie d'un côté sur la mer de l'Archipel et de l'autre côté sur

---

* Historique. (*Note de l'auteur.*)

la grande muraille ; là l'Angleterre, cette terre d'égoïstes ; la France, cette terre parfois trop généreuse, et tant d'autres, au nombre desquelles comptera peut-être la Pologne, qui jadis se trouva mangée tout entière, lorsque M. de Metternich rapiéça la Sainte-Alliance avec les lambeaux du système continental, et du manteau de César fit un habit d'Arlequin.

Maintenant les cardinaux sont en travail d'un pape : Dieu veuille qu'ils ne l'attendent pas si longtemps que les saint-simoniens une papesse !

Le conclave s'empourpre ; les partis s'organisent ; celui-là est bien puissant et le plus capable de s'enfler ; mais la nièce du cardinal *** se penche un beau soir sur le rabat de l'Éminence écarlate ; elle lui dit à l'oreille : — « Qui devinera ? »

La vérité seule se connaît elle-même ; les influences secrètes se révèlent les unes aux autres dans le silence de la nuit ; *Manfred* et *Lara*, ces deux chefs-d'œuvre de la mélancolie humaine, existeraient-ils si le descendant des Byron n'avait pas reçu en héritage le pied bot et la pairie ? Il est cruel de sentir que Don Juan boite comme Méphistophélès.

Il a été plaisant jadis de dire que les rois se laissèrent gouverner comme les enfants ; cela le redeviendra peut-être à force d'être usé. L'inspiration poétique, cette étincelle tant recherchée, se trouve la plupart du temps dans une bouteille bien cachetée. Gœthe buvait du vin du Rhin ; Byron, du rhum ; Hoffmann, du punch ; M. de Buffon mettait des gants blancs ; Shakspeare menait une vie de Falstaff ; il appartenait au seul Bonaparte de se réconforter avec des haricots à l'huile.

Mille réflexions semblables nous portent à croire que le chapitre des influences pourrait être curieux. Une année vient de mourir, on peut lui faire son procès ; que de choses elle a vues ! que de choses elle peut faire croire ! Mais on s'attend à tout, depuis qu'on a trouvé un bonnet de coton sur la statue du vainqueur de Waterloo.

Si par la suite le sujet que nous indiquons est traité, ce peu de lignes pourra servir de préface à une série d'observations qui porteraient ce titre : *Revue fantastique*.

Lundi, 10 janvier 1831.

III.

REVUE FANTASTIQUE.

DE L'INDIFFÉRENCE EN MATIÈRES PUBLIQUES ET PRIVÉES.

On ne saurait se dissimuler qu'un Parisien qui arrive en province, et qui trouve que toutes les femmes ont des maris ou des amants, n'est pas plus cruellement désappointé qu'un écrivain qui s'aperçoit, en prenant sa plume, que tous les sujets ont été traités, et, comme on dit, que tout a été fait. Nous croyons donc nous rendre utile en indiquant ici un titre convenable qui pourrait figurer sur un tome in-8°.

Il y a de jeunes Werther qui lisent tout un roman dans un regard; il doit y avoir de vieux roués qui lisent tout un volume dans un titre; que diraient-ils de celui-ci?

Il faut nous dépêcher de proclamer d'abord qu'aucune mauvaise intention ne se mêle à ces mots d'*indifférence publique ou particulière*; et encore, contre l'usage de cette douce obscurité que le romantisme importa d'Allemagne, nous allons de notre mieux nous expliquer.

Lorsqu'un événement quelconque se manifeste, il ne saurait produire que trois effets; c'est-à-dire que sur trois hommes, il peut y en avoir un qui dise: « J'en suis bien aise; » un autre qui dise : « J'en suis fâché; » et le dernier : « Ça m'est égal. »

Il s'agirait de démontrer que ces trois sentiments représentent trois classes d'individus, lesquels composent toute cette espèce que nous nommons *humaine*. Ces trois classes se grossissant de toute éternité, au détriment les unes des autres; celle-ci diminuant quand les deux autres augmentent; ou celle-là quelquefois s'accroissant toute seule au désavantage des deux autres.

L'écrivain, frappé de ces vérités que M. de la Palice eût notées scrupuleusement dans son *memo-*

randum, pourrait en venir ensuite à prétendre que jamais siècle ne produisit deux moindres masses de *j'en suis bien aise* et de *j'en suis fâché*, ni une aussi grande de *ça m'est égal*, que le bon et paisible siècle dans lequel nous vivons par la grâce de Dieu. Il n'y aurait qu'une âme perverse qui pourrait trouver à cela le moindre mal, car tous les vœux, tous les désirs, toutes les intentions étant en ce moment tournées autant que possible vers la tranquillité, et les partisans du *ça m'est égal* étant de toute éternité amoureux du repos et du bien-être, tandis que les sectateurs du *j'en suis bien aise* et du *j'en suis fâché* ont toujours été et seront des brouilleurs d'affaires, des entameurs de procès, des déchireurs de traités et des tueurs de bourgeois, ne doit-on pas être regardé comme coupable de ne point préférer à tout la première de ces opinions? Ah! sans doute, si le *j'en suis bien aise* pouvait dominer tout seul, et mettre à mort son ennemi, nous en serions cent fois plus heureux; mais ne voyez-vous pas que, dès qu'il se montre et qu'il promène un instant au dehors son visage réjoui et bienveillant, dès qu'il pousse un cri de joie, dès qu'il allume un lampion, le *j'en suis fâché* sort des entrailles de la terre avec sa physionomie boudeuse et rechignée, et se met incontinent en route pour barbouiller de noir ceux qui rient, crier aux nues qu'on le moleste, et faire avorter les feux d'artifice?

Que dis-je? n'y eût-il plus un médecin *tant pis* sur la terre; quand la plus solide des chartes et le meilleur des rois nous auraient donné le plus sage, le plus doux des gouvernements possibles ; quand les abus seraient noyés ; quand le vin serait gratis ; quand toutes les sangsues auraient lâché prise ; quand toute honnête fille serait assurée d'un mari, et tout honnête homme d'un dîner ; quand l'Océan, la terre et le soleil seraient d'accord avec le centre gauche pour faire prospérer et fleurir une tranquillité tant désirable, hélas ! et tant de fois désirée ! quand tout cela serait (ce que chacun peut souhaiter sans se compromettre), même dans ce bienheureux état de choses, il suffirait, oui, il suffirait qu'une seule voix laissât échapper, je ne dis pas un *j'en suis bien aise*, mais simplement un *je n'en suis pas fâché*, pour qu'aussitôt mille voix s'écriassent avec amertume et avec rage : *j'en suis fâché ! j'en suis mille fois désespéré !*

Puisque Dieu l'a voulu ainsi, et qu'il le veut encore, quoi de préférable à un médium tempéré, à un *mezzo termine* convenable ? Entre ces deux physionomies si diverses, l'une radieuse, l'autre déconfite, le *ça m'est égal* s'avance d'un pas nonchalant, les bras croisés ; il n'est ni trop gras, ni trop maigre ; il est bien plus savant que ceux qui se contentent d'adopter pour règle de conduite de tout approuver ; il approuve avec ceux qui louent, il blâme avec ceux qui blâment ; mais il sait où est le bien, et il tourne constamment vers cette étoile polaire sa face impassible.

C'est un homme qui a tout vu ; il a pour lui

l'expérience du passé; il pense à l'avenir, il jouit du présent; il ne fait pas de dettes sans être sûr de les payer; il ne bat pas son voisin, mais il a pour ferme principe que son voisin ne le batte pas non plus. Il sait que ceux qui jouent à croix ou pile sont bien heureux s'ils gagnent; mais il ajoute immédiatement qu'ils sont bien à plaindre s'ils perdent. Il connaît les douceurs de l'aristocratie, les charmes de la gloire; mais il a entendu dire à des hommes qui le savaient que la misère du peuple et la ruine de l'État sont un pitoyable spectacle. Je crois qu'il voterait pour l'abolition de la peine de mort; en un mot, c'est ce qu'on appelait jadis un enragé de modéré.

Ce ne serait pas être de bonne foi que de ne point vouloir convenir que notre siècle ait de ces idées-là. M. de Lamennais a fait un beau titre de livre; c'est : *De l'indifférence en religion;* il aurait dû ajouter comme ce savant : *De omnibus rebus et quibusdam aliis.*

Du temps de Charlemagne, les forts disaient : « Tant mieux; » les faibles disaient : « Tant pis; » personne ne disait : « Ça m'est égal. »

Sous Charles VI, les nobles disaient : « Tant mieux; » « Tant pis, » murmuraient les vilains; il y avait quelques bons gros moines qui disaient : « Ça m'est égal. »

Sous Louis XI, les nobles disaient : « Tant pis; » les vilains : « Tant mieux; » le roi : « Ça m'est égal. »

Sous Louis XIV, les nobles disaient : Ça m'est

égal ; » le roi disait : « Tant mieux ; » les vilains disaient: « Tant pis, tant pis. »

Le jour où tout le peuple à son tour en vint à dire : « Tant mieux, » il n'y eut plus qu'une voix qui lui répondit : « Hélas! »

Maintenant que la fièvre est passée, quand l'univers s'ébranlerait autour de lui, qu'on dise : *tant mieux, tant pis,* il a ce qu'il lui faut, il aura ce qu'il lui faudra, il répondra toujours : « Ça m'est égal. »

Tel est notre siècle, ce fils blasé d'un père fiévreux, cet enfant réservé d'un père un tant soit peu rodomont. Si c'est un bonheur d'être désabusé, il est heureux. Où va-t-il? Chaque homme est-il une fibre, chaque peuple un membre d'un être organisé, vivant, qu'on nomme l'*humanité?* ou l'humanité n'est-elle qu'un cadavre dont les membres et les fibres sont livrés à la corruption, en attendant qu'ils le soient au néant? C'est ce que décideront ceux qui ont les poumons assez pourvus de vent pour raisonner sur la perfectibilité.

Que ce soit une autopsie ou une revue, nous avons indiqué aux gens oisifs un oisif sujet. Quel est le fou qui nie l'indifférence? Les jeunes gens ne dansent plus ; Napoléon ne fait plus d'argent ; vous-même, ô Wellington, lorsque votre voiture traverse les rues de Londres, c'est à peine si vous entendez frapper dans vos glaces quelques pommes cuites !

Quelqu'un disait que l'Europe était une femme de quarante-cinq ans. Si cela était vrai, il serait temps que la comète de 1832 vînt réchauffer nos vins et nos têtes ; mais elle passera à quelques millions de lieues trop loin.

Lundi, 7 février 1831.

IV.

CHUTE DES BALS DE L'OPÉRA.

Il faut être bien oisif ou bien futile, lorsque personne ne sait qui vit ou qui meurt, qui est roi ou sujet, qui est sujet ou serf, lorsque Petit-Jean lui-même trouverait à enchérir sur ses *quand je vois*, pour prendre, en dépit de tout, le bon côté des choses, et soutenir, par exemple, que cette semaine on a beaucoup dansé !

Cependant, si chaque semaine devait être personnifiée ; si, comme le spectre de Macbeth, chacune devait, en passant devant les yeux du spectateur, lui montrer ses ornements et ses attributs particuliers, je maintiens que la semaine morte hier dimanche n'aurait pas, comme la plupart de ses sœurs de 1831, et même de 1830, une face blême et perplexe, plaquée sur une rame de papier, et s'efforçant de s'expliquer quelques-unes des prédictions qu'une feuille très-constitutionnelle, nouveau Nostradamus, présente à ses abonnés. O prodige ! elle ne serait ni triste ni économique ; elle porterait même, en dépit de ce qu'on peut dire, la moitié d'un masque de velours usé, et quelques grelots enroués. Oui, un reste de gaieté, un reste de ces bruyantes et délicieuses nuits qui se succédaient jadis, et qui se sont envolées comme des ombres; un dernier soupir du dieu Momus, qui va rendre l'âme au printemps très-prochain; un suprême effort, en un mot, des divinités oubliées et perdues s'est manifesté cette semaine; pauvre semaine! qui autrefois fut appelée grasse, et qui ne sait comment on l'appellera aujourd'hui qu'on ne fait plus maigre. Mais, si jamais la ruine d'un siècle, la mort d'un peuple, la destruction d'une ville, la perdition d'un royaume, ont pu inspirer des triolets mélancoliques à un observateur bénévole; si jamais les changements et l'inconstance de la déesse Fortune ont pu faire éclater en sanglots et en harmonieux commentaires un barde soucieusement suspendu sur la pointe d'un décombre pittoresque, quels sujets plus graves de méditations put être donné à l'homme que le pitoyable spectacle du bal de l'Opéra d'avant-hier? Bien avisés ceux qui, après avoir dit : « Irai-je ou non? » se sont vaguement écriés, comme Paul Courier, de bourgeoise mémoire : « O Nicole! ô mes pantoufles! » et se sont ainsi épargné d'amères réflexions!

Poppée, la belle Poppée, la maîtresse de Néron, un jour que le vent du midi avait hâlé son visage, prit des mains d'un histrion un masque de cire, et défendit à la brise enflammée de porter atteinte aux plaisirs de César. Aussitôt toutes les jeunes Romaines l'imitèrent à l'envi ; les fraîches nuits d'été eurent seules la permission de contempler à découvert les patriciennes ; Rome prit un masque, et l'univers lui obéit.

De ce jour naquit, dans le sein d'une femme, une pensée qui devait plaire à toutes les femmes ; cette pensée, dont Venise hérita, donnait à la faiblesse du sexe l'arme la plus terrible contre la force de l'autre : la certitude du secret. De ce jour, les yeux noirs et bien fendus bravèrent les regards de la foule, et un masque de velours noir apprit à faire ressortir la fraîcheur d'une bouche, sans la trahir, même par le son de la voix. Le bon et consciencieux Brantôme nous apprend que ce fut vers la fin du XVIe siècle qu'on vit pénétrer en France cette mode charmante. Quelle fut la première femme, jalouse ou amoureuse, qui imagina d'introduire dans les fêtes cette arme protectrice, et de se défendre de la curiosité publique comme on se défendait du *contact de la nuit?* On l'ignore, c'est-à-dire je n'en sais rien. Rien, selon saint Chrysostome, n'est plus pernicieux que ces réunions diaboliques et pleines d'impuretés, où les femmes se masquent comme de misérables bouffons. Saint François de Sales convient qu'on ne saurait trouver de mal dans la danse elle-même, mais que les circonstances qui l'accompagnent infailliblement sont la perte de l'âme, et les plus abominables du monde ; Bussy-Rabutin est du même avis.

Eh bien, aujourd'hui nous sommes de l'avis de Bussy-Rabutin. Tous les plaisirs du bal masqué, ceux de l'intrigue, ceux de la promenade, l'occasion de dire quelque chose, la permission de tout dire, l'imbroglio, les charmes du cœur et de l'esprit, ceux de la folie et du mystère, tout est mort ; tout devait le paraître aux yeux d'un homme clairvoyant assis avant-hier à l'avant-scène de la lugubre salle de l'Opéra. Tous les jeunes gens pourtant y étaient venus comme de coutume, et on s'était souvenu qu'autrefois ce jour était le seul de l'année où l'on tentât d'oublier les bienheureuses idées qui nous mènent au *Kant*. Oui, au *Kant*, et aux orgies solitaires des Anglo-Américains. Dans ce désert où tout le monde se trouvait, de tristes regards l'annonçaient. Les questions politiques sont sans doute de graves questions ; ce sont, la plupart du temps, des généralités. Croit-on que les questions de mœurs, les questions de vie intérieure, de relations privées, soient totalement dénuées d'importance ? Ce sont des regrets à faire pitié que des regrets de bals d'Opéra, sans doute.

Aussi ce qu'il faut regretter, déplorer même, ce n'est pas un bal, ce n'est pas l'Opéra, ce ne sont pas tous les lieux de réjouissances publiques de France, ce sont les idées qui tueront la gaieté en France, en respectant les lieux de réjouissances, les bals et l'Opéra. Qu'est-ce que c'est qu'un dandy anglais ? C'est un jeune homme qui a appris à se passer du monde entier ; c'est un amateur de chiens, de chevaux, de coqs et de punch; c'est un être qui n'en connaît qu'un seul, qui est lui-même; il attend que l'âge lui permette de porter dans la société les idées d'égoïsme et de solitude qui s'amassent dans son cœur et le dessèchent durant sa jeunesse. Est-ce là que nous voulons en venir?

Cependant hier quiconque était à l'Opéra n'avait qu'à dormir ou à faire le dandy; c'est-à-dire qu'il y avait absence totale de femmes; que la bêtise seule épargnait les quolibets et sauvait du bavardage; que de misérables dominos, décrochés de la boutique d'un fripier, se promenaient autour de quelques *provinciaux*, assez primitifs pour s'y prendre; qu'en un mot les jeunes gens, réduits à eux-mêmes, devaient sentir que les mœurs changent, que la société s'attriste, qu'il faut de nouveaux plaisirs, et quels plaisirs! Des plaisirs solitaires!

Que faire donc? Parler de chevaux, de chiens et de punch, et puis de punch, de chiens et de chevaux. Le siècle où les marquis parfilaient, où les favoris jouaient au bilboquet, étaient des siècles absurdes. En viendrons-nous à les regretter? Quand il n'y aura plus une femme dans les *routs*, comme il n'y en a plus à l'Opéra; quand la délicieuse *fashion* nous défendra de tirer une parole de nos gosiers serrés par une cravate bien empesée; quand nous en serons à ce point de perfection où tout le monde marche, c'est-à-dire quand les hommes resteront à boire, pendant que les femmes resteront à bâiller, que faire? Cependant on ne peut pas monter la garde toutes les nuits.

L'humanité est vieille, c'est vrai ; mais les hommes sont jeunes. La France jadis avait jugé que des relations libres et exemptes d'entraves, que des mœurs faciles et simples, sans hypocrisie et sans morgue, étaient le meilleur et le plus salutaire moyen de donner aux jeunes gens des idées de société convenables, et d'en faire des *hommes* véritables. L'Europe alors la prenait pour modèle. La brutalité orientale, la bégueulerie anglaise, la jalousie espagnole, commençaient presque à convenir que nous avions raison : comment se fait-il que nous changions tout à coup? Voilà bien des réflexions pour un bal d'Opéra. Je demande à ceux qui les trouvent trop longues d'y aller ce soir ; ils y verront quelque chose de plus long encore ; il y aurait de quoi se faire saint-simonien.

Lundi, 14 février 1831.

V.

REVUE FANTASTIQUE.

Il y avait hier un homme dans une cruelle position ; cet homme est une sorte de table des matières vivante ; il a l'habitude, en un mot, de régler non-seulement ses actions comme la note d'un fournisseur, mais encore de tenir un compte succinct de tout ce qui a été dit et fait d'intéressant durant le cours de la semaine ; il est clair que ce personnage mystérieux n'est autre chose qu'un *memorandum* revêtu d'une redingote et d'une cravate, bien qu'il ait de loin l'apparence d'un individu de l'espèce humaine, et qu'à dix ou vingt pas vous puissiez le prendre pour un pédant ou toute autre chose.

Cependant il était hier dans une bizarre perplexité ; ne sachant quoi noter, il se désespérait et se lamentait, comme un aveugle sans bâton. Les affaires des Polonais lui paraissaient douteuses, et bien qu'il fît des vœux ardents pour leur entreprise, et même qu'il eût déjà manqué deux fois de prendre les grandes messageries pour aller à leur secours, il n'osait se fier trop tôt aux heureuses nouvelles qu'on répandait hier, ni croire trop aveuglément ceux qui en répétaient de fâcheuses. Les chambres, sans lui paraître sans intérêt, lui semblaient fades et sans nerf ; les Belges tranquilles, ou peu s'en faut ; l'Angleterre trop peu déterminée dans ses résolutions libérales, et, pour comble de misère, ô ciel ! pas une révolution à Paris, pas même une pièce nouvelle !

C'est alors que cet homme comprit qu'un vide affreux allait se glisser entre le folio 6 et le folio 7 de son agenda : durant toute l'éternité, il verrait cette lacune terrible lui rappeler des jours d'incertitude et d'oisiveté ; le cours de la Bourse seul s'y trouvait relégué; et combien il était loin de présenter aux yeux un spectacle satisfaisant! Dans cette perplexité, il alla jusqu'à s'écrier, comme Titus : « Voilà une semaine perdue! — Comment! s'écria à son tour un de ses anciens et fidèles amis qui lui avait saisi le bras et qui l'entraînait sous les galeries de Rivoli : tenez, ô respectable preneur de notes, quand vous voudrez savoir ce qu'il y a de nouveau, d'important, regardez ici autour de vous.

« — Hélas! repartit l'homme-mémorandum, je ne vois qu'une misérable proclamation du préfet de police, une maison à vendre, et un bonhomme sur le mur avec une pipe!

« — Ne voyez-vous pas, reprit l'autre, ce cabinet de lecture? la table est surchargée des gazettes de la semaine; d'assidus abonnés y promènent avec ardeur leurs lunettes de diverses couleurs; sur les carreaux dansent plus de caricatures grotesques qu'il n'y en avait sur la table d'Hoffmann; et sur le coin du mur, ne voyez-vous pas ces bandes innombrables d'affiches? O mon ami! tout est là, non-seulement tout le passé, mais tout l'avenir.

« Eh quoi! serait-ce avec indifférence que vous apprendriez, par exemple, que le soleil se lève, cette semaine, à 6 heures 24 minutes, c'est-à-dire six heures avant une petite maîtresse qui a été au bal, deux heures avant un chef de division, et une heure après le ministre de la guerre?

« Collez, ô mon ami, votre nez sur ces vitres, si vous êtes de la nature de ceux qui passent une moitié de leur journée à voir couler la Seine, et l'autre devant le thermomètre de M. Chevalier, si vous êtes pétri d'une pâte parisiennne, regardez attentivement l'histoire de M. Mayeux le bossu.

« M. Mayeux est un type ; et c'est lui qui, cette semaine, est en train de faire rire les badauds ; voyez cette tête monstrueuse, ces bosses approuvées par Lavater.

« Comme la Vénus de Cléomène fut formée de toutes les beautés des jeunes Athéniennes, ainsi ce type difforme et hideux est composé de toutes les aberrations de la nature.

« L'œil lubrique du crapaud, les longues mains du singe, les jambes frêles du crétin, tous les vices ignobles, toutes les monstruosités morales ou physiques, voilà Mayeux.

« C'est le Diogène des temps modernes : c'est la corruption idéalisée, accroupie au coin des murs, roulant sur une table en désordre, un pied sur les genoux d'une fille de joie, l'autre dans la sauce d'une dinde aux truffes ; c'est un père de famille sortant avec une figure hâve et plombée d'un mauvais lieu ; c'est un misérable reptile, que les hommes écrasent sans l'apercevoir, qui vit au cabaret pour mourir sur la borne.

« Voyez-vous la pâle figure de ce commerçant qui lit dans les nouvelles de Paris qu'un banquier s'est noyé hier?

« Voyez-vous la radieuse contenance de ce vaudevilliste qui découvre dans un coin du *Temps* que

Scribe a été sifflé l'autre soir au Gymnase. L'immense confrérie des gobe-mouches s'abat comme un essaim de frelons paresseux sur les gasconnades privées dont les feuilles publiques abreuvent leur tampon. Quelqu'un disait l'autre jour que Paganini jouait le *Misanthrope* sur son violon ; pourquoi pas la pantomime ?

« Aujourd'hui que tout est à la vapeur, pourquoi ne ferait-on pas un gouvernement à la vapeur ? Il y aurait des fourneaux au lieu de ministères, et du charbon de terre au lieu d'employés. Hélas ! il ne sortirait pas plus de fumée des tuyaux de fonte qu'il n'en sort tous les jours des cerveaux tout-puissants qui nous dirigent !

« Il y aurait, au moyen d'une vaste machine dûment huilée, des ressorts armés de plumes d'acier qui couvriraient d'expéditions des rames de papier timbré. Ce serait une manufacture de rapports, comme une fabrique de cuirs de Hongrie.

« Qu'est-ce qu'un ministère ? C'est une immense chaudière d'eau de savon où chacun trempe une paille pour essayer de faire une bulle, mais la bulle crève toujours. Quelquefois elle demeure un certain temps et prend une certaine assiette. Alors les villes et les campagnes, les hommes et les choses commencent à se réfléchir à sa surface ; elle paraît un petit abrégé de la vie, un petit raccourci de la boule du monde qui reposait dans la main de Charlemagne. Mais Charlemagne, pour la soutenir, avait la main longue comme un pied de roi. Courte espérance! la bulle se gonfle peu à peu ; elle s'arrondit, elle s'embellit de la plus douce teinte dont le regard de l'homme puisse être flatté, celle du soleil couchant, celle de l'or (pourquoi en a-t-on fait la livrée de George Dandin?); mais cette couleur charmante est le plus souvent un signe que la mort approche, et la bulle se résout en une fumée imperceptible, comme ces balles officieuses qui imitent le plomb, et qu'il est du devoir d'un témoin rempli d'humanité de glisser artistement dans le pistolet d'un poltron que la politesse oblige de se battre. O mon ami! si vous aimez les nouvelles, je puis vous en raconter une toute fraîche, un tant soit peu bizarre.

« Je me félicite de l'avoir apprise par l'intermédiaire de mon papetier.

« Avant-hier je m'en fus donc chez mon papetier, dans l'innocente et bourgeoise intention d'acheter des pains à cacheter; mais il y avait dans la boutique absence totale de cette denrée. Désolé de ce désappointement, j'eus recours à une seconde boutique; même réponse. — O ciel! m'écriai-je, j'ai oublié de dire que je demeure au faubourg Saint-Germain.

« — Monsieur, me dit en souriant mon papetier, ni moi, ni mes confrères, ne pouvons suffire aux demandes exorbitantes de pains à cacheter qui nous sont faites en ce moment.

« — Il est clair, dis-je tout bas en prenant un air capable, qu'il se trouve dans le noble faubourg quelque correspondance moscovite; voici un manque de pains à cacheter qui nous vient d'Holyrood. Moi qui puis, une fois par semaine, insérer dans un journal ma façon de penser, je me promets de dévoiler cette trahison lundi prochain.

« — Point du tout, monsieur, me dit le marchand, souriant à son tour. C'est la mode dans ce moment-ci au faubourg Saint-Germain de faire avec des pains à cacheter de petites roses découpées, que l'on colle les unes contre les autres, en taillant les feuilles de manière que chaque pain en fasse une ; de ces roses de différentes couleurs, qu'on rapproche au moyen d'un rond de carton, on fait de charmantes bobèches.

« — Bobèches! m'écriai-je, en oubliant malgré moi ma propre dignité ; je crus un instant que ce damné papetier n'avait d'autre intention que de se railler de moi et de mon besoin de pains à cacheter ; j'étais déjà semblable à Roméo devant l'infernal apothicaire.

« Mais, me dis-je, comment deux marchands pourraient-ils s'entendre ? je ne saurais être la fable du quartier à ce point d'être raillé par deux papetiers dans l'espace d'une demi-heure. Ce fut alors que l'idée d'entrer chez la comtesse *** me vint à l'esprit. Sur la table était renversé pêle-mêle un tas prodigieux de pains à cacheter ; il y en avait de rouges, de verts, de jaunes, de blancs, il n'y en avait pas de bleus ; ç'aurait été courir le risque d'une bobèche tricolore. Assise à côté de sa mère, la jeune fille de la comtesse composait des fleurs charmantes, et plongeait sa main blanche dans la corbeille de mille couleurs. Je vis sur des chandeliers d'or des bobèches déjà faites. Dieu puissant ! m'écriai-je, n'y a-t-il plus de bobèches chez les marchands ? d'où nous vient cette rage de bobèches ? faut-il qu'aujourd'hui nous en arrivions aux stupides oisivetés du siècle où l'on parfilait ? ou s'il faut à tout prix des bobèches de pains à cacheter, est-il nécessaire de les coller avec des doigts de marquis ?

« Ce que je dis ici, ô mon ami, est exact et historique. Il n'y a pas un salon au noble faubourg, aujourd'hui 7 mars, où l'on ne fasse des bobèches.

« Parfilage absurde ! Ainsi, quand l'Europe est en feu, quand Paris est en rumeur, quand la propriété chancelle, quand le droit divin trébuche, quand on perd l'esprit en courant après le bon sens, quand il n'y a plus rien de stable, plus rien de certain au monde, quand tout est remis en question, les lois, les mœurs, les richesses et les gloires, tout un quartier s'obstine à parfiler ! c'est-à-dire à un amusement plus stupide encore et plus digne du siècle poudré. Ah ! quand nous en serons, comme les Polonais, à voir nos femmes porter des poignards à leur ceinture, et venir dans les hôpitaux panser les plaies dont nous serons couverts, ce sera autre chose ! Elles feront alors du parfilage, comme jadis, mais ce sera pour arrêter le sang qui coulera de larges blessures. »

Lundi, 7 mars 1831.

VI.

REVUE FANTASTIQUE.

Ce fut jeudi dernier, jour de la mi-carême, que M. Cagnard, le plus illustre des trembleurs de ce siècle, fut livré à un affreux embarras.

Il était assis devant sa table dans sa salle à manger ; sa femme était devant lui ; il avait posé son front dans sa main, comme Agamemnon quand il condamne sa fille ; près de lui étaient deux billets soigneusement pliés, que son farouche portier venait de déposer en souriant d'un air fin. Il les lisait tour à tour et soupirait : « Hélas ! que ferai-je ? s'écria-t-il. Voilà un billet de garde et une invitation à dîner pour aujourd'hui. Hélas !

« Si je vais à mon dîner, il est clair qu'on dira dans tout le quartier que je suis un mauvais citoyen ; précisément la patrie se trouve en danger ; quelle fatalité ! Comment empêcherai-je mon sergent-major, qui est en même temps mon apothicaire, de répandre des bruits outrageants pour ma famille et pour moi ?

« Si je vais à mon corps de garde, le conseiller versera sans moi son thé parfumé, le vin mousseux sera bu en mon absence, et je ne pourrai appuyer mes deux coudes sur la table bien fournie du comte Walter Puck. O conseiller privé ! je serai dans l'impossibilité de t'égayer par mes facéties, et de tendre mon verre en récompense de mon humeur enjouée. »

En disant ces paroles, il avait ouvert une porte et il tenait suspendus un habit bleu garni d'épaulettes rouges et un habit vert-pomme décoré de boutons d'argent à la mode. Il hésita longtemps, regarda trois fois à sa montre, autant à la fenêtre, puis il passa avec un profond soupir une manche de l'habit bleu.

Dans son désespoir, il faillit imiter ce mathématicien célèbre à qui les choses célestes faisaient oublier les affaires d'ici-bas, et qui, s'étant dépouillé un jour de ses vêtements afin de se parer d'une manière convenable et d'aller dîner en ville, oublia le monde entier au milieu de sa toilette, et, ne pouvant se rendre compte du motif qui l'avait porté à quitter ses habits, finit par croire qu'il se couchait et se mit au lit.

« Non! » s'écria tout d'un coup M. Cagnard; et d'un coup de main il repoussa dans sa prison de bois l'accoutrement patriotique; il serra autour de ses jambes les cordons de son pantalon à demi juste, et, s'élançant hors de sa maison d'un pas leste et déterminé, il fit sauter sur ses mollets les basques joyeuses de son habit neuf.

M. Cagnard demeure au Marais; il était forcé d'aller chercher son dîner derrière la place Beauvau, rue des Saussaies; il se dandinait sur la pointe du pied, résolu de ne point prendre de voiture.

Il rencontra, rue Saint-Antoine, une bande formidable de polissons de douze à treize ans, qui avaient embrassé au nombre de vingt la cause du duc de Reichstadt, et qui, en conséquence, cassaient les vitres des confiseurs et les lanternes des marchandes d'oranges. M. Cagnard vit le péril qui le menaçait; en vain il crut y échapper en se rangeant avec soin sous l'eau de la gouttière; on l'arrêta avec fureur en lui enjoignant de crier : *Vive Napoléon II!* Quiconque connaît un peu notre homme doit se faire sur-le-champ une idée de la promptitude serviable avec laquelle il poussa les vociférations les plus horribles, dès qu'il s'en vit prié de la sorte.

« Au fait, se disait-il, ces jeunes gens descendent la rue Saint-Antoine ; si je puis parvenir à marcher au milieu d'eux sans être éclaboussé, il sera toujours temps de reprendre ma route. »

En ce moment, deux pompiers qui venaient d'éteindre un feu de cheminée tournaient le coin de la rue en traînant une pompe. C'étaient, à ce qu'il parut, des pompiers bien intentionnés et amis de l'ordre public, car, en voyant se diriger vers eux l'attroupement des polissons furieux, ils s'arrêtèrent, et, ayant braqué leur infernale machine avec une adresse vraiment redoutable, ils mirent en déroute complète le bataillon qui s'avançait. Les jets d'eau qui inondèrent le visage des perturbateurs de la tranquillité les réduisirent au plus fâcheux état. Pour M. Cagnard, jaloux de conserver à son habit de gala la virginité de son lustre, il se consumait en vains efforts pour entrer dans une boutique, lorsque l'un des vainqueurs le prit rudement par son jabot fraîchement plissé.

« Messieurs, dit-il, je suis un vieillard ; les polissons qui m'entouraient ne sauraient me reconnaître ; laissez-moi aller dîner chez le conseiller ; je ne suis bon à rien. »

Sur le témoignage d'un marchand d'amadou qui passait, on lui rendit la liberté. Comme le fiancé de Lénor, il rasait la terre avec la vitesse d'un oiseau ; déjà l'Hôtel de ville, la rue Saint-Martin et la fontaine des Innocents avaient passé comme des songes.

Hélas ! il tombe rue Saint-Honoré au milieu d'un groupe d'ouvriers qui, n'ayant pas d'ouvrage, et se trouvant malhonnêtement renvoyés par des imprimeurs ruinés, s'étaient déclarés le matin même pour Henri V ; d'un côté à l'autre de la rue ils s'élançaient les uns sur les autres et empêchaient les fiacres de passer, afin de se venger.

Un nouveau cri, plein de condescendance, sortit aussitôt des poumons de notre voyageur. Se conformer en tout aux circonstances, et ne jamais contrarier personne, était chez lui un principe invariable ; mais douze gardes nationaux qui allaient en voiture à un bal pour les pauvres étant descendus en cet instant, l'un d'eux s'avança, et prouva poliment à ces braves gens qu'ils ne savaient ce qu'ils faisaient, qu'il n'était pas convenable de crier si fort, et qu'on leur avait donné quarante sous pour cela.

« Quarante sous ! s'écria l'un des meneurs, pour qui nous prenez-vous ?

— Eh bien! répliqua le garde, mettons trois francs et n'en parlons plus. »

Au moment où tout le monde se retirait paisiblement par la rue de l'Arbre-Sec, l'orateur, avisant M. Cagnard, lui demanda tout d'un coup : « Pourquoi vous démener ainsi, monsieur? qui êtes-vous?

— Messieurs, dit-il, je n'aurais pas la force de vous aider, tant je suis affaibli par des nuits passées au corps de garde ; comment voulez-vous que je vous nuise? Les ouvriers qui m'ont surpris ne sauraient dire que je suis leur semblable ; je ne suis bon à rien ; laissez-moi aller dîner chez le conseiller, rue des Saussaies. »

Le garde sourit, et, semblable à une flèche aiguë décochée d'un arc mogol, notre homme fendit de nouveau les airs en rasant les boutiques. Les breloques de sa montre retentissaient à chaque pas.

Le voilà parvenu heureusement jusqu'au faubourg Saint-Honoré; déjà, le cœur plein d'une mâle assurance, il se représente la vaste salle à manger du comte Walter Puck, ses laquais en grande tenue, et il voyait trembler dans les plats de vermeil les châteaux de crème au rhum ; le vin petillait dans les verres, et la charmante comtesse avançait sa blanche main pour lui offrir une aile de faisan.

Préoccupé de ces pensées, il avance à grands pas dans la foule : ô ciel! il est au milieu d'un groupe d'étudiants qui, au cours de M. Ducaurroy, se sont donné rendez-vous pour cinq heures et demie au ministère de la marine. Ils sont déterminés et en grand nombre; M. Cagnard entend des paroles qui lui sèchent la moelle des os jusqu'à la cheville; que criera-t-il afin qu'on l'épargne? on ne crie point. Il se hasarde : « Vive la république! »

Au moment même, un soldat de ligne le saisit par les basques joyeuses de son habit vert-pomme, comme un oiseau par la queue; il se retourne, et voit la tête des chevaux d'un détachement de garde nationale.

« Hélas! dit-il, je suis un bourgeois paisible qui ne saurait faire de mal à personne. Demandez à ces messieurs s'ils me reconnaissent. »

Les étudiants dirent qu'ils ne l'avouaient pas pour un des leurs; ainsi surpris une troisième fois, que de peine il eut à se faire répudier par tout le monde! que de tourments il lui fallut pour prouver qu'il n'était bon à rien, pas même à conspirer!

Dans cette fatale position, il pensait à son habit bleu à épaulettes rouges, qu'il avait repoussé dans sa prison de bois; il songeait qu'il aurait bien agi, oh! mille fois bien et sagement! en passant soigneusement la seconde manche, au lieu de se débarrasser de la première!

Néanmoins, n'étant connu de personne, et désavoué par tous comme les deux autres fois, il eut bientôt la permission de reprendre son vol affamé vers la salle à manger spacieuse et les vins bien cachetés du conseiller.

« O Dieu! s'écria-t-il, au moment où il frottait ses souliers à boucles sur le tapis de la porte, et où

il posait son gant glacé sur le cordon de la sonnette ;
ô Dieu ! bienheureux, dans ces temps de trouble et
de désordre, celui qui n'est d'aucun parti, et peut
se faire habilement, ainsi que moi, désavouer par
tous ! Je ne suis même pas saint-simonien ! Bienheureux celui qui peut ainsi se glisser comme une fausse
pièce que chacun se rejette, et qui ne saurait figurer
dans aucune pile d'argent ! »

Cette réflexion lui remit en tête une petite anecdote qu'il se promit de servir au dessert au gracieux
conseiller, le respectable comte Walter Puck. Aussi,
lorsqu'il eut appuyé sur la table ses deux coudes
d'un air facétieux, il souleva son verre à moitié vide
en clignant de l'œil, et dit :

« Je me souviens que, dans mon voyage d'Italie,
je rencontrai à Turin un bon muletier à qui je donnai pour boire une pièce de trente sous ; une année
après, me promenant à Naples, je vis venir à moi le
même muletier, que je reconnus avec peine. —
Ah ! monsieur, me dit ce brave homme, que de
reconnaissance je vous dois ! — Pourquoi ? lui dis-je. — Ne vous souvient-il pas, monsieur, que vous
m'avez donné, à Turin, il y a un an, une pièce de
trente sous pour boire ? — Oui, eh bien ? — Elle
était fausse, monsieur, et j'ai traversé toute l'Italie
au moyen de cette pièce, en buvant gratis à tous
les cabarets. — Comment cela ? — Je payais avec
cette pièce ; et quand on me disait qu'elle était
fausse, je répondais que je n'en avais pas d'autre ;
alors le cabaretier me mettait à la porte en m'ac-

cablant d'injures. Vous voyez donc, monsieur, que cette pièce m'a valu cent écus pour le moins, et que je suis en droit de vous remercier. »

14 mars 1831.

VII.

MÉMOIRES DE CASANOVA.

Vous êtes-vous quelquefois arrêté à regarder par un temps de pluie le cheval d'une voiture de louage à l'heure, lorsqu'en dépit de la fureur des vents cet être piteux, résigné, attend patiemment à la porte d'une maison? Le coup de fouet du maître peut seul le déterminer à reprendre son pas tardif, jusque-là il est immobile. La tête basse, il subit tristement l'injure des gouttières; peut-être, à ce spectacle, vous vous êtes rappelé malgré vous le cheval de course, superbe, à l'œil de feu, qu'on ne peut retenir et qui se balance sur ses jambes flexibles comme le roseau, jusque sur la paille de sa litière. Ces deux animaux sont-ils les mêmes? Un sang différent anime en eux des muscles de structure pareille.

L'un ressemble à un moine qui souffre et gémit en silence pendant quarante ans sur la même pierre, laquelle est celle de sa tombe; l'autre est pareil à l'aventurier, au spadassin qui porte moustache et épée, et qui livre sa vie au hasard, comme son plumet au vent. Lequel des deux a raison? C'est ce que personne ne décidera. Pourquoi?

Chacun d'eux peut servir de type à une classe énorme d'individus dans l'espèce humaine. La première, formée d'éléments timides, effrayée de ce qui l'entoure, laisse ses rames oisives sur la mer de cette vie; la seconde, au contraire, les agite d'un bras audacieux, et fend l'onde; mais souvent elle néglige le gouvernail pour regarder sa voile s'enfler au souffle des vents propices. Dans l'une naissent les savants, les hommes de robe, les gens de plume, les prêtres, les femmes de ménage, les poëtes médiocres; dans l'autre, les gens d'épée, les roués, les aventurières, les artistes sublimes : qu'on fasse l'application.

Jacques Casanova, Vénitien, vécut en Europe dans le XVIIIe siècle. Le docteur Gall eût trouvé sur son crâne quelques-unes des bosses qui distinguaient le cerveau de l'Empereur. L'activité, la vigueur, l'invention, l'intrépidité étaient ses éléments. Non-seulement jamais il n'hésita, mais jamais il ne pensa qu'il pût hésiter. Malheureusement, né sur un échelon trop bas, il ne lutta avec la fortune que dans des circonstances trop petites, et ne fut jamais qu'un particulier. Une qualité qui lui manqua en fut peut-être l'unique cause, l'esprit de conduite. D'ailleurs, sans dignité, aujourd'hui officier, demain séminariste, après-demain joueur de violon, qu'aurait-il fait, s'il avait su résister à sa fantaisie? Malgré tout, c'est le premier des aventuriers.

Vouloir analyser son livre, ce serait vouloir analyser sa vie, et elle échappe au scalpel. Jamais un grain de raison, peu de religion, de conscience encore moins. Dupant les sots avec délices, trompant les femmes avec bonne foi; un peu trop heureux au jeu, racontant divinement, promenant sur toute la terre ses caprices et sa folie, mais revenant toujours à sa chère Venise. Là, courant les filles en masque; ici, se promenant gravement en abbé musqué dans les jardins du pape; rimant pour une belle marquise, se battant pour une danseuse; mousquetaire terrible (il avait près de six pieds), grand seigneur généreux et probe au milieu de tout cela. Ceux qui aiment Benvenuto Cellini aimeront bien son livre; il y a entre eux ce rapport que tous deux font des contes incroyables, avec cette différence que Cellini ment les trois quarts du temps, et que Casanova ment si peu qu'il dit du mal de lui.

Tous ceux qui l'ont lu en disent la même chose; c'est qu'il a produit sur eux une impression ineffaçable; quoi qu'en disent les individualités du jour, elles la subiraient elles-mêmes.

Ce n'est pas qu'on ne trouve assurément par le monde des gravités poudrées à qui le nom de Casanova ferait hausser les épaules de cette manière qui signifie : « Bah! un homme de rien! » Je ne conseillerai même pas à ceux qui ont du goût pour le *sentimentalisme* allemand, d'ouvrir son livre ; c'est un homme du Midi. L'amour, cette plante que le soleil fait naître si différente suivant l'obliquité de ses rayons, prend un aspect étrange dans le cœur de notre aventurier.

« Puisque vous savez que j'ai de l'amitié pour vous, dit-il à une Henriette, vous devez deviner aussi qu'il ne m'est pas possible de vous laisser seule, sans argent, au milieu d'une ville où vous ne pouvez même pas vous faire entendre. Je ne sais de quelle espèce est l'amitié que le brave homme qui vous accompagne peut avoir pour vous ; mais je sais que, s'il peut vous laisser, elle est d'une tout autre nature que la mienne. Car je me crois obligé de vous dire que non-seulement il ne m'est pas possible de vous faire avec facilité le singulier plaisir de vous abandonner ainsi, mais même que l'exécution de ce que vous désirez m'est impossible, si je vais à Parme ; car je vous aime d'une manière telle, qu'il faut ou que vous me promettiez d'être à moi, ou que je reste ici. Alors vous irez à Parme seule avec le capitaine ; car je sens que, si je vous accompagnais plus loin, je deviendrais le plus malheureux des hommes, soit que je vous visse avec un autre amant, avec un mari, ou au sein de votre famille, enfin si je ne pouvais pas vous voir et vivre avec vous. Oubliez-moi, sont deux mots faciles à prononcer ; mais sachez, belle Henriette, que, si l'oubli est possible à un Français, un Italien, si j'en juge par moi, n'a pas ce singulier pouvoir. Enfin, madame, mon parti est pris; il faut que vous ayez la bonté de vous expliquer maintenant, et de me dire si je dois vous accompagner à Parme ou si je dois rester ici : répondez oui ou non. Si je reste ici, tout est dit. Je pars demain pour Naples, et je suis certain de me guérir de la passion que vous m'avez inspirée. »

Que dirait ce bon Werther d'une déclaration aussi furieuse? J'ai entendu dire que seul il savait la véritable passion. Que sera donc celle-ci? une passion sans ordre, sans bon goût, sans politesse? Oui, et sans timidité, plus qu'une passion italienne, une rage espagnole. Mais il est certain que les tartines de beurre sont loin de là, et qu'il serait bien difficile que Charlotte s'appelât dona Lolotta.

Ceux que de telles manières effrayent peuvent fermer le livre; car tout y est de cette trempe. Vous voyez comme il entend l'amour; voulez-vous voir comme il comprend la haine?

Son valet de chambre, sot Picard, a imaginé de se donner à Corfou pour un prince de Larochefoucauld. On le dit à Casanova, qui en rit.

« Parle-t-il de sa famille?

— Beaucoup de sa mère, qu'il aimait tendrement; elle est du Plessis.

— Si elle vit encore, elle doit avoir environ cent cinquante ans.

— Quelle folie!

— Oui, madame, car elle fut mariée du temps

de Marie de Médicis. Sait-il quelles armes son écusson porte ? »

On se lève de table, et voilà qu'on annonce le prétendu prince : il entre, et madame Sagredo vite de lui dire : « Mon prince, voilà M. Casanova qui dit que vous ne connaissez pas vos armes. » A ces mots, il s'avance vers moi (Casanova) en ricanant, m'appelle poltron, et me donne un soufflet qui m'étourdit. Je prends la porte à pas lents, ayant soin de prendre mon chapeau et ma canne.

« Je sors de l'hôtel et vais me poster à l'esplanade pour l'attendre. Dès que je le vois, je cours à sa rencontre et je lui assène des coups si violents que j'aurais dû le tuer d'un seul. En reculant, il se trouva entre deux murs, où, pour éviter d'être assommé, il ne lui restait d'autre moyen que de tirer son épée ; le lâche n'y pensa pas, et je le laissai étendu sur le carreau et nageant dans son sang. La foule des spectateurs me fit haie, et je la traversai pour aller au café où je pris un verre de limonade sans sucre pour précipiter la salive amère que la rage avait soulevée. En moins de rien je me vis entouré de tous les jeunes officiers de la garnison qui faisaient chorus pour me dire que j'aurais dû l'achever. Ils finirent par m'ennuyer, car, si je ne l'avais pas tué, ce n'était pas ma faute. »

Un volume presque entier, consacré au récit de l'évasion de cet homme extraordinaire de la fameuse prison des Plombs de Venise, offre un intérêt presque sans égal, et dont il est impossible de donner une idée. Son séjour à Paris, où il a introduit la loterie, deux ou trois amours bien vénitiennes, autant de vengeances plus vénitiennes encore, fournissent matière à des chapitres charmants.

M. Aubert de Vitry avait, il y a quelque temps déjà, donné de ces Mémoires une sorte d'abrégé où la fin de toutes les histoires était décemment coupée. Plusieurs mots extrêmement techniques avaient disparu :

> Le latin dans ses vers brave l'honnêteté ;
> Mais le lecteur français veut être respecté.

Et par quelle raison? Le sage législateur du Parnasse aurait dû l'expliquer. Cette grande pruderie de l'œil et de l'oreille, qui, sous la périphrase hypocrite, n'en apporte pas moins à l'esprit la pensée toute nue, sera peut-être un jour expliquée. Elle ne l'est pas encore, car si l'esprit devine le mot, c'est donc l'organe qui en a peur?

L'édition nouvelle que nous annonçons ici a rendu (autant que possible) à ces Mémoires leur verdeur et leur naïveté digne d'un temps qui touchait au grand siècle. Nous engageons ceux qui se sentiraient rougir en les parcourant à penser à Louis XIV, et même à Louis XV, qui s'entendait quelquefois en dignité.

20 mars 1831.

VIII.

REVUE FANTASTIQUE.

« Sommes-nous bientôt arrivés? dit l'homme au manteau vert.

— Nous y voici, répliqua le libraire en sautant sur l'esplanade. » Il accrocha son chapeau au télégraphe et jeta autour de lui un regard satisfait.

« Quelle belle chose que Notre-Dame! dit en grelottant l'homme au manteau, qui en sa qualité de romantique se croyait obligé d'aller le long des balustrades, lorgnant les piliers et flairant les ogives.

— Eh bien! ajouta-t-il, commençons. »

Le libraire tira de ses poches vastes et vides une lorgnette d'approche, il la posa sur l'épaule de son compagnon, et la dirigea de droite et de gauche en cherchant son point.

« Je crois, mon cher éditeur, reprit l'autre avec transe, que nous ne viendrons jamais à bout de notre entreprise. Publier quelque chose dans ce moment-ci! lorsque toute l'Europe est assez folle pour s'occuper de politique! On ne lit plus, ô mon cher imprimeur-libraire! on ne lit plus que les journaux. C'est en vain qu'armés d'un courage invincible et d'une intrépidité à toute épreuve, nous sommes montés sur cette cathédrale, et que, muni d'une lorgnette, vous prétendez découvrir le moment où la ville sera le moins activement préoccupée,

afin de lui lancer favorablement mes opuscules!
voyez quelle agitation règne dans ces quartiers!
Hélas! faut-il que je vous aie signé en 1829 un dédit
funeste! Sans cela, ô mon cher éditeur, jamais l'inspiration ne me serait venue en 1831.

— Au lieu de vous lamenter, reprit le libraire,
servez-vous, de votre côté, de cette autre lunette.
Si la ville de Paris est tranquille un quart d'heure,
si les nouvelles manquent pendant l'espace d'une
minute, si je vois deux oisifs se promener les bras
croisés, c'en est fait, ô mon cher auteur, je lance
vos opuscules. Songez que ceux de mes confrères
qui ne sont pas à Sainte-Pélagie ont été trouvés aux
filets de Saint-Cloud; il nous faut trouver de quoi
vivre quand nous devrions mourir à la peine.

— Beau ciel, s'écria le poëte qui s'était retourné,
ma poitrine s'élargit en te voyant! Quel panorama
se déroule à mes pieds! que tu es belle, ô ma chère
ville! quel aspect magnifique offrent de ces hauteurs tes ponts, tes quais, tes palais, ô Paris, toi
dont les fées avaient élevé les murailles dans la
plus belle vallée du plus doux pays de l'Europe!
Comment ton enceinte, jadis réservée aux plaisirs
et à toutes les jouissances de la paix, est-elle devenue l'ardent foyer de toutes les passions? Hélas!
lorsque jadis une voiture attelée de huit chevaux
traversait le Pont-Royal, tous les curieux accouraient, et l'on parlait comme d'un événement du
passage du roi qui allait à la messe. Lorsqu'un abbé
allait faire un sonnet, on s'en occupait pendant

quinze jours dans tous les salons; c'étaient alors d'heureux oisifs qui peuplaient les promenades! Aujourd'hui le roi va en char-à-bancs, et douze volumes in-octavo ne sauraient attirer l'attention de trois personnes!

— Il me semble, dit le libraire, que je ne vois rien, et que nous pourrions lancer vos opuscules.

— Oh ciel! répliqua l'auteur, ne voyez-vous donc point cette foule innombrable qui se presse dans la rue du Coq? on va attaquer le Louvre. O malheureuse patrie!

— Ce sont, mon cher auteur, des gens qui regardent les caricatures de Martinet.

— Des oisifs! s'écria l'homme au manteau, est-il possible? Mais, hélas! je me trompe; ce sont des caricatures politiques qu'ils regardent. C'est le dernier roi tenant un moineau dans sa main, ou le défunt ministère travesti sur des tréteaux. O France! riras-tu donc toujours de ceux qui te gouvernent, semblable à un malade de joviale complexion qui se raille des médecins qui le tuent? Celui-là te met au régime, celui-ci veut des dissolvants; tous introduisent la sonde dans la plaie, l'examinent au risque de l'élargir; puis ils s'efforcent de la remplir avec de l'onguent. Pauvres charlatans! C'est en vain qu'ils ont couché l'athlète sur le lit de douleur, qu'ils attachent et lient ses membres vigoureux, qu'ils le torturent et l'épuisent, lui, le lutteur invincible, dont les forces se dévorent elles-mêmes, que le sang étouffera si on ne le laisse descendre dans l'arène, et frotter ses muscles huilés de la poussière olympique.

— Mon cher, dit le libraire, voici assurément un moment de calme ; vos opuscules ne sauraient être lancés dans un instant plus favorable.

— O éditeur imprudent, ne voyez-vous donc pas sur la rive gauche du fleuve cette baraque encombrée ? ils hurlent, ils se démènent, ils montent et descendent, ils sonnent, ils s'interpellent, ils phrasent et votent, ils décrètent et gesticulent ! c'est un sabbat.

— Bon ! reprit le libraire, ce sont, mon cher auteur, les représentants de la France.

— Peste ! je suis donc de l'avis de cet homme spirituel qui prétendait l'autre jour, dans un dîner, qu'ils dévident leurs phrases comme dans les filatures on dévide le coton. Voyez quels écheveaux interminables celui-ci s'efforce de tirer ! De quelle couleur est sa robe ? elle n'est ni blanche ni rouge, elle est rose, c'est un homme impossible à noye quand il nage entre deux eaux. Mais leur filandreuse éloquence boite et tergiverse tortueusement Que disent-ils ?

— Vous le lirez demain dans le journal.

— J'aperçois dans l'ancienne enceinte du palais des Condés une seconde halle aux paroles. Mais quelle majestueuse gravité ! autrefois c'étaient les vieillards dont la tête tremblait, est-ce le tour de la jeunesse aujourd'hui ?

— Mon cher auteur, ne vous effrayez nullement

de tout cela. Si vous m'en croyez, nous ne laisserons pas de lancer vos opuscules.

— Qu'est ceci, ô mon ami? interrompit l'auteur. Pour le coup, une véritable assemblée de fous vient de tomber indubitablement dans ma lorgnette. Ouf! leur physionomie me donne la fièvre, et leurs contorsions le vertige. C'est auprès du boulevard de Gand qu'ils sont rassemblés. O ciel! serait-il nécessaire, pour fonder une religion, de porter du bleu-barbeau et de se laisser croître les cheveux comme Paganini? Quoi! Jésus-Christ a-t-il donc imité Charles X? et quelles raisons a-t-on pour le renvoyer s'il n'a point publié d'ordonnances? Est-ce donc lui qui est responsable, et non ses ministres? Croyez-moi, MM. de Saint-Simon, c'est un Dieu représentatif qu'il nous faut; vous vous trompez; vous êtes venus au monde quelque deux mille ans trop tard. Le genre humain est comme les femmes, elles sont dévotes à douze ans et à soixante ans. L'Europe a été à la messe dans son enfance; le bon temps reviendra peut-être pour les moines; attendez qu'elle radote.

— Mon ami, dit le libraire, tandis que vous philosophez, tout s'est évaporé autour de nous. Nous voici seuls suspendus dans les airs. Paris s'endort, la Seine a posé sur son cou sa brillante chaîne de falots. N'attendons pas la nuit, et lançons vos opuscules.

— Paix! répliqua le poëte, ne voyez-vous pas, à la lueur incertaine de la lune, rayonner les pointes d'un grand nombre de baïonnettes? Voici décidément une révolution qui passe sur le quai de la Ferraille.

— Ce sont des gardes nationaux.

— O soldats-citoyens, s'écria l'autre, oubliant les convenances dans un moment d'exaltation, il serait beau de voir vos colonnes tricolores à la frontière ; mais il est triste de piquer les chiens à la porte des Tuileries. Dites-nous quel but vous rassemble? Ne vous trompez-vous pas? Rentrez en paix ; les rebelles ont écrit à M. le préfet de police que leur insurrection était remise à huitaine ; rentrez en paix, et puissiez-vous ne point trouver Hernani au pied de votre fille, et don Carlos dans votre armoire! Hélas! le véritable danger que court un garde national, ce n'est pas où il est, c'est où il n'est pas. »

Mais le libraire impatienté avait soulevé silencieusement les rames de papier noirci qui gisaient à ses pieds encore humides. Tout d'un coup il les éleva dans les airs, et dévoré par l'espérance d'avoir de quoi dîner le lendemain, ô infortuné poëte ! il lança tes opuscules.

Ce fut en ce moment que quelques oisifs, qui se miraient dans les glaces de la galerie d'Orléans, aperçurent derrière une vitre, dans l'étalage d'un libraire, une brochure jaune qui y demeurera clouée jusqu'à l'éternité.

21 mars 1831.

IX.

REVUE FANTASTIQUE.

Hier, soulevant de ses mains la pierre de son tombeau, Pantagruel est sorti de la terre.

Un cri de frayeur, parti de tous les points de la France, le suivait à son passage; sa tête chauve, pareille au dôme du Panthéon, se dandinait jovialement entre les têtes des peupliers. Une des colonnes de la Bourse, qu'il avait cueillie en passant, tournait dans ses doigts comme un bambou léger façonné par un habile tourneur; deux bateaux à vapeur lui servaient d'escarpins; et, comme les fashionables du jour, il s'était contenté de suspendre à sa montre une seule chaîne d'or, au bout de laquelle se jouait un canon des Invalides. Prenant les deux tours de Notre-Dame pour une lorgnette à deux branches, il avait posé sur son oreille son bonnet de police, coupé sur le patron des Pyramides; et balançant dans son pourpoint, taillé à l'ancienne mode, sa royale rotondité, il descendait gravement vers le bois de Boulogne. Lorsqu'un équipage élégant avait attiré son attention, il le prenait dans le creux de sa main, le considérait, et le reposait ensuite sur le sable avec soin, sans faire de mal à personne. Les cavaliers, les piétons étaient de même l'objet de son attention; et même, en ayant avisé un qui portait une barbe romantique, un habit fleur-de-pensée et un gilet de satin vert, il le trouva si drôle qu'il le mit dans sa poche.

Paris lui semblait beau; assis sur l'arc de l'Étoile, sans égard pour l'unique ouvrier qui s'y démène depuis le ministère Martignac, et ayant ajusté une embouchure de la colonne d'Austerlitz, qui lui servait merveilleusement de pipe, il commença à charger de tabac le piédestal, et à tirer de son gosier des bouffées de fumée, qui firent accourir les pompiers. De tous côtés il vit s'agiter entre ses jambes de petites fourmis qui suffoquaient; distrait de sa nature, et dédaigneux par droit de naissance, il étendit les jambes sur les montagnes environnantes, posa l'une sur la lanterne de Diogène, et l'autre sur le clocher de Vaugirard, et s'endormit royalement les bras croisés.

Il y a de par le monde une caricature plus que spirituelle et tracée par un crayon qui n'a point de signature, qui le représente dans cet état*. Dès que ce Micromégas-Gulliver s'est gargantualement assis sur la rive fleurie de la Seine, voici venir tout ce qu'il y a de badauds à Paris, c'est-à-dire tous les Parisiens, sans compter les étrangers. Les astronomes ont fait un ballon, et s'élèvent au-dessus de lui, munis de compas et d'encre de Chine; les ingénieurs, qui ont employé à peine trois heures à *suer d'ahan* pour se guinder jusqu'à sa jarretière, pédam-

---

* Cette caricature est du duc d'Orléans, qui dessinait fort bien.

ment accroupis sur son genou, braquent impitoyablement leur borgne observatoire. Chacun de ses cheveux est attaché à un poteau par des ouvriers qui fourmillent. De tous côtés se dressent des poulies, s'efforcent des cabestans, se poussent des leviers; à gauche, à droite, arrivent des armées innombrables de soldats-citoyens, et de citoyens-soldats, qui ont écrit sur leur drapeau effarouché : *La patrie est en danger!* Des omnibus, des chars à bancs, des gondoles, tout se mêle; des officiers, des tambours-majors, des officieux, des cuistres, des petites filles. La patrie est en danger! tel est le cri qui sort de toutes les poitrines comprimées par la frayeur. Mais déjà les fouilleurs de curiosités, les déchiffreurs d'hiéroglyphes, les compilateurs de ruines, les polisseurs de momies et les dégustateurs de médailles ont commencé à se ruer sur l'immense proie comme de sagaces renards.

Celui-ci, à cheval sur le nez du dormeur, se cramponne aux sourcils, et, nouveau Christophe Colomb, parvient seul jusqu'à l'univers ignoré de sa nuque. Un badigeonneur empressé écrit sur le passe-poil du pantalon la défense sous peine d'amende... Sa montre, tombée de sa poche, est placée sur un tombereau, et emportée par quatre chevaux vigoureux; sa carte de visite, soulevée par douze forts de la Halle, commence à quitter la terre; dans sa poche s'est établi un missionnaire, qui de là improvise un sermon. — Silence! Pantagruel se réveille.

Il a écrasé douze mille hommes en se retournant; il en a jeté trois cents en l'air; la plupart sont tombés dans la Seine et se sauvent à la nage, avec cinq degrés de froid. « Qu'est-ce donc? » dit-il.

Mais en cet instant, il voit venir à lui une députation revêtue de robes noires, et poudrée d'une pédanterie outrecuidante. Pareille à un troupeau des sauveurs du Capitole, la brigade en perruque se dirige sur une des montagnes, et de là lui adresse la parole : « Jeune étranger, lui dit l'orateur, comme M. Cagnard (car vous me semblez jeune et infiniment étranger), nous sommes en ce moment dans un étrange embarras; nous venons vous proposer d'être notre roi et de nous gouverner, et nous craignons que vous n'acceptiez pas. »

Pantagruel les prit dans sa main, les mit dans sa tabatière et leur dit : « Mes petits amis, je serai votre roi; indiquez-moi votre palais de cette tabatière, je ne demande pas mieux que de vous gouverner.

— O puissant Pantagruel! répliqua le plus petit, qui était le plus bavard, nous avons des lois, des institutions, des dîners et des pensions, ne changerez-vous rien ? »

Pantagruel descendit les Champs-Élysées, porté en triomphe par le peuple, qui se suspendait à ses mollets. « Où est la demeure royale ? » demanda-t-il d'abord. On lui montra les Tuileries. Mais son front se heurta contre le cadran de l'horloge. « Ho!

ho! dit-il, du temps de mon royal père Gargantua, on était mieux logé et plus à l'aise ; comment pourrai-je jamais entrer ici, si ce n'est en défonçant le toit, et en m'y couchant comme dans une bière? Donnez-moi une maison plus commode.

— Nous n'en avons pas, dirent les architectes ; et, dirent les députés, celle-ci est déjà bien grande, et coûte déjà bien cher.

— Je resterai dans le jardin, dit Pantagruel. Or sus, parlons d'affaires ; est-il l'heure de dîner ici? je me sens quelque envie de commencer par boire. »

Il prit la halle au blé pour tasse, et la tendit à un petit valet qui y versa d'une petite bouteille une demi-goutte d'un vin bien mauvais.

« Ho! ho! dit-il, n'y a-t-il pas d'autre boisson? Du temps de mon royal père, il n'en était pas ainsi. Hé quoi! pour ton roi, ô peuple français, une goutte de vin détestable! Et que disent donc aujourd'hui les potentats de ce gouvernement à gosier sec?

— Nous n'en avons pas d'autre, dirent les rats de cave ; et, dirent les députés, ce vin-là est bien bon, et coûte déjà bien cher.

— Je garderai donc ma soif, dit Pantagruel. Ne parle-t-on pas de guerre? il nous faut ici une armée ; allez me chercher de l'argent. »

Il ouvrit une poche large comme le cratère d'un volcan ; un petit trésorier y jeta une bourse, qui passa par un trou, et tomba dans sa botte.

« Ho! ho! dit-il, ne payez-vous pas plus vos

rois? Voici de quoi avoir un demi-boisseau de gendarmes. Comment! serait-ce là le revenu d'un prince constitutionnel? Du temps de mon royal père Gargantua...

— Nous n'en avons pas davantage, dirent les contribuables; et, dirent les députés, cette bourse est déjà bien ronde et coûte bien cher.

— Je mettrai donc mes mains dans mes poches au lieu d'argent, dit Pantagruel. Or çà, puisque je vous gouverne, me voici comme saint Louis sous son chêne. Qu'on se plaigne, qu'on rédige, qu'on pétitionne, c'est l'heure de ma justice.

— Sire, dirent les ministres, voici des journalistes qui crient à la république; voici des galériens qui démolissent des églises; voici des carlistes qui font boire les pauvres; voici des bonapartistes qui crient à tue-tête; voici des intrigants en congrégation qui ourdissent et trament.

— Qu'on m'élève une potence, dit Pantagruel, et qu'on pende.

— Sire, nous ne pendons pas sans procès, nous ne jugeons pas sans prison, nous n'emprisonnons pas sans gendarmes, et la garde nationale refuse de tirer l'épée.

— Ho! ho! dit le roi, n'y a-t-il pas d'autres lois pour punir les factieux? Voici une presse qui crie bien fort. Eh quoi! le souverain est-il au milieu de son peuple comme le nageur au milieu de la rivière? les flots l'emporteront. Du temps du roi mon père, il en était autrement. Où sont les lois?

— Nous n'en avons pas davantage, dirent les avocats; et, dirent les députés, celles-là sont déjà bien sévères, et font bien peur aux juges.

— Peste! dit Pantagruel, point de vin! point d'argent! point de lois! je dormirai donc.

— Sire, dirent les ministres, nous ne pouvons aller sans vous; la main nous tremble à chaque signature. Nous ne pouvons faire un sous-préfet sans angoisse; le principe de non-intervention nous rendra hydrophobes. Vous ne pouvez dormir.

— Ho! ho! dit le roi, mon père Gargantua ne faisait autre chose. A quoi servent donc les ministres? Qu'on en nomme quatre fois plus.

— Nous n'en avons pas d'autres, dirent les employés; et, dirent les députés, ceux-là sont déjà bien entêtés, et nous font assez crier.

— Messieurs, dit Pantagruel, je ne saurais être roi; adieu, sortez de ma tabatière, et me laissez en paix. »

28 mars 1841.

X.

REVUE FANTASTIQUE.

Une vieille dévote avait jeûné jusqu'à une heure de l'après-midi le jour du très-saint vendredi; elle avait pris son chapelet, et respectueusement entr'ouvert son Eucologe.

Un jeune élégant avait amplement satisfait son brutal appétit sur un jambon qui ne s'attendait guère à être mangé qu'à Pâques ; il avait fait mettre quatre chevaux à sa calèche et son cocher soufflait dans ses doigts.

Un pauvre étudiant avait loué un infortuné cheval, le dernier resté dans l'écurie glacée d'un loueur mal à l'aise ; il avait, hélas ! brossé avec soin son habit le moins antique, et se disait : « Pourvu que mon cheval ne s'emporte pas ! car je tomberais assurément. » Un bon bourgeois avait saisi en souriant son parapluie rose ; il avait pris par la main son petit garçon habillé en garde national, suspendu à sa montre ses breloques en cornaline. et dit à sa femme : « Allons à Longchamps. » Ainsi, par un singulier hasard, ces quatre individus vinrent à passer dans la même rue, laquelle était voisine de l'Assomption, ou de toute autre paroisse qu'il plaira à un homme plein d'imagination de se représenter. Le visage de la dévote respirait un air de contentement et de satifaction ; elle inclinait les yeux à terre, en croisant ses pouces, et son double menton s'arrondissait jovialement, tandis qu'elle songeait que son estomac vide était agréable au Seigneur. L'élégant avait l'air byronien d'un homme blasé ; son fouet sifflait sur la croupe rebondie de sa jument aux jambes fines ; il s'engonçait dans sa cravate en songeant à ses dettes.

Le pauvre étudiant se cramponnait tout radieux, et invoquait saint Pommeau ; sa monture se déferrait du pied droit. Sur le dos des pavés sautillait le bon bourgeois; le petit garçon mangeait un gâteau, et trottait tout barbouillé de confitures : après quelques minutes de marche, la dévote fut à l'église, et les trois autres aux Champs-Élysées.

L'église était muette et sombre; une moitié de cantique y bourdonnait d'une façon lugubre. La canne du suisse retentissait seule au milieu du silence, et le bedeau désappointé tendait dans le désert une bourse au fond de laquelle gisait un gros sou. Debout contre une voûte obscure, le curé attendait que les fidèles vinssent baiser l'image du Christ; mais, plus redoutable que les ressorts de la machine pneumatique, l'indifférence publique dont se plaint l'*Avenir* avait fait le vide dans la sainte patène. « Hélas ! » murmura la bonne vieille, en s'agenouillant.

Dans les Champs-Élysées sifflait un vent aigu; quelques grisettes enveloppées de pelisses se promenaient imperturbablement dans la contre-allée; deux voitures bourgeoises fermaient leurs stores, et dans un grand landeau délabré, trois Anglais suçaient leurs cannes. « Diable ! » dit l'élégant. « O ciel ! » dit le pauvre étudiant. « Ah ! ah ! » dit le bourgeois.

La dévote eut bientôt fini sa prière; personne n'était là pour la voir, à quoi bon rester ! Elle trempa avec fureur sa main sèche et ridée jusqu'au fond du bénitier, et murmura en se signant : « C'était bien la peine de jeûner toute une matinée ! » Elle reprit son petit pas cadencé, et appela sa servante.

L'élégant ne permit pas à la mauvaise humeur de prendre place sur son visage bien rasé et pommadé fraîchement ; il appuya ses rênes flottantes sur le mors écumant de ses coursiers, et, traçant avec sa roue une rosace sur le sable, reprit au trot la route de son hôtel splendide.

Le disciple infortuné de Cujas appuya sur les flancs étiques de sa monture ses talons dépourvus d'éperons. Sa rosse récalcitrante piétina, et se couvrit de boue ; après un demi-quart d'heure, l'animal s'étant résigné, la raillerie publique oublia le cavalier. Mais quelle profonde tristesse !

Le bourgeois posa sur son chapeau imperméable son mouchoir à tabac, afin de le garantir de la pluie ; le petit garçon pleura.

Ainsi le hasard voulut que ces trois personnages vinssent à repasser par la même rue, mais avec des physionomies différentes.

Dans la tête de la dévote se peignait alors des couleurs les plus vermeilles ce siècle qui, à bon droit, a été appelé le restauré. Dans son imagination chantaient de joyeuses filles de moines, de copieux bataillons de diacres ; de discrets confessionnaux s'ouvraient dans la scrupuleuse obscurité des chapelles ; dans des salons aristocratiques s'arrondissaient des mollets d'évêque à bas violets bien tendus. O temps à jamais évanouis ! Une larme roula sur la joue éraillée de la pauvre femme.

Dans la tête stupide de l'impassible dandy il ne se passa rien. Mais le pauvre étudiant, qui, n'ayant pas d'argent, ne pouvait manquer d'être philosophe, songeait piteusement au siècle des marquises et des mouches. Pendant dix minutes, les dix fortunées minutes qui avaient suivi son départ et précédé son entrée à Longchamps, un rêve *bien encontreux* l'avait transporté à certain chapitre d'un livre dont les demoiselles ne savent pas le titre. Il s'était vu en amoureux cavalcadour piaffant à côté du wiski de la marquise de B... Hélas ! il était parti grand seigneur, chevalier errant, paladin ; il s'en revenait morose, enrhumé, républicain. O hommes, vous dont la pensée est plus changeante que l'aile du scarabée aux rayons du soleil, plus difficile à fixer que le fluide de la lumière, vagues d'un océan sans limite, où allez-vous ? où te retrouverons-nous, toi, multitude, foule ardente et curieuse, empressée et vide, qui te portes en avant et te retires plus irrégulièrement qu'une mer sans marée fixe ? Engouements d'un jour, folies qu'on croit éternelles, qu'on scelle sur le marbre, qu'on décrète, qu'on élève en monuments, le souffle du zéphyr vous renverse. Où étiez-vous, ô habitants de Paris ?

Les Parisiens étaient à la revue du Champ-de-Mars, dimanche passé.

(Écrit le soir du vendredi saint, comme la préface du *Vingt-Quatre Février* *.)

Dimanche, 3 avril 1831 (jour de Pâques).

---

* Le *Vingt-Quatre Février* est un drame de Zacharias Werner, célèbre en Allemagne.

XI.

REVUE FANTASTIQUE.

Nous recevons d'un de nos correspondants les plus dignes de foi, qui dans ce moment est à la campagne à quatre lieues de Pékin, la lettre suivante, qui pourra intéresser le lecteur.

Pékin, 10 janvier 1831.

Je vous ai promis, monsieur et honoré correspondant, des détails sur la ville que je viens de visiter : je ne vous en donnerai point. La raison est qu'il est impossible aux étrangers d'en voir autre chose que les murailles, et cela lorsqu'ils ont de grandes protections.

Je ne vous envoie point d'encre de Chine, point de thé ; je me bornerai à vous faire part d'une conversation philosophique que j'ai eue avec l'homme le plus vieux que j'aie rencontré de ma vie.

Il loge à quatre lieues de Pékin, et c'est lui qui est mon hôte dans ce moment. Il passe gravement sa journée à fumer de l'opium et à boire d'énormes chaudières de thé dans de petites tasses grandes comme un dé. Du reste, c'est un fort bel homme et un élégant, ses ongles ont dix-huit pouces de long, et ses moustaches deux pieds et demi. Le seul exercice qu'il prenne est de promener ses regards tantôt à gauche, tantôt à droite, avec un demi-sourire. Je n'ai pas besoin de vous dire que ses sourcils sont peints soigneusement, et que ses souliers lui défendent de faire un seul pas.

Hier, après avoir visité ses jardins et bu d'un sirop détestable qu'il m'offrit, j'allumai une pipe et commençai à causer avec lui. Il paraissait s'intéresser beaucoup à l'Europe et surtout à la France ; il me demanda combien d'années il fallait pour apprendre à lire notre langue.

« Il faut six mois à l'école mutuelle, et douze par la méthode Jacotot, » lui répondis-je.

Il resta une demi-heure sans rien dire, puis il reprit d'un ton de voix parfaitement poli : « Cela est tout à fait absurde.

— Sans doute, lui dis-je ; mais pourquoi ?

— Parce que, me dit-il, si un homme de quatre ans et demi en sait aussi long qu'un autre de soixante, votre ville doit être un fleuve immense de paroles inutiles ; et dans ce fleuve se noient et périssent infailliblement les institutions et les lois.

— Cela est vrai, lui dis-je ; mais pensez-vous que l'ignorance générale d'un peuple puisse contribuer à son bonheur ? »

Il me regarda avec un étonnement qui ne lui permit pas de répondre avant un silence plus long encore que le premier ; puis il me dit :

« Une totale stupidité est la seule, la véritable source de toute espèce de bonheur.

— Dans un peuple, lui dis-je, ou dans un individu ?

— Dans un peuple, reprit-il ; pour un homme seul, au contraire, c'est la source de tous les maux.

— Eh quoi ! ô mandarin, m'écriai-je, n'es-tu donc point de l'avis de ceux qui prétendent que le genre humain tout entier n'est qu'un individu, à plus forte raison un État ?

— Ceci est une phrase juste, répondit le Chinois ; oui, et si l'État est un homme, chaque individu est un membre de cet homme. Mais ne voyez-vous point combien nos membres, à nous, travaillent, s'usent et gémissent pour concourir à la félicité du corps entier qu'ils composent ? Ici les bras, ici les yeux, là les jambes, par ici les oreilles ; c'est ainsi que de ce travail des parties résulte le bien-être de tous : or, plus la communauté, la masse, sera intelligente, plus ses facultés seront développées, plus ses besoins seront grands, plus il faudra que l'individu travaille pour y satisfaire.

— Eh ! donc, cher mandarin, la stupidité d'un peuple vous réjouit ?

— Fort, dit-il.

— Nous ne sommes point de cet avis, lui dis-je, et nous aimons à sacrifier nos libertés individuelles à la liberté générale.

— La liberté générale ! repartit-il (il faillit rire), voilà un mot, une abstraction, un être insaisissable, un filament de la bonne Vierge qui traverse les airs ! Pououh !

— Non pas, lui dis-je, et le zèle de la garde nationale vous le prouve.

— Si j'étais Français, me dit-il, jamais je ne consentirais à en faire partie.

— On vous y forcerait, mon ami.

— O exécrable vexation! reprit-il; et de quoi criaient les vilains, s'il vous plaît, du temps de la féodalité? ils se lamentaient comme des pauvres, pourquoi? parce qu'il leur fallait aller monter la garde autour des châteaux des riches, chasser les grenouilles, et s'enrouer d'éternels *qui vive!*

— C'est vrai, repris-je; mais songez qu'aujourd'hui, si les vilains montent la garde à la porte du riche, le riche la monte à la porte du pauvre. »

Le mandarin éclata de rire, sa pipe s'éteignit.

« O stupide étranger, me dit-il, que t'importe ton voisin! Eh quoi! te voilà guéri de ta paille dans l'œil, parce que celui-ci y porte une poutre! Que dis-je? tu marches satisfait, glorieux de cette paille! Et que m'importe que mon prochain se torde dans d'horribles convulsions, si moi j'ai une piqûre d'épingle qui me gêne! Ce n'est pas parce que je suis pauvre et que je garde la porte d'un riche qu'il m'est cruel de garder cette porte, c'est parce que garder une porte est cruel, que la bise est froide, que mon fusil est lourd, que ma femme s'ennuie, que mon enfant crie, que ma vie s'use et s'enfuit.

— Diable! me dis-je, voici un homme qui a lu quelque peu de Hobbes. Et qu'est-ce donc que la société? repris-je alors. Les hommes, par cela même qu'ils se réunissent, se protégent; de là les lois.

— Est-ce que les lois, dans votre pays, ordonnent

à tout le monde cette corvée, même aux philosophes?

— Hélas! lui dis-je, même aux saint-simoniens. La conscription....

— Je connais ce mot, répondit le mandarin. C'est une planche sur laquelle on range des hommes comme des raisins secs dans un panier; et n'épargne-t-il personne ce filet qui ramasse les poissons dans le vivier? Le brochet s'y trouve-t-il à sec avec le goujon et l'immonde crapaud?

— Oui, certes.

— Bien! bravo! dit-il. Ainsi donc, je me représente votre loi comme un casque de fer; chacun arrive à son tour et présente la tête, afin qu'on le coiffe de ce casque. Celui-ci l'a trop petite, le voilà aveuglé d'un couvre-chef qui lui bat sur les omoplates. Celui-là se la trouve trop grande, qu'importe? il faut que l'inexorable coiffure entre; les oreilles tombent, le front saigne, le crâne se rétrécit. Notez bien que le casque ne saurait aller qu'à une seule tête, celle du législateur, lequel est mort depuis deux ou trois cents ans.

— Disciple d'Épicure, lui dis-je, tu serais un mauvais député.

— Et les femmes, reprit-il, comment les gouvernez-vous?

— Elles nous gouvernent.

— Toujours?

— Tantôt ouvertement, tantôt en secret, comme le comité directeur.

— Que vous accrochez-vous au nez?

— Rien.

— Ni au menton?

— Pas davantage.

— Voici une civilisation qui vous mène à la barbarie. »

Telle a été ma conversation avec cet homme bizarre ; je vous la transmets, croyant qu'en ce moment elle pourrait faire quelque diversion agréable dans l'esprit des économistes. Dans une autre que j'avais eue avec lui quelques jours auparavant, il m'avait fait ce singulier raisonnement sur les différentes sortes de gouvernements :

« Il y en a trois espèces, me disait-il, la république, le gouvernement constitutionnel et le régime absolu. Avez-vous jamais réfléchi à la position d'un ministre dans chacun de ces trois cas?

« Les choses de la vie peuvent être considérées comme un jeu de brelan ou de trente-et-quarante. C'est le peuple qui fournit l'argent pour mettre au jeu. Dans un gouvernement absolu, le peuple dit au ministre : Voici de quoi jouer ; fais à ta fantaisie, perds ou gagne, nous ne t'en demanderons pas compte. Le ministre joue, et s'il perd, on lui en donne encore. S'il gagne, il a soin de rendre moitié, et le tiers en sus en joujous, hôpitaux, ponts, abattoirs, statues, égouts, etc., etc.

« Dans un gouvernement représentatif, le peuple dit au ministre : Voici peu d'argent ; fais à notre fantaisie, gagne. Si tu perds, tu nous en rendras compte.

« Dans une république, le peuple s'assoit à la table, joue lui-même, et les trois quarts du temps pille ses voisins pour plus de facilité. »

11 avril 1831.

XII.

REVUE FANTASTIQUE.

Lorsque par un beau clair de lune (j'ai un faible pour la lune) vous sortez n'ayant sous le bras qu'une canne, c'est-à-dire ni un livre ni un importun, et que vous allez vous asseoir sur le bord d'un fleuve (peu importe que vous soyez Italien, Turc ou romantique, et que le lieu de vos méditations soit un toit, une natte, ou un clocher), est-il possible qu'en regardant, je suppose, quelque chose comme l'embouchure de la Seine à la Notre-Dame de Grâce, le spectacle le plus capable de faire entrer l'air du ciel dans vos poumons, et par conséquent des pensées moins terrestres que de coutume, est-il possible, dis-je, que jamais, suivant le fleuve en sens inverse de son cours et le caressant à rebrousse-poil, vous ne vous soyez occupé à songer d'où vient ce torrent immense, par quels chemins il passe, de quelle source il part?... Par quelle raison, du fond d'une prairie solitaire, du sommet d'une montagne escarpée, il marche, il avance, enfant d'abord, puis homme, puis vieillard, jusqu'à l'Océan, qui est sa mort?

Ainsi toujours remonter à toutes les sources, voilà ce qui a produit ce cliquetis harmonieux ou boursouflé de mots qu'on nomme philosophie. Hélas! qu'en pouvons-nous savoir? Ce fleuve est fils de cent ruisseaux, de vingt rivières; il est père de mille fontaines, de canaux innombrables qui portent la fécondité dans de vastes prairies, et qui font tourner la meule qui fait le pain du pauvre; ce fleuve traverse cinquante villes; chacune lui jette en passant ses immondices, ses égouts, ses bateaux, ses marchandises; il les emporte : voilà une paille qui a fait trois cents lieues. Comme l'avalanche détachée par un gravier tombé du bec d'un aigle, ce fleuve est sorti d'une goutte de rosée infiltrée sous une roche.

Quelle étrange recherche que celle des généalogies! Le bon Homère, qui peut-être n'existait pas et ne fut lui-même qu'un épitomé, engendra Virgile, qui fit le pieux Énée; Virgile engendra le Tasse, qui fit *Armide et Clorinde*, que Boileau n'aimait pas. Le Tasse engendra Dieu sait quoi, la *Henriade*. La *Henriade* enfanta M. Baour-Lormian. C'est ainsi que la tragédie grecque, cet océan majestueux et sublime, après avoir donné naissance à Racine et à Alfieri, ces deux fleuves au flot pur comme le cristal, engendra ces ramifications indécrottables de petites mares d'eau qui se dessèchent encore çà et là au soleil, et qu'on nomme..... l'école de Campistron (vulgairement les *classiques*).

Imitateurs, troupeau d'esclaves ! quel soleil vous desséchera jamais et pompera vos cervelles oisives ? Un de nos peintres vous appelait hier la poussière que soulèvent les pas du maître; qui êtes-vous, que faites-vous, que vous croyez-vous ?

Comme un noble coursier dont le sang dégénère et s'avilit au cinquième croisement de sa race, ainsi, et plus tôt encore mille fois, se tue et se flétrit la pensée de l'homme primitif, recrépie par le vain paraphraseur. Ainsi les pédants qui tirent encore Aristote par la robe qu'il portait à la mort du roi Philippe ont fait un pédant odieux et exécrable de cet honnête homme, plus inoffensif que Lebatteux; ainsi du vieux Shakspeare, père de Gœthe, est née une collection de fous à mettre dans un herbier.

Tout en songeant ainsi, je me mis à penser à M. de Lamennais.

Un livre dont tout le monde a parlé, et dont le titre était très-bien choisi, parut il y a bien long-temps, dans les États théologiques de la littérature, qui sont loin d'être une république. Voici à cet égard ce qui m'a été conté par un des hommes les plus savants qu'il y ait à présent.

Ce digne ecclésiastique, tout en parcourant les pages pleines d'inspiration du doctrinaire de *l'Avenir*, crut se rappeler quelque chose, comme cet invalide de Charlet qui s'écrie, au moment de porter son verre à ses lèvres, que sa femme lui revient.

« Eh! mais, se dit-il, j'ai vu cela quelque part. »

Après avoir fouillé scrupuleusement les rayons les plus poudreux de sa mémoire, l'ecclésiastique se souvint que les traces de l'indifférence et de la faiblesse de l'esprit humain devaient se retrouver dans un certain ouvrage de Huet, évêque d'Avranches.

Mais comment trouver ce livre? la bibliothèque d'une petite ville ne pouvait le posséder. Le hasard le lui fit rencontrer sur un quai, moisi et vermoulu. Quel fut son étonnement, en l'ouvrant et le parcourant avec soin, d'y retrouver non-seulement des pensées, mais des pages entières du livre de l'*Indifférence!* Assidu dans ses recherches, l'ecclésiastique nota en marge les passages correspondants.

Tout à coup un second souvenir, aussi frappant que le premier, vint le réveiller au milieu de ses méditations.

« J'ai vu encore cela autre part, » se dit-il.

En ce moment passa dans son esprit en caractères imperceptibles le nom de Sextus Empiricus. Cet écrivain, d'un génie remarquable, vivait sous l'empereur Probus; il avait fait aussi un livre sur la faiblesse de l'esprit humain, dans lequel les mêmes matières et le même fond devaient se retrouver.

L'évêque d'Avranches fut à son tour cité au tribunal de la justice, qui rend à César ce qui est à César, et comparut devant le vieux Sextus. L'ecclésiastique ne s'était point trompé, Sextus rendit son témoignage; il montra ses pensées écrites en un latin plus vieux que nos langues vivantes et si peu vivaces; il était aisé d'y reconnaître que Huet, à son tour, ne s'était pas contenté des pensées, mais encore qu'il avait détaché des pages.

Cependant ni l'un ni l'autre des deux compilateurs n'avait daigné citer la source où il avait puisé.

Mais voici qu'en lisant Sextus Empiricus, le digne ecclésiastique se rappela qu'il avait vu cela quelque part.

Assurément, dans les pères de l'Église. N'y retrouve-t-on pas en grande partie cette morale qui se raille de l'esprit de l'homme, et presque la doctrine de Pyrrhon? Les doctes in-folio sont ouverts. Pyrrhon et ses idées paraissent. Que fit l'ecclésiastique?

Un article de journal.

Mais il le brûla aussitôt après, et fit bien dans ce temps-là; car dans ce temps-là..... il y avait bien des choses qu'il n'y a plus dans celui-ci.

Lorsque j'entendis cette histoire, je ne pus m'empêcher de faire de profondes réflexions, et de me rappeler l'histoire de ce bossu des *Mille et une Nuits* que chacun croit avoir tué, et que le prétendu meurtrier va toujours passant à son voisin. Mais au bout du compte il n'a qu'une arête de merlan dans la gorge.

Je me rappelai aussi qu'il est très-possible, très-aisé même de se rencontrer avec quelqu'un qu'on n'a pas lu, presque autant que de se brouiller avec un ami pour un mot qu'on n'a pas dit.

25 avril 1831.

XIII.

LA FÊTE DU ROI.

La fête du roi, c'est la fête du peuple : voilà ce qui est une belle chose à voir. Qu'il se presse aux marches d'un théâtre dont les portes sont ouvertes et les bureaux fermés ; qu'il se couche, ivre et joyeux, sur les balustrades de velours cramoisi habituées aux coudes aigus des demoiselles de bon ton ; qu'il rie, crie, boive et chante : c'est ta fête, bon peuple.

Aux siècles à venir est réservé un spectacle nouveau, dont le siècle présent lève la toile. Contre les prétentions rétrogrades de l'aristocratie, les rois et les peuples se donnent la main. C'est à cette fête, ô rois, qu'il faut convier vos peuples ; le prince de la Grande-Bretagne vous en donne un exemple plein de force, et le nôtre l'a déjà donné ; imitez-les. Les portes du Palais-Royal étaient ouvertes aussi à tout le monde hier, comme celles des théâtres. Lorsque Mme la marquise de *** envoya le matin demander au suisse si Sa Majesté recevrait, on lui répondit : « Oui, madame, tout le monde. »

La première fois que je vis Versailles, comme je n'étais pas encore romantique, je trouvai le palais, l'escalier et les jardins dignes d'un roi ; mais je ne pus m'empêcher de penser en même temps que quiconque voudrait être digne du titre devait habiter dans ces jardins et dans ce palais ; hors de là, point de royauté, pensai-je ; c'est là que la majesté de Louis XIV respirait à l'aise, et tenait ses courtisans à vingt pas de distance lorsqu'elle se promenait dans ses allées magnifiques ; c'est du haut de ces perrons massifs que le maître apparaissait quelquefois aux regards des curieux, que des piques dorées écartaient des grilles ; c'est dans ces salles immenses, sur ces parquets superbes que craquait le talon rouge, que glissaient silencieusement quinze aunes de satin vert, ce qui signifiait une robe du matin ; c'est là qu'est l'empire, la dignité ; là aurait dû se promener, au cœur du royaume de Charlemagne, Bonaparte en cheveux blancs.

Si un peintre voulait aujourd'hui nous représenter Louis XI, il faudrait qu'il le fît, non à genoux, comme toujours, mais assis, dans une vieille robe, le menton dans la main, pensant ; et debout, à côté de lui, Tristan.

Tristan ! voilà un mot qui ne signifie, pour la plupart des gens, qu'un bourreau. C'en est un, en effet, c'est l'instrument inflexible qui a le premier ouvert la voie nouvelle ; c'est le fer de la charrue qui a creusé le premier sillon où la Providence semait. Le premier, il suspendit la noblesse aux créneaux des tours, il la précipitait dans les oubliettes éternelles, il la livrait aux vents terribles, au sommet des chênes, aux branches noueuses des ormes, comme le gland des forêts. Louis XI, detesté, fut un prince libéral, il ouvrit les veines de sa noblesse, et y versa le plomb fondu par Fust et Gutenberg. L'épée de Tristan fut son sceptre, et pour main de justice il ne voulut que le gant de fer du prévôt l'Ermite, dont l'étreinte brisait et faisait tomber à terre les mains qui la touchaient.

Béranger, qui se tait depuis longtemps, nous a montré dans un couplet immortel le triste fantôme de ce prince, jetant des regards mornes sur un soleil de printemps et une ronde de fillettes. Qui sait si derrière ce regard si farouche il n'y avait pas un soupir ! -

Oui, un soupir pour un temps meilleur, un sanglot soulevé par la rage contre une féodalité destructrice qui tuait tout, et avilissait l'homme en l'abâtardissant. Défendre Louis XI n'est pas nouveau ; à qui la faute, si ce faucheur de priviléges vécut dans un temps où la main du roi ne pouvait arriver jusqu'à celle du peuple, où tous deux se tendaient les bras sans s'atteindre, des égouts de Paris au donjon du Plessis-lez-Tours, et où le régénérateur fut obligé d'abattre, comme autrefois ce Romain, la tête des pavots superbes ?

Mais ce glaive de l'Ermite, tombé à la mort du roi au pied de son cercueil, fut ramassé par les moines ; aiguisé pendant deux siècles sur la pierre silencieuse des cloîtres, l'Église le jeta souillé du sang des riches; le peuple enfin le releva.

Ce qu'il en fit est cruel; c'est oublié. Aujourd'hui le glaive est déposé par tous; mais l'ombre de Tristan erre encore autour de la vallée du Plessis, que Walter Scott a prise de loin pour une montagne. Près de lui se traîne encore Louis XI, toujours triste, toujours pâle, toujours pensif. Peut-être Galeotti vit-il jadis moins avant que lui dans l'avenir; peut-être de tous les rois qui précédèrent le nôtre serait-il, lui Louis XI, le moins étonné de ce qui est. Cependant les examinateurs pour le baccalauréat ès lettres ne manquent pas, surtout depuis les glorieuses journées, de baisser la tête en signe d'approbation lorsqu'un perroquet d'écolier, interrogé sur lui, le compare à don Miguel.

Voilà les réflexions qui me sont venues, au spectacle *gratis*, en écrivant ces premiers mots : « La fête du roi, c'est la fête du peuple. »

Mercredi, 4 mai 1831.

XIV.

REVUE FANTASTIQUE.

Je suis tout à fait de ceux qui vont au musée sans livret. J'y entrais donc hier, jour le moins réservé qu'il soit possible de voir; je commençais à devenir un des flots de cette mer agitée qui se balance stupidement devant des toiles plus au moins grandes, représentant des sujets plus ou moins à la portée des gens. Il faut avouer que, grâce à cette absence de livret, je ne comprenais rien les trois quarts du temps; mais comme c'est un système que je me suis fait, je tenais bon.

Oui, il m'est entré dans la tête que lorsqu'on visite, par exemple, la vieille galerie du Louvre, on peut croiser ses bras derrière son dos. Que vous apprendrait l'explication?

Peut-être il est curieux pour certaines personnes de savoir que le dernier personnage de la galerie à gauche, au grand bout de la table dans les *Noces de Cana*, est Charles-Quint; le second, Victoria Colonna; le troisième, François I*er*; desquels personnages pas un ne ressemble, bien entendu; peut-être il y a des gens qui lisent avec satisfaction que M. Bonnefond a retouché ici Titien, déshonoré là le seul tableau à l'huile où Michel-Ange ait mis la main; ces gens-là ne s'en seraient sans doute pas aperçus s'ils ne le lisaient pas.

Mais pour cette espèce de fous qui, comme moi, ne cherchent qu'une expression, qu'une tête, qu'une pensée, souvent un trait de pinceau dans un ouvrage, et restent une heure devant ce vieux Raphaël, dont il est original de dire du mal aujourd'hui (cela donne un air de grand connaisseur assurément); pour ces gens, dis-je, qui ont la barbarie, dans un siècle de romantisme, de traverser la galerie de

Rubens plus vite que celle des Italiens, ce n'est pas à eux que s'adressent les batailles, les couronnements, les passages du roi, ni les portraits de famille, hélas! pas plus que les pots de fleurs.

Le nom du peintre était autrefois écrit dans la couleur du ciel, dans l'expression des têtes; la signature du Vinci était un paysage bleuâtre hérissé de pointes de rochers et perdu dans l'azur d'un lac; celle de Michel-Ange était la stature des muscles robustes; celle du Corrége, le demi-jour flottant d'un clair-obscur. Aujourd'hui il suffit de se placer à six pieds d'une toile pour que du milieu d'un gazon, entre les dalles d'un parquet, un nom rouge ou bleu vous saute aux yeux.

Et donc, le nom connu, ces fous dont je parle ne demandent pas ce que c'est que le sujet; historique ou non, patriotique ou point, ils regardent et jugent, oui, jugent, bien qu'ils ne s'y connaissent pas.

Pénétré de cet entêtement, je frottais mes mains privées de livret; je m'arrêtai contre une balustrade, c'était tout justement au-dessous d'un tableau citoyen. Je ne sais ce qu'il représentait de patriotique; mais une foule considérable qui s'y était amassée semblait le dévorer des regards.

« Bon, me dis-je, voilà de mon public des jours fériés; » mais j'aperçus tout à coup, au milieu de ces nullités béantes, la tête boudeuse et indifférente d'une belle jeune paysanne à qui son oncle poussait le coude d'admiration, tandis qu'elle tournait la tête d'un autre côté.

Elle avait un bonnet de dentelles et une paire de boucles d'oreilles larges comme des pièces de six francs; elle avait l'air bête et pensif; des yeux qui regardaient le vide; elle n'entendait rien et ne prenait goût à quoi que ce soit de ce que son oncle lui criait d'admirer

« En vérité, me dis-je, je suis un sot si je n'entreprends de suivre cette fille, et de voir à quoi elle s'arrêtera. » Je me figurais qu'il y avait dans tout cet être une apparence de sensibilité naïve. Je me mis sur ses talons.

L'oncle se posta devant un grand forum tout rouge rempli de contorsions et de draperies en colère; il ouvrit de grands yeux; la nièce abaissa les siens d'un air distrait et regarda la boucle de son soulier: « A merveille! » me dis-je. Contre un tableau de genre fort historique, l'oncle cloua ses lunettes; la jeune fille se tint roide dans son corset de velours vert, et le laissa s'extasier aussi longtemps qu'il lui plut. C'est encore mieux.

De cette manière nous fîmes le tour de la salle carrée, l'oncle de se récrier toujours, la fillette de bâiller à demi; ce qui me suggéra cette réflexion, que je perdais sans doute mon temps, que cette paysanne était absolument sotte, et que, puisque rien ne lui plaisait, je n'avais qu'à la laisser.

Je m'éloignai donc, et ayant trouvé Henri qui traversait, je le pris sous le bras et m'élançai dans une discussion terrible, où je prétendis que tout était mauvais.

« Et comment faire pour composer un bon tableau aujourd'hui? disais-je. Ne voyez-vous pas que ces deux admirables têtes des enfants en prison, de Delaroche, ne sont goûtées que par fort peu de gens? Le style sévère des draperies et la pensée terrible du sujet, si habilement effleurée, loin de plaire à la foule, la choquent, et elle aime mieux s'aller établir devant une scène d'intérieur représentant des grisettes.

« Le public, mon ami (cet être de tout temps indéfinissable), est, dit-on, en Allemagne un homme d'un âge mûr, grave, silencieux, qui ne donne ses avis qu'à bon escient, et qui va même jusqu'à examiner avant de juger; en Italie, c'est un jeune étourdi qui cause, rit, soupe et joue aux cartes, sans se soucier autrement de ce qu'on dit ou fait pendant ce temps-là. Mais en France, hélas! c'est le plus souvent un petit homme poudré, qui s'enveloppe d'une impénétrable et pédantesque roideur.

« Cependant un peintre, un poëte, un fou s'échauffe un beau soir la cervelle, Dieu sait avec quoi; un mot qu'il entend dire, un souvenir qui lui revient, un songe, un dîner, un regard que sais-je? un rien lui fait abandonner tout pour courir à ses pinceaux. Perdu dans un caprice favori, il s'y enfonce; il pleure, il chante, il écrit; autour de lui s'agitent mille fantômes qu'il s'efforce de saisir, dont il écoute les voix et dont il tâche de fixer la forme incertaine. Divine jouissance! il oublie. Il vit un moment hors de la vie; ses forces s'exaltent;

jusqu'à ce que la goutte de rosée, pareille à une douce larme, distillée lentement de l'alambic, se détache et tombe enfin comme une perle.

« Il a créé : une femme charmante a souri, s'il est gai, jeune et heureux ; s'il est triste, de longs voiles couvrent une tombe : la Madeleine n'est qu'un jour de mélancolie de Canova. L'œuvre est-elle achevée, voici venir le petit homme poudré qui chausse ses lunettes ; il dépose son parapluie, il s'accoude ; juge terrible ! un demi-sourire prédit déjà l'orage, quelquefois il frappe en signe de joie ses mains l'une contre l'autre ; souvent il se contente de secouer la tête ; il approuve, il tolère ; mais malheur, malheur à celui qui a pu l'irriter au point de faire sortir de sa poitrine un sifflement aigu, semblable au cri d'une porte mal huilée ! il se change tout à coup en une hydre à mille chefs, en une mer qui rugit et déborde...

« Et comment faire cependant ? Jamais, non, Henri, jamais il n'a produit rien de grand, l'homme qui pense, en travaillant, je ne dis pas au public, mais même à un seul de ses conseillers. Un de nos artistes me disait, l'autre jour, qu'une excellente caricature serait celle d'un pauvre artiste accroupi et suant sur sa toile, portant sa coterie sur son dos... »

J'en étais là de ma discussion, lorsque je regardai autour de moi. Quel fut mon étonnement !

A deux ou trois pas de moi, j'aperçus la tête de ma belle paysanne. Ses grands yeux noirs étaient fixés sur une toile un peu élevée ; une expression de sensibilité profonde et un léger sourire sur sa bouche me persuadèrent que je ne m'étais pas trompé sur son compte.

Mais quel tableau regardait-elle ? Qui avait pu la fixer ? Je fis quelques pas, et je vis clairement que c'était *l'Inondation* de Schnetz. Quelle satisfaction j'en ressentis ! « Ainsi, me dis-je, voilà une pauvre fille qui peut-être voit pour la première fois ce qu'on appelle une exposition, ce qu'on pourrait appeler un pilori. Que lui ont fait tous ces tableaux historiques, toutes ces scènes affectées comme les mélodrames de Kotzebue, toutes ces grandes fadaises théâtrales au milieu desquelles on est toujours tenté de chercher le trou du souffleur ? Il est clair que cette fille ne s'y connaît pas ; et la voilà arrêtée devant un chef-d'œuvre (car je suis obligé d'avouer que c'est là mon opinion). Que regarde-t-elle ici ? C'est une paysanne à jambes nues, belle comme la chasseresse, passant le fossé son panier sur la tête, son enfant à la main ; et cet enfant aux jambes rougies par le froid de l'eau, aux genoux engorgés, aux cheveux épais, comme il se retourne fièrement en regardant son père ! Son père lui montre le chemin, il le suit, certain que son père ne saurait se tromper, et que là où son père lui dit : Marche, il ne peut y avoir de précipice. Et cette vieille mère ! n'est-ce pas une créature vivante transportée sur la toile ? Comme l'enfant, elle s'abandonne aussi à la garde de Dieu et du père de famille ; ainsi, à l'heure du danger, se ressemblent toujours l'enfance et la vieillesse.

Que disais-je donc, que disions-nous tous, nous, artistes insensés, qui osons prétendre qu'on ne nous comprend pas? N'est-ce pas nous qui sortons de la route? Et nous nous étonnons qu'on ne nous suive point? Schnetz a-t-il le sentiment de son génie? Je ne le connais point. Mais il est clair qu'il travaille naïvement; sous le soleil ardent de l'Italie, il a puisé des rayons vivifiants qui sont restés dans son cœur. Ces rayons sont purs, sont vrais, et ce qui vient de l'âme y va, soyez-en certain.

C'est là tout le secret des artistes; travaillez donc, creusez-vous la tête, plongez votre âme dans un marais de systèmes, desséchez vos idées d'enfance, vos fraîches idées pleines de simplicité; dites-vous tous les matins et tous les soirs que vous êtes un homme de génie; faites-vous de votre amour-propre une coquille de limaçon où vous puissiez vous enfermer; raillez et exaltez, disputez et intriguez; tout tombera un beau matin devant le faible, l'ignorant regard d'une jeune fille.

Lundi, 9 mai 1834.

XV.

REVUE FANTASTIQUE.

Il y avait la semaine passée, au Palais-Royal, du côté de la rue Vivienne, une affiche imprimée ainsi conçue :

« Il a été perdu dimanche dernier, aux Champs-
« Élysées, une jeune et jolie femme ; on ne peut la
« désigner autrement. La personne qui la réclame
« a des choses très-importantes à lui dire, et la
« prie, si elle vient à lire cette affiche, d'aller à
« l'une des représentations d'*Antony*. »

« Voilà une entreprise bien extravagante, dit quelqu'un, de donner rendez-vous au moyen d'une affiche !

— Mais, dis-je, si l'on ne savait pas l'adresse ?

— Eh ! interrompit une femme, c'est une belle créature qui se trouve perdue dans une foule des Champs-Élysées, un jour de Saint-Philippe. Elle vaut assurément la peine qu'on la ramène, moyennant récompense honnête.

— Eh bien, repris-je, peut-être y vois-je trop loin, et ceci, à tout prendre, n'est-il qu'une plaisanterie de carrefour ; mais je me figure que ces premières lignes qui scandalisent, ont, pour celui qui les a dictées et pour celle qui en est l'objet, un sens particulier, caché. Un mot, un seul mot de cette fine langue française, posé sur l'enclume, se tord de tant de façons! l'esprit en a tant vivifiés que la lettre avait laissés pour morts!

— C'est du romanesque, dit un homme qui portait de la flanelle au mois de mai.

— Oui, pensai-je en fronçant le sourcil et en tournant le dos, c'est en effet du romanesque; c'est en effet passé de mode; c'est inconvenant, c'est audacieux, c'est absurde; mais avouez que cela pourrait être à la rigueur singulièrement passionné.

— Quant à moi, chevrota un petit homme à carrure rebondie, sorti tout frais des *Provençaux*, et joyeusement électrisé par le souvenir de quelques bouteilles vides qu'il venait d'y laisser, j'offre de faire un pari. (Tout en parlant, il s'éloignait et reprenait sa route, s'appuyant sur le bras de son ami; j'étais curieux d'entendre sa gageure.) C'est, dit-il, que si la femme en question vient à connaître cette affiche et à apprendre le lieu du rendez-vous qui lui est donné, ce sera son mari qui le lui aura dit; et j'offre, répéta-t-il en riant plus fort, de gagner cinquante louis. »

Je me dis en moi-même que je ne les tiendrais pas.

« Oui, continua le petit homme, ce sera quelque bourgeois plein de vertu, quelque garde national plein de ferveur. Il aura par hasard dirigé ses lunettes sur le pilier porteur de l'affiche bizarre, et en rentrant le soir chez lui (sa femme sera à jouer au quinze avec Mme la lieutenant-colonelle et sa voisine). Parbleu! dira-t-il, en se jetant dans la bergère d'un air malin, j'ai vu ce soir une plaisante affiche!...

« Et la pauvre femme, pâle comme Sophie entendant le récit du malheur arrivé à Tom Jones, sentira ses membres couverts d'une sueur froide et son cœur battre, ses mains se roidir!... — Prenez garde! dit la voisine, vous avez laissé tomber le valet de carreau.

« Comme il faut revenir aux choses sérieuses, la partie se continue, et les vieilles, armées de besicles, ne cessent de frapper la table verte avec les os pointus de leurs doigts. Mais la jeune femme ne compte plus les cartes qui sont passées; elle attaque dans une couleur où l'on coupe. — Ce n'est pas vraiment tolérable, chère petite, vous jouez ce soir en dépit de la raison.

« Et peut-être tout un roman, toute une passion terrible vient de se réveiller dans son cœur et de le remuer jusqu'au fond...

« Mais le lendemain matin, d'un air distrait, rêvant pour la journée : — C'est bien ennuyeux, le quinze...

« — Oui, dit l'époux ; si nous allions au spectacle?

« — Mais... où?... dit la dame ; à *Antony?*

« — Bah! dit l'époux, c'est du romantique; allons aux Variétés.

« — Qu'est-ce que cela fait? dit la femme; nous verrons Mᵐᵉ Dorval : on dit qu'elle est superbe. »

Telles étaient les conjectures du petit homme,

qui bâtissait un chapitre tout entier. Mais moi :

« Extravagant! me disais-je ; mal choisi! Pourquoi une affiche? mauvais ton! Ne saurait-il, au lieu de tout ce scandale, gagner honorablement une servante? Est-il donc vrai, est-il donc réellement possible qu'en 1831, froide année inondée de pluie, où il n'éclot que des œufs industriels, ou des parodies verbeuses et des spéculations sèches, un homme (un fou, sans doute, un malheureux écolier qui n'aura jamais vu le grand monde) ait pu concevoir, exécuter une idée romanesque! O ciel! quel oubli total et effrayant des convenances!

« Oui, peut-être, il y a trente, quarante ans, l'amour fut romanesque ; c'était le temps où certaine demoiselle, qui est aujourd'hui une fort respectable mère de famille, disait, en voyant que Paris était barricadé et les portes fermées, je ne sais quel jour de terreur : Ah! mon Dieu! comment fera-t-on donc les enlèvements? C'était le temps où Malvina faisait couler des larmes et répandait l'insomnie dans les pensionnats ; c'était lorsque la princesse W*** suivait l'armée française et son royal amant ; lorsque nous avions l'Europe pour patrie, et qu'il y avait un commissaire de police à Rome, comme aujourd'hui M. Cadet-Gassicourt est maire d'Alger ; lorsque les Français, en bivac sur toutes les terres du continent, avaient cessé d'être Français. Nos tantes l'ont vu.

« Mais nous! nous, grand Dieu! revêtus d'une hypocrisie bien fourrée, comme d'une saine douillette cuirassée de pointes inabordables, le mariage de convenance, semblable à un tartufe de mœurs, s'est établi parmi nous; il vit chez nous comme l'hôte d'Orgon. Le pauvre homme! comme il couvre ce sein que l'on ne saurait voir!

« Si je voulais personnifier dans une statue allégorique le siècle de Louis XV, si décrié pour sa morale, je jetterais une belle femme, décolletée outre mesure, sur un sofa de mauvais goût; sa robe laisserait apercevoir la finesse de son bas de soie; fardée, mouchetée, plâtrée, elle aurait l'air impudent, immoral, mais franc, — franc et généreux. (Voyez ce qu'en dit Jean-Jacques, ou, qui pis est, Saint-Preux.)

« N'est-ce rien que la franchise? même la franchise du vice? Si elle donne l'exemple du mal, du moins en peut-elle aussi donner le dégoût. L'homme romanesque, qui enlève la femme de son ami, dans une nuit d'été, perd sa famille, tue son repos, flétrit le nom de ses enfants; mais que fait celui qui, respectant les convenances, après quelques assiduités gazées, une déclaration modérée et discrète, des mesures certaines et ennemies du scandale, corrompt à voix basse la jeune fille qui lui donne la main pour danser, et déshonore avec bon goût, sur la pointe du pied?

« L'homme romanesque se casse une jambe en montant à son échelle; il a surtout la fatale habitude d'écrire, et le suisse a laissé tomber une lettre dans la cour; la femme de chambre l'a ramassée, l'oublie et la laisse ouverte dans la chambre de sa maîtresse, où la trouve le mari. L'homme de bon ton serait désolé si le talon de sa botte venait à ourner, et il écrit peu ou point; il n'a oublié chez le suisse que deux ou trois pièces d'or, que la femme de chambre n'a pas trouvées, car le suisse n'a eu garde de les perdre.

« Mais, Dieu merci! il n'y a plus aujourd'hui ni échelle, ni enlèvement, ni scandale; on a trouvé à l'amour romanesque, comme à la petite vérole, une vaccine qui en préserve, sans l'inoculer; et j'aime à croire que l'affiche du Palais-Royal était une bonne, très-bonne plaisanterie. »

Lundi, 16 mai 1831.

XVI.

REVUE FANTASTIQUE.

Des maux que causent les révolutions dans toutes les classes de la société; tel était le titre d'un ouvrage déjà commencé par un pauvre petit commerçant de mes amis, qui se trouve ruiné par les événements de juillet. « Eh! mon cher, lui disais-je hier au soir en arrivant de Pithiviers, pour faire un pareil livre il vous faudra dix ans de travail; le public ne lit plus les in-quarto, et les ouvrages in-octavo restent dans la poussière des magasins, si les volumes passent le nombre de deux; d'ailleurs, mon cher, votre libraire vous payera en billets; la révolution l'a frappé, dira-t-il, comme les autres, et ses effets iront chez l'huissier, le seul être qui s'engraisse des plaies de la société, comme le corbeau des corps d'un champ de bataille. »

Ce dernier argument découragea complétement le malheureux auteur. Il posa sa plume, ferma son canif à coulisse, et me demanda d'un air piteux ce qu'il pouvait faire pour gagner sa vie. « S'il ne me faut toucher, ajouta-t-il, ni à la politique, ni à la littérature, ni au commerce, s'il ne me faut pas louer une boutique, de peur de ne pouvoir en payer le second terme, il ne me reste qu'à peindre des paravents ou à dessiner des festons pour les marchandes de modes. — Faites plutôt cela, lui dis-je, que de vous embarrasser d'entreprises nouvelles. Vivez au jour le jour, sans souci. Vous êtes garçon; un homme ne meurt jamais de faim; j'ai donné cet hiver à un honnête mendiant une pièce de quarante sous avec laquelle il a vécu dix-sept jours. — Hélas! mon cher ouvrage! répéta plusieurs fois l'auteur, en jetant un coup d'œil paternel sur ses paperasses. — Écoutez, mon ami, après le plaisir de voir son œuvre imprimée, il n'est rien de plus doux, dit-on, pour un auteur, que d'en faire la lecture. Eh bien! j'aurai la patience de vous écouter : lisez-moi quelques passages de votre effrayant manuscrit, et contez-moi ce que vous aviez encore le projet d'y ajouter. » Le pauvre auteur me regarda avec attendrissement, il rapprocha sa chaise de la mienne, et, après avoir posé son doigt sur ma manche, il me parla ainsi :

« Dans mon ouvrage, je commençais par démontrer la sottise des hommes, qui, depuis trois mille ans (et peut-être bien plus), ont toujours été gouvernés, et qui cependant n'ont pas encore pu trouver un mode de gouvernement qui les contente. Ils ont commencé par choisir entre eux un homme et lui donner tout pouvoir, même sur leur propre vie; ensuite ils ont voulu être conduits par plusieurs hommes. Ils se sont aussi lassés d'obéir aux caprices de plusieurs, et ont formé des institutions; après des essais de toute espèce, ils ont renversé le trône et ont mis à sa place la pierre de la constitution, puis ils ont demandé à grands cris un homme. Enfin il y a, dit-on, trois mille ans que cette comédie se joue. Ce qu'il y a de cruel ou de risible, c'est que jamais un de ces tours de roue ne peut s'effectuer sans que la terre s'engraisse de sang et de larmes. Après ces considérations générales, j'en venais aux effets de la révolution sur ces trois classes principales de la société dans la capitale, la noblesse, la finance et la petite bourgeoisie.

« Chez la noblesse, les fêtes et la dépense ont cessé tout à coup. La marquise qui donnait des bals ne fait plus danser, parce que son fils n'est plus capitaine de la garde royale, et que son mari, qui a perdu pour soixante mille francs de sinécures, ne possède plus que cinquante mille livres de rente.

« Le banquier cache son or; il ne prête plus, même avec usure; il compte avec désappointement ses écus qui végètent sans intérêts dans sa caisse. Il est désœuvré; il se promène, engraisse et soupire douloureusement; sa face blêmie par l'air du cabinet reprend quelque apparence de vie; ses cheveux ne tombent plus; il accoste ses amis et passe volontiers, en leur parlant, une minute qui valait de l'or avant la révolution; il perd son temps et ennuie son monde.

« Le petit marchand était jadis le plus heureux homme de la terre; il allait dîner tous les dimanches à Romainville, tenant d'un bras sa femme et de l'autre un pâté de Lesage; il avait un débit assuré de gants, de pommade et d'eau de Cologne; son banquier lui escomptait ses billets; mais, hélas! depuis la révolution, personne ne veut plus de son papier. Le banquier qui l'écorchait autrefois ne voudrait plus prendre la chair de sa chair.

« Et pourtant il n'y a pas un seul de ces maux qui ne pût être évité, si les hommes voulaient se donner la main. La marquise, qui possède cinquante mille livres de rente, ne pourrait-elle faire danser comme autrefois? Le banquier ne ferait-il pas mieux de prendre les billets du pauvre marchand que de bâiller sur le boulevard? Quant au petit bourgeois, Dieu est témoin qu'il ne demanderait pas mieux que de continuer à payer son loyer, qu'il aurait fait volontiers crédit au commis qui venait souvent à quatre heures acheter des gants pour causer avec la petite fille de comptoir. Ce n'est pas par sa faute que les scellés ont été mis sur sa boutique. La marquise crie à tue-tête qu'elle est ruinée, le banquier vocifère comme si sa caisse était vide, et le petit marchand n'a réellement plus un sou. Tout ce monde-là dit : C'est la révolution. Et qu'est-ce donc que la révolution? où est-elle? redemandons-lui votre argent. La révolution, est-ce une espèce de Briarée qui parcourt toutes les rues de Paris, en retournant de ses cent bras toutes les poches? Ce qu'ils appellent la révolution, n'est-ce pas plutôt la peur? et le croquemitaine qui les épouvante, n'est-ce pas ce bon peuple que jadis les insolents seigneurs avaient baptisé *Jacques Bonhomme?* Ils craignent que l'instrument des fureurs populaires ne vienne encore à jouer de ses terribles mâchoires sur la place de Grève ; ils ne songent pas que jamais les choses n'arrivent deux fois de la même manière, que cet être taciturne qui nous regarde du haut des nuages, et qui compose lui-même son spectacle, ne se fait jamais jouer deux fois la même pièce.

« Des trois classes dont j'ai parlé quelle est la plus malheureuse et la plus louable? Ce n'est pas la noblesse, qui s'expatrie, qui emporte son bien pour aller conspirer sur une terre étrangère; ce n'est pas le banquier, qui n'est plus qu'un puits où sont enfouis les écus, et d'où il ne sort que de fades paroles; c'est encore le petit marchand : il donne à ses créanciers son dernier sou ; il se soumet à toutes les corvées de la garde nationale. Sa femme lui fait des guêtres blanches pour la revue, la veille du jour où sa boutique sera fermée. »

Ici, j'interrompis l'auteur. « Mon ami, lui dis-je, ce matin je passais avec notre ami Charlet dans la rue de Sèvres. Voulez-vous voir, me dit-il, par qui le faubourg Saint-Germain est mis en fuite? Regardez. »

Il me montra deux polissons de dix ou douze ans qui marchaient devant nous. Le plus jeune disait à l'autre : « Je te parie quatre sous tout de suite que c'est moi qui a le premier proclamé la république et demandé la tête des tyrans!

— C'est pas vrai, répondit le plus grand, c'est pas toi, c'est le petit Panotet. »

23 mai 1831.

XVII.

PENSÉES DE JEAN-PAUL.

Frédérick Richter, dont la *Revue de Paris* nous a fait lire quelques traductions élégantes et fidèles, est peut-être de tous les écrivains allemands celui que les Français aimeront le plus en sa qualité d'Allemand, et qu'ils détesteraient avec le plus d'acharnement s'il avait le malheur d'être né en France. Il n'y a pas une de ses pensées qui, lue dans le cabinet, ne plaise et n'enchante par un certain côté ; il n'y en pas une qui, mise dans la bouche d'un comédien, ne fût bafouée par le parterre. C'est un singulier pays que le nôtre. En compagnie, nous avons toujours envie de rire. Si vous marchez entre deux pavés, devant trois personnes, vous serez moqué pour une entorse ; mais si le pied vous tourne, lorsque vous donnez le bras à votre ami dans la campagne, il se précipitera de bon cœur pour vous secourir. Il est clair de même que parler sentiment à une Française dans un cercle nombreux, c'est vouloir s'exposer à quelque raillerie, et jouer le rôle du paratonnerre, qui attire, parce qu'il ne craint pas de recevoir ; tandis qu'il arrive quelquefois que la même thèse, soutenue dans le tête-à-tête, est en chance de réussir. Les Français, je crois, sont impitoyables en masse et au grand jour ; mais prenez-les à part, raisonnez, parlez sérieusement et franchement, prouvez-leur qu'ils doivent trouver que vous avez raison, et ils finissent par le croire et se montrer débonnaires.

C'est ainsi que Frédérick Richter, dans ses ouvrages bizarres et inimitables, ne s'est jamais adressé (même en Allemagne) à la foule, ce juge grossier et vil. Il parle à la méditation, au silence des nuits, à l'amant, au philosophe, à l'artiste ; il parle à tous ceux qui ont une âme et qui s'en servent pour juger, plutôt que de leur esprit ; il s'adresse à ces auteurs infortunés qui ont la mauvaise manie de laisser saigner leur cœur sur le papier; lui-même il leur ouvre le sien; il est plein de franchise, de bonté, de candeur. On voit s'il mérite le nom d'original.

Mais comment être original en France? Cela est rendu impossible par cette perpétuelle habitude qu'ont les Parisiens de marcher le visage au vent, et dans l'observation continue du voisin. Voir et être vu, tels sont les deux mots qui ont tué l'originalité et l'ont torturée sur l'enclume de la convenance; car le mot que tous les sots ont à la bouche est : « qu'il faut faire comme tout le monde; » mais ceci n'existe pas dans un pays de bourrus, où chacun, armé de sa pipe ou gonflé de sa choucroute, s'en va tête baissée.

La belle nation où l'on se coudoie! où l'on se grise, sans être suivi des polissons! où l'on chante dans les rues! Affublez-vous d'une épée, d'une perruque, on ne vous dira rien. C'est dans cette foule préoccupée qu'Hoffmann, enluminé de punch et ses culottes barbouillées d'encre comme celles de Napoléon, rencontrait trois de ses amis et tenait une conversation d'une heure à chacun d'eux, sans que pas un s'aperçût qu'il avait oublié son chapeau au cabaret.

Jean-Paul ne fut guère plus riche que le Corrége, et ne s'en soucia guère davantage. Il est évident qu'il vécut dans le monde des fous, qui est celui des heureux. Mais il puisa dans la médiocrité la fable délicieuse de *Lenette*, dont les larmes sentimentales, arrachées par la lecture d'un roman, allaient tomber dans le pot-au-feu *. Ce dont Jean-Paul se plaint le plus volontiers, c'est la bêtise des femmes quand elles sont bonnes, ou leur méchant cœur lorsqu'elles ont de l'esprit.

L'Hespérus est le roman chéri d'Hoffmann ; *Titan, la Loge invisible, Quintus Fixlein, le Ministre pendant le Jubilé, la Vie de Fibel, les Procès du Groenland, Récréations biographiques sous le crâne d'une géante, Choix de papiers du Diable*, etc., tels sont les titres des ouvrages de Jean-Paul, titres qui seuls doivent empêcher les trois quarts du temps un homme qui se respecte d'ouvrir le livre.

Le traducteur des pensées dont nous avons à parler ici a suivi une idée qui a été généralement adoptée en Allemagne. Toutes les œuvres de Frédérick Richter embrassent un cercle de quarante-trois ans, et forment à peu près soixante volumes ; on les a réduits à six, sous le titre de *Chrestomathie de Jean-Paul*. C'est là que sont rassemblés les traits les plus saillants de cet esprit, et qu'en la considération des paresseux, le compilateur assidu a pris, comme Lenette, la cuiller à pot.

Un petit volume in-18 compose seul aujourd'hui cette réunion ; quel dommage qu'en passant par l'alambic, la pensée humaine prenne le chemin contraire à celui de l'eau de roses, et qu'à la troisième ou quatrième épuration, elle se dessèche, au lieu de s'exprimer en quintessence !

---

* Le roman où se trouve Lenette a pour titre *Siebenkœse*.

« Messieurs les classiques, dit le traducteur, ne manqueraient pas d'accueillir ce petit ouvrage, si je pouvais faire éprouver à quelques-uns de mes lecteurs une partie du plaisir que j'ai trouvé dans les productions de Jean-Paul. » Hélas! j'ai bien peur, pour ma part, que messieurs les classiques ne soient point ici de l'avis de monsieur le traducteur, quand il n'y aurait pour cela d'autre raison que sa traduction est faite en conscience. Quel sujet important il y aurait à traiter ici!

Il est probable que Jean-Paul, quand il écrivait et qu'il avait quelque chose en tête, ne faisait pas attention au moyen qu'il employait pour se faire comprendre, et qu'il s'inquiétait uniquement d'être compris. L'affectation, cette chenille qui dévore les germes et les boutons les plus verts, n'a jamais attaché sa rouille sur lui. Il écrivait comme il sentait, et l'on pouvait en dire ce qu'on a écrit de Shakspeare : sa plume et son cœur allaient ensemble. De là qu'arrive-t-il? que là où sa pensée est noble, le mot est noble ; là où elle est simple, le mot est simple ; là trivial, là sublime, là ampoulé.

Ampoulé et trivial sont deux mots qui remplissent merveilleusement et arrondissent avec aisance la bouche d'un sot. Ce sont deux expressions poudrées comme les gâteaux qu'on vend en plein air ; c'est dans le siècle du grand roi (qui fut le grand siècle) qu'on imagina le trivial et l'ampoulé. Voici comment :

Quelqu'un qui n'avait pas d'idées à lui prit toutes

celles des autres, ramassa tout ce qui avait été dit, pensé, écrit; il compila, replâtra, pétrit tout ce qui avait été pleuré, ri, crié et chanté; il fit du tout un modèle en cire, et l'arrondit convenablement. Il eut soin de donner à sa statue une physionomie bien connue de tout le monde, afin de ne choquer personne. Boileau y passa son cylindre, Chapelain son marteau, et les limeurs leur lime; on fit un saint de l'idole; on le plaça dans une niche, sur un autel, et l'Académie écrivit au bas : « Quiconque fera quelque chose où rien ne ressemblera à ceci, sera trivial ou ampoulé. »

C'est-à-dire qu'un amant qui perd la raison, un joueur qui se ruine et saisit un pistolet pour finir sa peine; c'est-à-dire qu'une mère qui défend sa fille, comme dans certain chapitre déchirant de la *Notre-Dame*; c'est-à-dire qu'une verte gaieté, puisée dans l'oubli de toutes choses; que toutes les passions, que toutes les folies, tout cela est ampoulé ou trivial; c'est-à-dire que Napoléon montrant les Pyramides est ampoulé; que les baïonnettes de Mirabeau seraient triviales dans une tragédie; que Régnier est trivial, Corneille ampoulé. Racine faillit l'être, lorsqu'il ouvrit les bras de Phèdre au froid Hippolyte, mais il se couvrit du manteau de son maître.

Dans les trois premières lignes de son monologue, Faust dit qu'il mène ses écoliers par le bout du nez; cependant dix lignes plus bas il s'élève au-dessus du langage et de la démence des hommes. Pauvre

Gœthe! comme te voilà, dans l'espace d'une demi-page, trivial et ampoulé! Et les marmots du bon Werther, et sa gamelle, et ses petits pois qu'il fait cuire lui-même! Comme tout cela soulève un cœur profondément sensible aux violations des convenances et aux fautes de grammaire!

Mais ce qu'il y a de plus curieux, c'est que ceux qui osent soutenir de pareilles niaiseries s'imaginent se donner raison en s'emplissant la bouche des mots d'*idéal*, de *beau*, de *noble*; *qu'il ne faut pas sortir d'un certain cercle; que l'art doit embellir la nature*. Cela est bon pour les écoliers, ou pour les directeurs de théâtre qui cherchent de quoi éconduire un auteur importun.

Qui est plus grotesque, trivial, cynique, qu'Hoffmann et Jean-Paul? mais qui porte plus qu'eux dans le fond de leur âme l'exquis sentiment du beau, du noble, de l'idéal? Cependant ils n'hésitent pas à appeler un chat un chat, et ne croient pas pour cela déroger.

Irait-on dire à un musicien : « Il y a dans la gamme des notes ignobles, et dont vous ne sauriez vous servir, s'il vous plaît? » A un peintre ; « Telles de vos couleurs sont ampoulées, vous les laisserez de côté? » Non ; toutes les notes, toutes les couleurs peuvent servir; pourquoi, et de quel droit dire à un écrivain : « Tarte à la crème ne peut aller ici? »

Savez-vous ce qui est trivial, hommes difficiles, gens de goût? C'est de ramasser dans les égouts des répertoires et les ordures des almanachs des idées mortes de vieillesse, de traîner sur les tréteaux des guenilles qui ont servi à tout le monde, et d'aller comme les bestiaux désaltérer votre soif de gloire et d'argent dans les abreuvoirs publics.

Nous reviendrons sur les pensées de Jean-Paul.

Du mardi, 17 mai 1831.

« La Providence a donné aux Français l'empire de la terre ; aux Anglais, celui de la mer ; aux Allemands, celui de l'air. »

Cette bizarre pensée est la première chose que nous avons connue de Frédérick Richter ; elle est aussi folle précisément que sage (il est triste de songer que de ces trois empires, deux seulement sont restés en la possession du maître que Jean-Paul leur assigne). Il est vrai que la domination de l'air est une propriété inattaquable. Kant, Gœthe sur les montagnes de Werther, Schiller au fond de son cabinet, Hoffmann assis sur la table d'un estaminet, Marguerite accoudée sur la fenêtre gothique et regardant passer les nuages au-dessus des vieilles murailles de la ville, Klopstock, Mignon, Crespel, Firmion, tous les génies, toutes les créations de l'Allemagne, vivent dans l'élément des rêveurs et des oiseaux du ciel. La réalité, la clarté, le matérialisme de la poésie française, doivent, dans cette acception du moins, donner aux Français la terre, la froide terre pour empire : c'est ainsi que le *Pirate* et le *Don Juan* de Byron s'emparent de l'océan.

« Sous l'empire d'une idée puissante, nous nous trouvons, comme le plongeur sous la cloche, à l'abri des flots de la mer immense qui nous environne. »

Et plus loin :

« Je veux m'élever au-dessus de l'océan des êtres comme un nageur intrépide qui lutte contre les vagues, et non comme un cadavre, par la pourriture. »

Ces deux pensées sont sœurs; il me semble qu'elles en ont une encore; c'est ce mot de Sâdi :

« Ne vous attachez point à la surface des hommes, et creusez quand vous voudrez trouver; le talent se cache toujours. Ne voyez-vous pas que la perle demeure ensevelie au fond de l'océan, tandis que les cadavres remontent à la surface des flots? »

Ce serait une véritable rage de commenter qu'il faudrait avoir, pour ajouter à de telles idées un seul mot; j'ai ouvert le livre et je poursuis :

« Pourquoi les âmes pures sont-elles en proie à une foule de pensées dégoûtantes et empoisonnées qui glissent sur elles, comme les araignées sur les lambris les plus brillants? Ah! nos combats diffèrent peu de nos défaites.

« Le cœur frappé du feu de l'enthousiasme devient étranger à tout sentiment terrestre; il ressemble à ces lieux consacrés par la foudre où les anciens n'osaient ni marcher, ni bâtir. »

Tel est Jean-Paul, lorsqu'il parle de lui; car

n'est-ce pas toujours lui que dans de telles paroles il met en scène? C'est l'ennui du monde plus que le mépris des hommes qui l'attriste; on sent, lorsqu'il en laisse échapper quelque chose, avec quelle joie il se renfermait dans sa coquille, comme ces insectes qui se cachent à l'approche de l'homme, et qui s'entr'ouvrent à la rosée des belles nuits. « Notre vie, dit-il, est semblable à une chambre obscure; les images d'un autre monde s'y retracent d'autant plus vivement qu'elle est plus sombre. » C'est ainsi qu'il prouve, par cette constante fantaisie de solitude, et en même temps par cette profonde connaissance du cœur humain qui respire et palpite sans cesse en lui, c'est ainsi, disons-nous, qu'il démontre que la vie extérieure et l'expérience des choses ne sont point, comme on le dit, nécessaires au poëte qui veut peindre; avec deux jours de réflexions, Jean-Paul avait vécu autant qu'un autre en deux années de voyages et de passions; ainsi celui qui porte en lui l'élément de tout peut tout deviner. Un amour lui apprend tous les amours; une femme, toutes les femmes; un ennui, tous les chagrins; ainsi que chaque sensation qui fait saigner une fibre du cœur se continue toujours à l'infini dans son être. Si la destinée lui a épargné de grandes traverses et de grands bonheurs, c'est qu'elle savait sans doute que le délicat instrument qu'un souffle ébranlait et faisait vibrer, conservé sous la poussière de la médiocrité, se serait brisé sous la rude main du malheur.

Mais lorsque Jean-Paul, portant ses regards autour de lui, les arrête sur le monde, sur les femmes, par exemple, que de pensées pleines de charmes et d'une sensibilité profonde viennent se presser sous cette plume âcre et mordante !

« Les femmes ressemblent aux maisons espagnoles, qui ont beaucoup de portes et peu de fenêtres ; il est plus facile de pénétrer dans leur cœur que d'y lire.

« L'âme d'une jeune fille ressemble à une rose épanouie ; arrachez à cette rose épanouie une seule feuille de son calice, toutes les autres tombent aussitôt.

« Sachez habituer de bonne heure votre fille aux travaux domestiques, et lui en inspirer le goût ; que la religion seule et la poésie ouvrent son cœur au ciel. Amassez de la terre autour de la racine qui nourrit cette plante délicate, mais n'en laissez point tomber dans son calice. »

Voilà, si je ne me trompe grossièrement, de ces pensées qui vous remettent en tête les vierges d'Albert Dürer, avec leurs visages doux et tristes ; malheureusement ces charmantes gravures ne marchent que dans les drames de Gœthe, et jamais dans les rues de Vienne ou de Berlin. Jean-Paul le savait assurément et ne manquait pas de se moquer de lui-même :

« Heureux, s'écrie-t-il, celui dont le cœur ne demande qu'un cœur, et qui ne désire de plus ni parcs à l'anglaise, ni opéra séria, ni musique de

Mozart, ni tableaux de Raphaël, ni éclipse de lune, ni même un clair de lune, ni scènes de romans, ni leur accomplissement ! »

Et lorsque ce sexe qui n'est point appelé *beau* vient à tomber entre ses mains, on peut voir sa philanthropie :

« Les hommes, dit-il, comme les navets, doivent être clair-semés pour se bien développer. Les hommes et les arbres rapprochés manquent de fixité.

« L'enfant joyeux court sur un bâton, le vieillard morose se traîne sur une béquille : quelle différence entre ces deux enfants? L'espérance et le souvenir.

« Les jeunes gens tombent à genoux devant leur maîtresse comme l'infanterie devant la cavalerie, pour la vaincre ou pour recevoir la mort. »

Nous épuiserions tout le petit volume qui renferme ces gouttes d'un vin précieux, si nous voulions citer chaque trait naïf, chaque expression pittoresque, singulière, imprévue. Après avoir tenté d'extraire les plus remarquables, nous voyons que nous aurions dû nous borner à conseiller de le lire d'un bout à l'autre. Ceux qui ont pris plaisir à ces grandes pages tant rebattues que Vauvenargues nous sert comme des tartines de beurre, trouveront dans le livre de Jean-Paul bien des bouchées amères, douces, inattendues; mais il faut les plaindre s'ils n'en disent pas, après tout, et sans se pouvoir rendre compte de l'effet produit sur eux, ce que l'auteur lui-même dit des génies semblables à lui :

« D'où vient donc que dans les ouvrages des

grands écrivains, un esprit invisible nous captive sans que nous puissions indiquer les mots et les passages qui produisent sur nous cet effet? Ainsi murmure une antique forêt, sans qu'on voie une seule branche agitée. »

Nous finirons cet article par quelques mots qui finissent ce livre :

« Celui qui a marché longtemps vers un but éloigné jette un regard en arrière, et, plein de nouveaux désirs, mesure en soupirant la carrière qu'il a parcourue et à laquelle il a sacrifié tant d'heures si précieuses.

« Aujourd'hui, avant la nuit, j'ai recueilli toutes les rognures qui sont tombées de ce livre, au lieu de les brûler comme font d'autres auteurs; j'ai déposé en même temps dans mes tablettes toutes les lettres des amis qui ne peuvent plus m'en écrire, comme les pièces d'un procès terminé par l'instance de la mort; c'est ainsi que l'homme devrait toujours enrichir ses archives, et fixer, quoique desséchées, les fleurs de la joie dans un herbier; je ne voudrais même pas qu'il donnât ni qu'il vendît ses vieilles hardes, mais qu'il les suspendît dans ses armoires comme les dépouilles mortelles de ses heures moissonnées, comme les marionnettes de ses plaisirs écoulés, et le *caput mortuum* des temps passés. »

6 juin 1831.

AU CITOYEN RÉDACTEUR

DU JOURNAL *LE NATIONAL.*

« Paris, le 20 août 1848.

« Monsieur,

« L'Académie française m'a fait l'honneur, dans
« sa dernière séance, de me donner le prix fondé,
« comme encouragement, par M. le comte de Maillé
« Latour-Landry. Ce secours, accordé pour un an,
« consiste en une somme de treize cents et quelques
« francs, intérêt d'un capital de trente mille francs
« légué par le testateur, et placé en rentes sur
« l'État.

« Voulez-vous être assez bon, monsieur, pour
« ajouter cette somme à celles que vous avez déjà
« reçues en faveur des victimes des événements de
« juin 1848? Je m'empresserai de la verser entre
« vos mains aussitôt qu'elle me sera parvenue.

« Veuillez agréer, monsieur, l'assurance de ma
« parfaite considération.

« ALFRED DE MUSSET. »

Cette lettre était précédée des lignes suivantes : « Nous recevons de M. Alfred de Musset une lettre qui ne nous étonne pas de la part d'un poëte homme de cœur. Nos lecteurs. qui sont au courant des termes du programme des prix décernés, en 1848, par l'Académie française, apprécieront le sentiment de modestie et de générosité qui a dicté cette lettre, et l'Académie elle-même ne peut manquer d'approuver la destination donnée par M. Alfred de Musset au prix d'encouragement qu'elle lui a décerné. » (*National* du 21 août 1848.)

DISCOURS

DE

RÉCEPTION A L'ACADÉMIE FRANÇAISE

PRONONCÉ LE 27 MAI 1852

Messieurs,

J'ai à parler devant vous d'un homme qui fut aimé de tout le monde; devoir sans doute bien doux à remplir, et bien facile en apparence, puisque, pour rappeler à votre mémoire ce que l'esprit a de plus aimable et le cœur de plus délicat, je n'aurais presque qu'un mot à dire, et que, pour faire ici son éloge, il suffit de nommer M. Dupaty.

Mais c'est par cette raison même que je ne saurais toucher un pareil sujet sans une bien grande hésitation; non que je recule devant la tâche précieuse que vos suffrages m'ont imposée : celui qu'honorent de tels suffrages doit avoir autant de courage que vous avez eu d'indulgence, et, si peu digne qu'il se puisse croire de cette bienveillance qui l'accueille, s'efforcer du moins d'y répondre. Non, ce qui m'arrête en ce moment, ce n'est pas la crainte, messieurs, c'est le respect. Comment pourrai-je en effet, moi qui ai à peine entrevu M. Dupaty, vous entretenir dignement de cette vie si bien remplie, dont le souvenir vous est présent, de ces qualités brillantes que vous avez aimées, de ces vertus qui vivent dans votre estime?

Comment vous en parler, messieurs, quand votre mémoire est encore toute pleine des simples et touchantes paroles prononcées au bord d'une tombe par l'un des maîtres de l'éloquence française, admirable et pieux tribut que le talent payait à l'amitié?

Il faut pourtant, messieurs, vous obéir; et veuillez me permettre ici un souvenir qui m'est personnel. Lorsque j'exprime le regret d'avoir trop peu connu M. Dupaty, je ne puis me défendre d'une réflexion pénible. Mon aïeul maternel, M. Guyot-Desherbiers, avait l'honneur d'être au nombre des amis de M. le président Dupaty; mon père connaissait celui que vous regrettez; à quoi tient-il que je ne l'aie connu aussi (j'entends d'une façon régulière et suivie)? A la différence d'âge sans doute, à la mort de mon père, qui fut prématurée; mais n'est-ce pas aussi un peu à l'étrangeté du temps où nous sommes? Si nous eussions vécu depuis soixante ans dans des circonstances ordinaires, sous quelqu'un de ces grands règnes dont hier encore on trouvait plaisant de médire, aurions-nous vu les rapports sociaux se rompre, quelquefois si vite qu'on ne saurait dire pourquoi? Assurément ces secousses terribles, ces déchirements et ces déchaînements qu'on appelle des révolutions, ne brisent ni les liens de famille ni les robustes amitiés; mais que font-elles de ces autres liens moins sérieux et si charmants, précisément parce qu'ils sont fragiles? que font-elles des relations du monde, de cet aimable commerce des esprits, qui, s'il ne remplit pas la vie, sait l'embellir et la faire mieux aimer?

Je viens de nommer le président Dupaty; ce serait, en effet, montrer bien peu de respect envers mon honorable prédécesseur, que de ne pas commencer par rendre un juste hommage au nom de son vertueux père, de ce courageux magistrat, qui est l'une des gloires du parlement de Bordeaux. Courageux, il le fut sans doute, lorsque, l'un des premiers en France, il osa, devant les supplices, faire parler l'humanité, attaquer hautement les coutumes cruelles, et forcer la justice même à revenir sur ses arrêts. N'ayant pu préserver d'une mort ignominieuse trois malheureux qu'il ne jugeait point coupables, il ne prit point de repos qu'il n'eût effacé ce triste et sanglant souvenir : il fit réhabiliter leur mémoire.

Venez, s'écrie à ce sujet M. Emmanuel Dupaty dans son poëme des *Délateurs,* venez, défenseurs des Calas ! et toi surtout, mon père ;

J'ai prononcé ton nom : que l'innocence espère !

Puis il ajoute ce vers, qui est si bien de lui :

Un beau trait nous honore encor plus qu'un beau livre.

Quelques années plus tard, Benjamin Constant devait suivre ce noble exemple, et prêter à Wilfrid, menacé à son tour, l'appui de son éloquence passionnée. Toujours est-il que l'initiative prise par le président du parlement de Bordeaux ne fut point perdue pour Louis XVI, et contribua puissamment à l'abolition de la torture.

Vous le savez, messieurs, quand la mort l'a frappé, M. Emmanuel Dupaty se disposait à aller à Bordeaux pour l'inauguration de la statue de son père, et il avait sollicité à cette occasion le titre de directeur de l'Académie, non par un sentiment d'orgueil qui eût été d'ailleurs bien légitime, mais pour apporter un hommage plus grand à une mémoire vénérée. Là, s'il lui eût été donné de réaliser son dernier rêve, une émotion bien douce l'attendait, dont l'homme jouit bien rarement : c'eût été de trouver l'honneur de sa vieillesse près des souvenirs de son enfance. En effet, c'est dans cette ville, qui fut plus d'une fois la patrie du talent, que M. Dupaty est né, le 31 juillet 1775. C'est là que s'écoulèrent ses premières années, au sein d'une de ces familles privilégiées, qui sont comme des sanctuaires où ne pénètrent que les nobles pensées. D'autres ont fourni à l'État des savants et des capitaines, celle-ci devait lui donner des magistrats et des artistes. Cependant, tandis que les deux frères aînés, Charles et Emmanuel, l'un dans la statuaire et l'autre dans les lettres, allaient prendre leur place au rang le plus distingué, pendant qu'Adrien, le plus jeune, s'apprêtait, par l'étude des lois, à succéder dignement à son père, l'une des trois sœurs, recevant par son mariage le nom déjà célèbre d'Élie de Beaumont, devenait en outre la belle-sœur de la fille de Cabanis. Le nom de Condorcet, celui de Grouchy, venaient se joindre à ses alliances. Cette modeste et illustre famille touchait ainsi à toutes nos gloires.

Le goût des lettres ne fut pas la première vocation du jeune Emmanuel. Élevé dans un port jusqu'à l'âge de onze ans, doué d'un esprit libre et hardi, n'ayant jamais été ni au collége ni dans aucune école publique, il annonça dès son enfance un penchant décidé pour l'état de marin. Le voisinage de l'Atlantique avait facilement parlé à cette vive imagination; il s'entretenait sans cesse avec ses frères et sœurs de voyages périlleux, d'expéditions lointaines; il dessinait de petites marines avec beaucoup de finesse et d'habileté, talent aimable, comme celui de la miniature, qu'il a toujours gardé et cultivé; mais en même temps il voulait être soldat. Ce n'était pas assez pour lui de l'inconstant hasard des mers, il y voulait encore l'attrait des combats : tous les dangers plaisaient à son courage.

Je ne sais si, dans cette voie qui effrayait la tendresse maternelle, il fut approuvé ou retenu par un homme plein de science et de sagesse dont je ne dois point passer le nom sous silence, puisque M. Dupaty ne l'a jamais oublié; car l'un des traits les plus saillants de ce généreux caractère, ce n'était pas seulement d'être sincère et dévoué dans ses amitiés, c'était surtout d'y être fidèle. Comme il avait la religion du devoir, il avait le culte de la reconnaissance. Dès ses premières années, ayant perdu son père, il avait reçu les leçons et les conseils de M. Desaunets, ancien professeur au collége de Montaigu ; trente ans plus tard, au milieu des succès qui marquaient chacun de ses pas, il dédie à son ancien maître l'un de ses plus importants ouvrages ; il lui rappelle les soins, les avis salutaires qui l'ont guidé pendant sa jeunesse ; il lui fait hommage de tout son mérite, et il écrit sur sa première page :

Même étant fait par moi, cet ouvrage est le tien.

Ce n'est pas là le compliment puéril de l'écolier qu'étourdit sa couronne, ni le souvenir tardif du vieillard qui aime à se pencher du côté de son berceau ; c'est le langage cordial de l'honnête homme qui, sûr désormais de sa route, serre la main qui l'a d'abord conduit.

Emmanuel Dupaty passa à Paris les années qui précédèrent la Révolution et celle où elle se déclara. Il reçut, comme on peut penser, toutes les impressions de cette époque. Plein d'énergie et de vrai patriotisme, il saluait avec transport les premières lueurs de ce foyer terrible qui, après avoir tant éclairé, allait tant consumer et tant détruire. En ce moment, l'illusion féconde, pour me servir du mot d'André Chénier, et cette confiance presque naïve qui accompagne souvent la loyauté, lui faisaient croire, comme à bien d'autres, qu'il s'agissait de supprimer les abus, non pas de renverser les choses.

Il n'imaginait point que, pour élaguer les branches mortes d'un arbre séculaire, on dût porter la hache dans ses racines. Il avait vu la noblesse et le clergé renoncer à leurs priviléges, et il croyait à l'égalité ; il avait assisté aux fêtes du Champ de Mars, et il croyait à la fraternité ; enfin, il avait vu tomber la Bastille, et il croyait à la liberté. Il avait alors quatorze ans. Qu'aurait-il fait s'il eût vu le reste ! Il était l'ami intime du comte Desèze, du digne fils de l'un des défenseurs du roi. Qui sait où l'auraient pu mener quelques mots trop vite sortis du cœur, lorsque l'honnêteté passait pour imprudence ? Son heureuse destinée lui ôta ce péril, et ne voulut pas qu'il entendît les dernières paroles de ce martyr qui disait en partant : « Je recommande mes enfants à ma femme ; je recommande à Dieu ma femme et mes enfants. »

Appelé, en 1792, par la première réquisition, M. Dupaty entra dans la flotte qui était en rade de Brest. C'était le but de ses plus chers désirs, et il se fit remarquer tout d'abord par son esprit et par son adresse. Je ne sais laquelle de ces deux facultés il préférait à l'autre en ce temps-là ; elles plaisaient en lui toutes deux. Aussi prompt à faire un couplet qu'à monter aux hunes d'un navire, espiègle ou intrépide, selon l'occasion, avec autant de gaieté que d'audace, qui n'eût aimé ce jeune soldat plus instruit que ses lieutenants, et dont la bonté était aussi franche que la malice était légère ? Loin de s'offenser de ses railleries, on le respectait et on le protégeait, et, quoi qu'il fît, on le laissait faire ; témoin ce jour où, pour se divertir, en même temps que pour se venger (je demande pardon de citer un trait d'enfant, mais ceux-là aussi peignent l'homme), poussé à bout par un maître d'équipage qui le traitait un peu trop en nouveau venu, il lui prit son chapeau, et l'alla planter sur la girouette du grand mât. Ce tour d'adresse où il jouait sa vie fut applaudi par la flotte entière. Le hardi matelot fut appelé et fêté sur tous les vaisseaux.

J'ai hâte d'ajouter que, deux ans après, ce même matelot, fort de nouvelles études, nommé, après ses examens, aspirant de troisième classe, faisait preuve de la même adresse, du même sang-froid et du même courage, dans une circonstance tout autre, au formidable combat naval du 13 prairial. Le commissaire de la Convention, Jean-Bon Saint-André, l'avait appelé près de lui, et le nouvel aspirant fut quelquefois assez heureux pour adoucir les rigueurs du conventionnel. Il était à bord du vaisseau *le Patriote*, et vers la fin de la bataille ce vaisseau presque désemparé, et serré de près par trois navires anglais, se voyait forcé de se rendre. L'aspirant Dupaty supplia le capitaine d'attendre encore quelques instants ; il descendit dans la batterie, où cinq à six pièces seulement se trouvaient en état de tirer, et il en pointa une avec tant de précision, qu'il abattit le grand mât du bâtiment ennemi le plus redoutable en ce moment. Le vaisseau français fut alors dégagé, et les Anglais, repoussés du *Patriote*, se portèrent sur le *Vengeur*, dont on connaît la fin sublime. Quand l'ennemi se fut retiré, le capitaine proclama l'aspirant comme ayant sauvé trois fois le navire durant le cours de la bataille, et le nomma de seconde classe.

Cependant cette courte mais rude campagne avait épuisé les forces du jeune marin ; et quand la flotte revint à Brest, une maladie cruelle le retint plusieurs mois à l'hôpital de cette ville. Là, sans ressource et sans consolation, perclus de tous ses membres et presque privé de l'usage de la parole, déjà pleuré par sa mère et ses sœurs, et ne pouvant même leur écrire pour leur envoyer un dernier adieu, il vit, en effet, s'approcher l'heure fatale où ses espérances n'eussent laissé que des regrets. Mais ce fut alors que cet esprit léger, quelque peu enclin aux maximes des philosophes de l'autre siècle, connut pour la première fois une chose plus immortelle que les grands hommes qui l'ont insultée, je veux dire la pensée chrétienne et les dévouements qu'elle inspire ; car ce qu'on nomme l'immortalité n'est que le souvenir des mortels, et l'éternité est celui de Dieu. Il fut soigné par les religieuses, et, fidèle en cette circonstance aux habitudes de son cœur, il se plaisait encore, dans sa vieillesse, à raconter les soins qui l'avaient sauvé.

Rendu à sa famille par ces soins précieux, après avoir passé quelque temps à Morlaix, dans la maison d'un examinateur de la marine qui lui était devenu,

comme tous, un ami, il reprit bientôt ses travaux.
D'abord ingénieur hydrographe, envoyé en cette
qualité pour lever le plan de Saint-Jean de Luz,
celui du Passage en Espagne, et d'une partie des
côtes adjacentes, il revint ensuite à Paris vers
l'année 1797. Il fit ce voyage, la plupart du temps
poétiquement à pied, comme on disait alors, libre
et heureux, toujours poursuivi par le refrain de
quelque chanson qui se mêlait à ses calculs; car la
muse impatiente qui l'accompagnait n'attendait
qu'un instant propice pour s'emparer de sa vie
entière.

Cette occasion allait se présenter. Il venait de
passer, à son retour, dans les cadres du génie militaire ; mais il avait, en fait, quitté le service.
La révolte de Saint-Domingue, inaugurée par
Toussaint-Louverture et couronnée par l'incendie et
les massacres de 93, avait apporté un dommage
sensible dans la fortune de la famille Dupaty. Vainement Auguste, l'un des quatre frères, s'était
condamné à un long exil pour tenter de recueillir
les restes de cette fortune : son courage patient,
pour toute récompense, ne devait trouver que les
coups de poignard de quelques monstres déchaînés. Il y mourut. Emmanuel, alors âgé de
vingt-deux ans, insouciant de l'avenir, à demi
dégoûté du sang des batailles par celui qui avait
coulé sur les échafauds, presque indifférent, s'il
avait pu l'être, et se voyant appauvri sans chagrin,
prenait sa part de ce vaste repos où s'endormait la

France fatiguée, au bruit lointain des victoires du consul. Il eût été de ces victoires, et il eût passé le pont d'Arcole à côté du héros, comme Belliard et Vignola, ou devant lui, comme Lannes et Muiron, s'il n'était entré par hasard, ne sachant que faire un soir, à l'Opéra-Comique.

Je demande la permission de dire que je n'invente rien; car la vérité est souvent étrange. Il entra donc dans ce théâtre, où tout était nouveau pour lui. Quelle était la pièce qu'on représentait, j'ai essayé en vain de le savoir : mais que ce fût le vieux Grétry chantant alors avec Marmontel, Méhul avec Hoffman, ou le tendre Monsigny avec l'inimitable Sedaine, l'impression profonde n'en fut pas moins reçue. Après le premier étonnement, au bruit de l'orchestre, aux clartés du lustre, aux feux de la rampe, à cet assemblage de l'esprit et de l'harmonie, entouré de tout ce qu'il y avait d'hommes distingués et de jolies femmes, car le consul allait à Feydeau, le matelot déjà poëte vit qu'il était dans son pays. Qu'ai-je à faire autre chose, se dit-il tout bas, que de confier ma pensée à ces gens qui parlent et chantent si bien, qui savent si bien faire rire ou pleurer? Aussitôt s'effacèrent les rêves lointains, la curiosité de suivre La Pérouse : le murmure de l'Océan, qui troublait encore cette tête ardente, se confondit dans la musique, et un coup d'archet l'emporta.

Alors parurent, presque sans intervalle, ces pièces gracieuses à demi écrites, à demi chantées, qui ont égayé le moment le plus sévère et peut-être le plus grand de notre histoire. Il ne faut pas croire qu'il fût facile d'avoir, dans ce temps-là, tout bonnement de l'esprit. On s'adressait à un public distrait, le lendemain de Marengo : et, de même que Molière disait que c'est une entreprise considérable de faire rire les honnêtes gens, ce n'était pas non plus une chose fort aisée de savoir plaire au maître du monde. M. Dupaty eut à la fois et ce bonheur et ce talent : se laissant aller sans réserve à son inspiration naturelle, se souciant à peine du succès qui ne lui a jamais manqué, toujours interprété par les meilleurs artistes, toujours heureux et toujours aimé, sa carrière théâtrale a duré environ quinze ans. Elle l'a presque exclusivement occupé de vingt-deux à trente-sept ans, et le consul devenu empereur allait écouter entre deux victoires ces opéras où chantaient Berton, Boïeldieu et Dalayrac.

Ici se présente, pour moi, une difficulté. On ne veut pas qu'ayant appartenu à ce qu'on appelait l'école romantique, j'aie le droit d'aimer ce qui est aimable, et l'on m'en fait une école opposée, décidant, par mes premiers pas, d'une route que je n'ai point suivie. Ce n'est pas que je veuille faire une inutile palinodie, ni renier mes anciens maîtres, qui sont encore mes amis ; car je ne me suis jamais brouillé qu'avec moi-même. Mais je proteste de toutes mes forces contre ces condamnations inexorables, contre ces jugements formulés d'avance, qui font expier à l'homme les fautes de l'enfant, qui vous défendent, au nom du passé, d'avoir jamais le sens commun, et qui profitent des torts que vous n'avez plus pour vous punir de ceux que vous n'avez pas.

Ce n'est point ici, messieurs, ce n'est point dans cette enceinte que je puis redouter ces cruels préjugés ; et la meilleure preuve que j'en puisse avoir, c'est que je parle devant vous. Mais je prie en grâce qu'on veuille me croire sincère lorsque je loue, non pas outre mesure, ces faciles compositions. Il est bien vrai que le travail, le soin du style, y manquent parfois, ou sont peut-être perdus pour nous. Mais, sans qu'un détail vous arrête, sans qu'un mot soit jamais douteux, quand on lit les ouvrages de M. Dupaty, il est impossible de les quitter. On ne reste pas sur une phrase ; les littérateurs ne faisaient pas tant de fracas alors qu'aujourd'hui. Mais lorsqu'on a fermé le livre, sans savoir et sans pouvoir dire précisément de qui l'on est charmé, l'honnêteté, la grâce et le bon sens vous restent dans la tête comme le parfum d'une fleur. Heureusement celles-là ne se fanent pas. Casimir Delavigne, fils du même temps, et avec qui M. Dupaty a plus d'un rapport, quand ce ne serait que l'amour de la beauté, de la gloire et de la patrie, laisse à peu près dans l'âme le même sentiment, et, doué de plus de force et d'autant de grâce, il savait que l'estime vaut mieux que le bruit.

L'une des premières pièces du jeune auteur, intitulée *l'Opéra-Comique,* et représentée en l'an VI, fut composée en société avec M. Ségur, oncle de l'honorable général, de l'écrivain brillant qui siége aujourd'hui parmi vous. M. Dupaty écrivit quelques autres ouvrages, par la suite, avec M. Bouilly, dont il resta constamment l'ami. Une affection non moins tendre le lia également, vers ce temps-là, avec M. de Jouy ; et cette affection se montra particulièrement lorsque, bien des années plus tard, M. de Jouy, devenu infirme, se retira à Saint-Germain, chez sa fille. Un souvenir précieux de l'auteur de *Sylla* a consacré ces derniers soins.

Vous n'attendez sûrement pas de moi, messieurs, que je vous rende compte bien en détail de ces pièces légères et amusantes ; par leur légèreté et leur finesse même, elles échappent à l'analyse. Il y a cependant parmi ces opéras, dont quelques-uns sont des comédies, certains titres trop connus de tout le monde pour ne pas devoir être rappelés : qui n'a pas entendu parler du *Chapitre second*, de *la Leçon de botanique*, de *l'Intrigue aux fenêtres*, ou des *Voitures versées*? Qui ne connaît cette jolie bluette de *Ninon chez madame de Sévigné*? L'une de ces pièces, *D'auberge en auberge*, a été transportée sur le théâtre anglais. Elle est excessivement plaisante par des changements de décorations qui arrivent si à propos, que les personnages s'imaginent sans cesse qu'ils ont voyagé sans changer de place. Dans *le Poëte et le Musicien*, il y a des vers qui sont restés célèbres. Ceux, par exemple, où le poëte, défendant contre l'orgueil du Grand-Opéra les prétentions plus humbles de l'Opéra-Comique, plaide cette cause si aisément gagnée :

> J'aime auprès d'un palais une simple cabane ;
> En quittant Raphaël, je souris à l'Albane.
> De pampre couronné, l'aimable Anacréon,
> Sur l'airain, près d'Homère, a consacré son nom.
> Sans être au premier rang, on peut prétendre à plaire.

N'est-ce pas là toute la grâce et, si l'on peut ainsi parler, toute la fierté modeste de M. Dupaty?

Lorsque j'ai dit que rien n'arrêtait dans son style ordinaire, je n'ai entendu parler que de ses ouvrages en prose ; car, sitôt qu'il s'exprime en vers, il en rencontre à tout moment qui semblent ne lui rien coûter, et qui, arrivant tout à coup, clairs, nets, précis, toujours élégants, étincellent çà et là comme des paillettes d'or. Celui qui termine la tirade dont je viens de citer un fragment est d'une gaieté franche qui a bien son prix, lorsque, continuant à soutenir sa thèse, le poëte s'écrie :

> C'est à tort, aujourd'hui, qu'une censure amère
> N'accorde aux vers chantés qu'une palme éphémère,
> . . . .
> Et tout Paris encor se souvient de Babet !

On en pourrait noter ainsi par centaines, de ce tour vif et de cette libre allure, où se retrouvent toujours une verve qui entraîne, et parfois même un peu de cet atticisme qui est le charme suprême des Épîtres de Boileau.

Un des talents les plus remarquables de M. Emmanuel Dupaty, c'est de savoir très-habilement, comme on dit au théâtre, poser une scène, c'est-à-dire saisir l'à-propos, l'occasion, le moment précis où, l'intérêt et la curiosité ayant été graduellement excités jusqu'à un certain point, l'action peut s'arrêter, et la passion, le sentiment pur, peuvent se montrer et se développer. Ces sortes de scènes où la pensée de l'auteur quitte pour ainsi dire son sujet, sûre de le retrouver tout à l'heure, et se jette hors de l'intrigue et de la pièce même dans l'élément purement humain, ces sortes de scènes sont extrêmement difficiles; c'est la part de la poésie. Car, de même que nous avons nombre d'ouvrages au théâtre où le trop grand développement des sentiments et des caractères étouffe l'action, si bien que les personnages semblent des statues qui rêvent dans le vide, de même nous voyons d'autres pièces dans lesquelles les événements ou, pour mieux dire, les accidents se multiplient de telle sorte qu'il ne reste plus la moindre place ni pour le cœur, ni pour l'esprit, ni presque pour l'intelligence; et alors, au lieu de statues qui avaient du moins quelque beauté dans leur calme, nous voyons le théâtre sans cesse traversé par des marionnettes essoufflées qui ont à peine le temps de dire qui elles sont, ce qu'elles veulent, d'où elles viennent et où elles vont. Si vous avez une distraction, si vous perdez un mot de ces imbroglios qui se font le plus obscurs qu'ils peuvent; c'est fait de vous, le fil vous échappe, et le reste de l'énigme se déroule devant vous comme une page couverte d'hiéroglyphes auxquels vous ne comprenez plus rien.

La juste mesure entre ces deux excès, je le répète, est très-difficile. Elle ne l'était point pour M. Dupaty, par ce motif qu'elle lui était naturelle ; et l'opéra-comique, ce genre qu'il aimait tant et qu'il avait tant de raison d'aimer, est justement celui de tous les genres où se montre le plus distinctement ce temps d'arrêt, ce point de démarcation entre l'action et la poésie. En effet, tant que l'acteur parle, l'action marche, ou du moins peut marcher ; mais dès qu'il chante, il est clair qu'elle s'arrête. Que devient alors le personnage? Est-ce un maître irrité qui gronde, est-ce un esclave qui supplie, est-ce un amant jaloux qui jure de se venger, est-ce une jeune fille qui s'aperçoit qu'elle aime? Non, ce n'est plus rien de tout cela, et il ne s'agit plus de savoir de quelles circonstances naît la situation. C'est la colère, c'est la prière, c'est la jalousie, c'est l'amour que nous voyons et que nous entendons ; et que le personnage s'appelle comme il voudra, Agathe ou Élise, Dernance ou Valcour, la musique n'y a point affaire. La mélodie s'empare du sentiment, elle l'isole ; soit qu'elle le concentre, soit qu'elle l'épanche largement, elle en tire l'accent suprême : tantôt lui prêtant une vérité plus frappante que la parole, tantôt l'entourant d'un nuage aussi léger que la pensée, elle le précipite ou l'enlève, parfois même elle le détourne, puis le ramène au thème favori, comme pour forcer l'esprit à se souvenir jusqu'à ce que la muse s'envole, et rende à l'action passagère la place qu'elle a semée de fleurs.

Me voici loin des *Voitures versées,* ainsi que d'une autre pièce que je ne dois pas oublier, et qui a pour titre *la Prison militaire.* C'est une comédie en cinq actes, extrêmement bien faite, d'un style vif et brillant, et dans laquelle, dit-on, l'auteur a pris plaisir à retracer quelques détails de sa propre captivité. Elle eut un succès qui dura longtemps, et qui, aujourd'hui, pourrait se recommencer; car, pour l'arrangement, l'intrigue et le romanesque, elle serait tout à fait à la mode. Une autre comédie en vers, *les Deux Mères,* écrite en 1813, eut les honneurs des Tuileries; elle fut représentée devant l'empereur. Le poëte, alors, était en grande faveur, et la reine de Naples en personne parut sur le théâtre impérial dans un quadrille allégorique qu'avait composé M. Dupaty. Je pourrais le suivre dans cette veine de cour, qui, du reste, lui allait à merveille, car sa muse a toujours un certain air de fête.

Mais je dois d'abord parler de sa disgrâce et de l'opéra de *Picaros et Diégo,* qui l'a fait exiler et a failli lui coûter cher. Cette pièce s'appelait d'abord *les Valets,* ou plutôt *le Salon dans l'antichambre;* car ce dernier titre ne fut point imprimé et je n'ai pu le retrouver exactement. Cette petite pièce, donnée au théâtre Feydeau en 1802, fit beaucoup de bruit à Paris, et la représentation en fut défendue par la police. Il n'est pas possible aujourd'hui, même en lisant la pièce avec grande attention, de comprendre les causes fort douteuses qui ont amené la disgrâce de l'auteur. Il s'agit de deux aventuriers, dont l'un est un ancien garçon mercier et l'autre un barbier espagnol, qui s'introduisent dans une maison pour y tenter, à l'aide de faux noms, une tromperie bientôt démasquée. On crut, dans le temps, que quelques valets devenus grands seigneurs, et qui s'étaient reconnus dans la pièce, en avaient sollicité l'interdiction. Quoi qu'il en soit, un ordre de déportation fit bientôt conduire M. Dupaty à Brest, où il fut détenu pendant quelque temps, en rade, à bord de l'amiral, avec la perspective, fort pénible, d'être mené à Saint-Domingue, pour y rejoindre l'armée du général Leclerc.

Ai-je besoin de dire qu'à peine arrivé, le prisonnier fut traité en ami par les officiers et par les soldats? Il se retrouvait là au milieu de ses habitudes premières, de ses meilleurs et plus chers souvenirs. La menace même d'être transporté (bien que le climat de Saint-Domingue fût très-dangereux en ce moment) n'était pas faite pour l'effrayer. Il n'y avait que son cher théâtre qui lui causait de cruels regrets; car il l'aimait avec passion, comme il arrive presque toujours aux imaginations un peu vives. Il existe, en effet, dans cette vie toute factice, mais toute poétique, dans ces rochers et ces palais de carton qui viennent ou disparaissent comme d'un coup de baguette, dans ce langage même de la fiction, où le rire et les larmes se succèdent ou se mêlent, et sont quelquefois très-véritables, il existe, dis-je, un attrait singulier auquel on résiste difficilement, pour peu qu'on soit sensible avec de l'esprit.

Il n'y a pas de bon comédien qui n'ait point aimé son théâtre ; mais cet attrait pour l'auteur est bien plus grand encore ; car l'un récite et l'autre invente. Il est vrai que le comédien, s'il est doué d'un vrai génie, peut aussi mériter le nom d'inventeur. Garrick a osé corriger, dans l'un des chefs-d'œuvre de Shakspeare, une scène admirable, qui, ainsi modifiée, a été applaudie par toute l'Europe. Talma, pour qui Napoléon avait une si haute estime qu'il a pensé à lui donner la croix de sa Légion d'honneur, Talma était précieux pour ses savants conseils ; et de telle pièce où il fut applaudi on pourrait dire que, si elle n'est pas de lui, on ne sait trop de qui elle est. Mais avec quelle attention, avec quel plaisir l'écrivain consciencieux et plein de sa pensée ne voit-il pas s'animer devant lui la forme vivante de son idéal, marcher, parler, agir les rêves de son cœur ! Et si l'amour de la vérité, de la beauté, le guide et l'éclaire, avec quel soin, ou parfois même avec quel emportement irrésistible ne se livre-t-il pas à ce travail, qui, bon ou mauvais, quel qu'en soit le résultat, n'en est pas moins, quoi qu'on en puisse dire, l'un des plus nobles exercices de l'esprit ! On sait comment le pratiquait Molière. Voltaire pleurait et voulait qu'on pleurât, et se fâchait si l'on ne pleurait pas, lorsqu'il jouait, chez lui, ses propres tragédies ; et la tradition a pris soin de nous dire

comment Racine récitait ses vers à Mlle Champmeslé. Il y a sans doute, pour l'esprit, des routes plus grandes et plus sévères, il y en a d'incomparables, celles où Fénélon et Bossuet ont passé. — Mais celle-ci n'en reste pas moins belle, et à coup sûr elle doit être honorée, quand elle est suivie par un honnête homme.

Ce mot me ramène à M. Dupaty.

Il était donc à Brest, s'ennuyant un peu, mais se gardant de le laisser voir à des gens qui le traitaient si bien, improvisant toujours de ces vers charmants qui lui échappaient comme par mégarde, lorsqu'il apprit que les rigueurs du consul s'étaient tout à coup adoucies. Peut-être Napoléon s'était-il aperçu, avec ce regard qui ne se trompait guère, qu'on avait prononcé bien vite. Je ne sais s'il crut avoir un tort, mais il eut la pensée d'une réparation. Le prisonnier redevint libre, et reçut la permission, c'est-à-dire l'ordre, de revenir à Paris. Les offres les plus flatteuses et les plus brillantes furent alors faites à M. Dupaty, mais il refusa tout; et depuis ce moment, pendant l'espace de sept ou huit ans, c'est-à-dire à peu près depuis 1803 jusqu'au mariage de l'empereur, il ne s'occupa que du théâtre.

A l'occasion des spectacles de toute sorte qui suivirent ce mariage, il fut, comme je l'ai dit tout à l'heure, admis près de la reine de Naples; il le fut aussi près d'une autre reine dont le nom suffit pour rappeler tout ce qui faisait la grâce et le charme de cette cour alors sans égale, je veux dire la reine

Hortense. Il composa les paroles de quelques divertissements pour les fêtes données par ces deux princesses, et il conserva toujours religieusement les marques de leur bonté. L'empereur enfin, en 1812, lui donna la croix de la Réunion. En même temps, il lui fit proposer de nouveau une place élevée dans la magistrature; l'offre lui en fut transmise par le grand juge, duc de Massa; mais elle était subordonnée à quelques conditions que M. Dupaty ne voulut pas encore accepter. L'empereur annonça, plus tard, l'intention de l'attacher à l'éducation du roi de Rome.

Un incident, léger en apparence, qui se passa vers ce temps-là, doit sembler digne d'attention, en ce qu'il atteste une fois de plus le respect ou plutôt le culte que professait M. Dupaty pour la mémoire de son père. Au mois de novembre 1812, M. de Féletz, fit dans le *Journal de l'Empire* un article à propos des *Lettres sur l'Italie* où il ne se bornait pas à critiquer l'ouvrage, mais où il attaquait assez fortement les opinions philosophiques de l'auteur. Les trois frères Dupaty allèrent ensemble demander raison de cet article; M. Emmanuel surtout prit la chose très-vivement. Cette scène laissa chez M. de Féletz une impression profonde, qui, vingt-quatre ans après, lorsque M. Dupaty se présenta à l'Académie, devint entre eux un motif de rapprochement, et la source d'une amitié qui ne finit qu'à la mort de M. de Féletz.

Cependant, s'il boudait de loin l'administration

impériale, l'auteur de *Picaros et Diégo* ne boudait pas le vainqueur de Wagram, encore moins le vaincu de Leipsick. Cette croix qu'il avait reçue de la main de Napoléon, cette croix lui tenait au cœur, et l'obstination même de ses refus lui faisait attacher un plus grand prix à la seule chose qu'il eût acceptée d'un homme qui pouvait tant donner, et qui savait si bien offrir. Tant que le conquérant marcha dans ses victoires, il n'essaya pas de le suivre ni de toucher à la lyre de Tyrtée. Napoléon, dans sa toute-puissance, effrayait le talent modeste; ce n'était pas sa faute, le temps lui manquait. Au milieu de ses campagnes, lorsqu'il se plaisait (il le dit lui-même) au son des cloches et au bruit du canon, il aimait aussi la littérature, mais il la rudoyait un peu. C'était alors qu'assistant un jour à une tragédie guerrière, il disait, en manière d'éloge : « Il nous faudrait beaucoup d'ouvrages comme celui-là ; c'est une vraie pièce de quartier général. On va mieux à l'ennemi, après l'avoir entendue. » Éloge bizarre, qui a sa grandeur, mais fort capable d'effaroucher Dernance, Florville, Agathe et Élise.

M. Dupaty, pendant ce temps-là, faisait jaser et gazouiller ces personnages inoffensifs. Lorsque l'empereur revenait poudreux de sa grande poussière et las de ses ennemis vaincus, il lui improvisait des couplets pour ses fêtes. Il aimait de tout son cœur ce grand homme aux Tuileries, et il se sauvait à Feydeau dès qu'il le voyait toucher à son épée. Mais lorsqu'advinrent les grands désastres; lorsque, aux traces de l'incendie de Moscou, sur le chemin de la Bérésina, le maréchal Lefebvre, septuagénaire, marchant à pied derrière Napoléon, commença à dire tristement : « Il est bien malheureux, ce pauvre empereur que j'aime ! » lorsqu'on vit tomber lambeau par lambeau, harcelé pied à pied pendant deux années, ce drapeau qui avait traversé le monde ; lorsqu'enfin la France accablée vit se renouveler en vain dans son sein les prodiges de l'Italie, alors le faiseur de vaudevilles, l'improvisateur de romances, prit l'uniforme pour aller à Clichy, et à son tour il tira l'épée *.

M. Dupaty, après cette journée, ne songea plus de longtemps à Feydeau. Il venait de faire une chanson bien connue sur l'impératrice et le roi de Rome :

Gardons-le bien, c'est l'espoir de la France.

Tous les soldats savaient ce refrain ; lui-même, une fois les armes prises, devint capitaine de la garde nationale, comme il était devenu poëte. Mais il n'y avait jamais chez lui de résolution passagère.

Il commanda le corps dont il était le chef jusqu'à

---

* Chargé de surveiller un poste difficile, il s'avança dans la plaine de Saint-Denis, et reprit, sur les Russes, une batterie d'artillerie dont les premiers défenseurs avaient été dispersés. Il la ramena à la barrière, et, s'approchant du maréchal Moncey, il lui dit, pour toute harangue : « Monsieur le maréchal, voici les pièces. » (*Note de l'auteur.*)

la destruction des compagnies, au mois d'avril 1848.

Dans tous les désordres qui se sont succédé pendant nos trente-quatre dernières années, il a constamment et obstinément exposé sa vie. Il a toujours partout recueilli des témoignages de sympathie, d'attachement et de respect. Après la réorganisation de 1848, exempté par son âge du service habituel, et n'ayant plus ses épaulettes, il réclama, comme simple soldat, sa part des fatigues et des dangers que voulaient braver sans lui ses anciens compagnons. Ce belliqueux instinct de ses jeunes années était une des passions de sa verte vieillesse, et il semblait assez étrange de trouver dans le cabinet d'un homme de lettres, entre le buste de Voltaire et celui de Rousseau, un fusil de munition.

J'ai maintenant à parler de deux poëmes, dont l'un, à son apparition, produisit un très-grand effet, et dont l'autre est jusqu'à présent resté inédit. Le premier a pour titre *les Délateurs*; le second *Isabelle de Palestine*.

Les Délateurs parurent en 1816; ce poëme fut écrit sous une impression évidemment très-vive et même violente, au spectacle des représailles qui signalèrent ce triste moment, principalement dans le midi de la France. M. Dupaty était alors au nombre des rédacteurs du *Miroir* et de *l'Opinion*; c'était l'aurore des petits journaux; de plus, il était membre de la Société des Enfants d'Apollon, et il s'occupait d'un petit ouvrage intitulé *la Rhétorique des demoiselles*, écrit sous la forme de *Lettres à*

Isaure. Tout à coup arrive la nouvelle de la mort du maréchal Brune, on parle d'assassinats, d'affreux soulèvements, de tous les crimes chers à la populace. M. Dupaty, au milieu de son travail, sent sa plume trembler dans sa main; l'indignation lui dicte quelques vers qu'il jette au hasard sur le papier; le lendemain il continue, et, sa verve s'animant ainsi, croyant écrire une page, il fait une satire.

Ce fut l'opinion générale que, pour la pureté et l'énergie du style, comme pour l'élévation des sentiments, cette satire surpassait de beaucoup les autres productions de l'auteur. Je me range, pour ma part, à cette opinion; et s'il m'était permis d'exprimer toute ma pensée, j'oserais dire que ce petit poëme peut hardiment soutenir la comparaison avec tout autre ouvrage du même genre; non pas avec Horace ou Boileau, ni surtout avec le grand Juvénal, mais avec Gilbert, par exemple, et même avec de plus forts que lui. Parmi vingt passages, écrits comme on parle, remplis de colère et d'esprit, il s'en trouve un qui fait frémir; c'est le tableau, malheureusement trop vrai, des exécutions hâtives dont le Rhône et l'Isère furent les témoins :

> L'appareil du supplice est sorti des cités;
> Un échafaud mobile erre dans la campagne...

Le morceau qui commence ainsi est tout entier plein d'une vigueur sinistre. Le poëte nous montre le meurtre impuni, l'assassin raillant sa victime, le

fils frappé dans les bras de sa mère, le moribond
égorgé dans son lit, puis il ajoute en terminant :

> Les forfaits sont comblés par d'exécrables jeux ;
> Et, reculant d'horreur à ce spectacle affreux,
> Le fleuve qui, la veille, apportait à la ville
> Les doux tributs des champs sur son onde tranquille,
> Après l'assassinat d'un père ou d'un enfant,
> Ramène dans Lyon l'échafaud triomphant.

Isabelle de Palestine ne nous offre pas de telles images. Ce poëme dramatique, trop long, je crois, pour être représenté, respire d'un bout à l'autre les plus nobles sentiments, et cette grandeur héroïque, cette bravoure des croisades, si fière devant les hommes, si humble devant Dieu, cette poésie chevaleresque, dont le *Tancrède* de Voltaire reste le type inimitable. M. Dupaty l'imite pourtant, mais il ne l'imite que là où son guide est bon, vertueux, religieux même, et, dans les mille routes ouvertes par cet insatiable et immense esprit, il ne voit que le droit chemin.

Cette pièce était devenue la seule occupation de M. Dupaty. Chose singulière, cette tragédie était d'abord un opéra-comique, commencé en 1813. Peu à peu, à mesure qu'il pensait et qu'il écrivait, le sujet a pris sous la plume de l'auteur d'autres proportions. A moins d'avoir eu entre les mains ce manuscrit qu'on n'ouvre qu'avec respect, il est impossible d'imaginer combien de soin, de persévérance, quelle recherche de la vérité, quelle profonde étude de l'histoire, quelle religion tout à fait convaincue, sont là dans ce beau travail.

Ce fut l'adieu de ce génie aimable, de cet excellent homme, et, en le lisant, on sent combien il était attentif, il était heureux de bien faire. Il passait des journées entières, sans le savoir, à travailler chez lui, chez ses amis, dans les salons et dans la rue; et tandis qu'on le voyait partout enthousiaste de sa pensée, récitant ses vers au premier venu, il ne voulait pas que sa pièce fût imprimée et la retouchait sans cesse.

C'est dans cette poésie, c'est dans cette clarté qu'a vécu et qu'est mort M. Dupaty. Il croyait en Dieu, et la vie lui semblait trop courte pour prendre garde aux mauvaises et tristes choses qu'on y rencontre. Comme son jardinier cueillant dans un parterre, il n'a voulu voir de ce monde que ce qui est pur sous les cieux. Il adorait la beauté, la gaieté, l'honnêteté, la vérité, et ne se souciait point du reste. Les souffrances cruelles qui l'ont tué lentement n'ont pas été plus fortes que son courage.

« Ce n'est pas la mort, disait Montaigne, c'est le « mourir qui m'inquiète. » M. Dupaty n'eut point cette inquiétude. Il se souvint, dans ses derniers jours, des sœurs de l'hôpital de Brest. Il attendit et vit venir à lui, presque avec joie, la plus belle mort, celle qui ne dément rien d'une belle vie, et il expira regretté de tous, plein de douceur et de fermeté, plein d'espérance et de résignation.

DISCOURS

PRONONCÉ LE LUNDI 9 AOUT 1852

A L'INAUGURATION DES STATUES

DE BERNARDIN DE SAINT-PIERRE

ET

DE CASIMIR DELAVIGNE

AU HAVRE

Messieurs,

Ce n'était pas à moi de prendre la parole dans cette circonstance solennelle. Chargé seulement par l'Académie française d'assister, en son nom, à l'inauguration de ces belles statues, c'était assez pour moi de ce glorieux devoir et de l'honneur qui s'y attache. Un orateur célèbre, un poëte aimé de tous, devaient se faire entendre ici. Heureusement l'un d'eux est près de nous, malheureusement l'autre nous manque. M. de Salvandy devait nous parler de Bernardin de Saint-Pierre et de Casimir Delavigne. Il avait, non-seulement accepté, mais désiré cette mission qu'il eût si dignement remplie. L'attaque subite d'un mal cruel le retient en ce moment même où il achevait, pour vous l'apporter, une page qui, nous l'espérons, ne sera point perdue. Serait-ce à moi, pris au dépourvu, arrivé d'hier dans vos murs, d'essayer de prendre la place de M. de Salvandy? Si elle m'eût appartenu, je ne sais ce que j'aurais pu dire en face de ces deux hommes illustres dont votre grande et noble cité est fière à de si justes titres. Aurais-je pu assez admirer la poésie pleine de vérité, la grâce pleine de tendresse, qui respirent partout dans *Paul et Virginie?* Aurais-je su assez apprécier cette autre poésie et cet autre charme des *Vêpres siciliennes* et de *l'École des vieillards,* cette fermeté, cette pureté de style que Casimir Delavigne possédait si bien ; cette faculté précieuse, qui a fait dire à Buffon : « Le génie, c'est la patience? » Aurais-je su vous dire qu'au milieu de sa gloire il aima toujours son pays natal, qu'il n'en parlait qu'avec effusion, avec attendrissement? C'est ainsi que l'oiseau des mers, planant au loin dans l'azur des cieux, jette pourtant toujours un regard sur la vague où flotte son nid.

Mais, messieurs, vous n'attendez pas que je vous entretienne de pareils sujets sans réflexion, sans travail, sans étude; vous ne voudriez pas me voir improviser presque au hasard sur de tels souvenirs. Vous ne me le pardonneriez pas ; et la seule manière dont je puisse rendre grâce de l'honneur que je reçois ici, c'est de laisser parler des voix plus éloquentes que la mienne.

TABLE DES MATIÈRES.

	Pages.
Un mot sur l'art moderne.	1
Salon de 1836.	13
De la tragédie, à propos des débuts de Mlle Rachel.	66
Reprise de Bajazet.	92
Concert de Mlle Garcia.	107
Débuts de Mlle Pauline Garcia.	121
Préface de la première édition des contes d'Espagne et d'Italie.	134
Le tableau d'église	136
Faire sans dire.	143
Une matinée de don Juan.	161

Mélanges publiés dans le journal *le Temps* :

I.	Exposition du Luxembourg.	171
II.	Projet d'une revue fantastique.	174
III.	De l'indifférence en matières publiques et privées.	179
IV.	Chute des bals de l'Opéra.	185
V.	Revue fantastique.	190
VI.	Revue fantastique.	198
VII.	Mémoires de Casanova.	205
VIII.	Revue fantastique	212
IX.	Revue fantastique	218
X.	Revue fantastique	224
XI.	Revue fantastique	229

		Pages.
XII.	Revue fantastique	235
XIII.	La fête du roi.	240
XIV.	Revue fantastique.	243
XV.	Revue fantastique.	251
XVI.	Revue fantastique.	256
XVII.	Pensées de Jean-Paul.	261

Au citoyen rédacteur du journal *le National*. 274
Discours de réception à l'Académie française. 276
Discours au Havre 304

FIN DE LA TABLE DES MATIÈRES.

CHARPENTIER, LIBRAIRE-ÉDITEUR
28, QUAI DE L'ÉCOLE, A PARIS

NOUVELLE PUBLICATION

LE
CAPITAINE FRACASSE

PAR

THÉOPHILE GAUTIER

UN MAGNIFIQUE VOLUME GRAND IN-8º

Illustré de 60 dessins

DE

GUSTAVE DORÉ

GRAVÉS SUR BOIS PAR LES PREMIERS ARTISTES

M. Théophile Gautier est de tous nos prosateurs celui dont le style est le plus riche, le plus coloré et le plus lumineux. Sous sa plume tout prend vie et couleur, et se produit avec un relief et un éclat incomparables. C'est l'écrivain-peintre par excellence. Ces dons heureux, il les a prodigués dans *le Capitaine Fracasse*, livre charmant, qui est à la fois une pudique histoire d'amour et une peinture franche et vive de la Société française au XVIIe siècle. Un artiste de génie, M. Gustave Doré, a voulu compléter avec son crayon l'œuvre de son ami, en rendant visibles à nos regards, comme l'auteur l'avait fait aux yeux de notre intelligence, toutes ces scènes délicieuses ou plaisantes, tous ces personnages tendres, violents, grotesques, toujours sincères, comme l'était notre vieux caractère français, qui animent *le Capitaine Fracasse*.

L'OUVRAGE AUJOURD'HUI COMPLET

FORME

UN MAGNIFIQUE VOLUME DE 500 PAGES

Avec 60 gravures

Prix, broché : 24 francs

RELIURE A DIFFÉRENTS PRIX

CHARPENTIER, LIBRAIRE-ÉDITEUR
28, QUAI DE L'ÉCOLE, A PARIS

OEUVRES COMPLÈTES

DE

ALFRED DE MUSSET

EN 10 VOLUMES IN-8° CAVALIER VÉLIN

ORNÉES DE 28 GRAVURES DE M. BIDA

D'UN PORTRAIT D'APRÈS M. LANDELLE

GRAVÉS EN TAILLE-DOUCE PAR LES PREMIERS ARTISTES

ET ACCOMPAGNÉES

D'UNE NOTICE SUR ALFRED DE MUSSET

PAR SON FRÈRE

Cette nouvelle édition des Œuvres complètes d'Alfred de Musset comprend toutes les œuvres qui ont été publiées durant sa vie, moins quelques vers de sa jeunesse qu'il n'a jamais voulu laisser réimprimer, et qui d'ailleurs ont peu de valeur à côté de ceux qu'il a composés depuis.

Elle forme dix volumes, dont le dernier, que la législation ne nous permet pas de réunir aux autres par la tomaison, se compose des œuvres posthumes :

Poésies. 2 vol. avec 8 gravures.
Comédies et Proverbes. 3 vol. avec 10 gravures.
Nouvelles et Contes en prose. 2 vol. avec 6 gravures.
Confession d'un enfant du siècle. 1 vol. avec 2 gravures.

Mélanges de Critique et de Littérature. 1 vol. avec 1 gravure.

OEuvres posthumes (*Poésies, Théâtre, Lettres familières*), précédées de la Biographie d'ALFRED DE MUSSET par son frère. 1 vol. avec 1 gravure et le portrait.

Les vingt-huit gravures qui accompagnent cette édition ont été exécutées par les premiers artistes d'après les dessins de M. BIDA. Le portrait d'ALFRED DE MUSSET, qui se trouve au volume de ses *OEuvres posthumes*, a été gravé par M. FLAMENG, d'après l'original de M. LANDELLE.

Prix de l'ouvrage complet : 75 francs.

LE MAGASIN DE LIBRAIRIE

12 VOLUMES GRAND IN-8

CONTENANT LA MATIÈRE DE PLUS DE 25 VOLUMES ORDINAIRES

Prix: 60 francs

Le MAGASIN DE LIBRAIRIE contient plus de cent ouvrages remarquables de *littérature, philosophie, mémoires, biographies, romans, contes et nouvelles, travaux scientifiques, mélanges de critique et d'art*, etc., etc., composés pour ce recueil, par une Société d'écrivains et de savants distingués. L'ensemble de ces écrits forme en quelque sorte une encyclopédie littéraire et scientifique, ainsi qu'on peut en juger ci-après, par l'énoncé de plusieurs d'entre eux :

Littérature. — GERUZEZ, Histoire de la littérature pendant la Révolution française. — GIRARD, Thucydide. — PATIN, Horace, sa vie et ses ouvrages. — SAINT-MARC GIRARDIN, Études sur l'amour au théâtre. — ALF. MÉZIÈRES, le Théâtre anglais avant Shakespeare. — J. MILSAND, Alfred Tennyson.

Philosophie. — ÉMILE SAISSET, Essai de philosophie religieuse; les Grands docteurs au moyen âge. — PAUL JANET, la Philosophie de M. Renan. — ED. DE PRESSENSÉ, la Philosophie chrétienne au III⁰ siècle. — É. WIART, du Vrai critérium en morale; Platon et Aristote.

Mémoires. — BARON DE BRETEUIL, Mémoires sur la Cour de Louis XIV ; le Prince de Mantoue et sa cour en 1683. — BACHAUMONT, Mémoires sur sa jeunesse. — CH. CABOCHE, les Mémoires historiques de la France. — L'ABBÉ LEGENDRE, ses Mémoires.

Romans, contes et nouvelles. — LOUIS ULBACH, M. et Madame Fernel. — ARNOULD FRÉMY, la Cousine Julie. — JULES D'HERBAUGES, les Pêcheurs de Grandlieu; Edmond. — I. DE LA MADELEINE, Brigitte. — E. SERRET, Clémence Oger; un Ange de charité; Léon; l'Égide. — PAUL DE MUSSET, Lui et Elle; l'Accord parfait; les Cent louis de Tiberge. — CLÉMENT CARAGUEL, un Vieux portrait; la Belle et la Bête; les Dix mille livres de mademoiselle Lison. — POUCHKINE, le Baron avare, traduit par M. Viardot. — ERCKMANN CHATRIAN, le Violon du pendu ; le Cabalistique Hans Weinland ; le Talion. — DANIEL STERN, la Boîte aux lettres.

Histoire et biographie. — PAUL BOITEAU, Christine de Suède. — CAMBOULIU, le Cid de l'histoire et le Cid de la légende; les Moines et les Mores durant le moyen âge. — DELÉCLUZE, les Deux prisonniers de Windsor. — DEPPING, Louvois d'après sa correspondance inédite. — J. M. GUARDIA, Fray Luis de Léon. — PAUL JANET, l'Abbé de Saint-Pierre. — ÉMILE LAMÉ, Julien l'Apostat. — PAUL MESNARD, Hippolyte Rigault. — EDMOND DE PRESSENSÉ, Tertullien. — A. FILON, Origines du pouvoir temporel des papes; la France et l'Autriche au XVII⁰ siècle. — ALFRED MÉZIÈRES, Machiavel et les Patriotes italiens; — GOETHE et SCHILLER, leur Correspondance annotée par M. Saint-René Taillandier.

Mélanges de critique, de science et d'art. — LOUIS DE LOMÉNIE, de la Prédication au XVII⁰ siècle; l'Éloquence du barreau sous Henri IV et Louis XIII. — PATIN, Lucrèce et le Poëme de la Nature. — L. DE RONCHAUD, les Marbres d'Éleusis; de la Sculpture grecque. — FRANCISQUE SARCEY, les Trois Scribe; une Vision de M. Cousin. — EUG. YUNG, le Génie romain. — DUPLATEAU, les Premiers progrès de la physique. — P. DEHÉRAIN, la Société chimique de Paris. — ÉMILE LAMÉ, le Rôle des sciences à notre époque; les Instincts scientifiques chez différentes races. — CH. LOUANDRE, de l'Alimentation publique sous l'ancienne monarchie. — DE MONTMAHOU, les Générations spontanées.

Chez l'Éditeur, 28, quai de l'École

Paris. — Imprimerie de P.-A. BOURDIER et C⁰, rue des Poitevins, 6.

www.ingramcontent.com/pod-product-compliance
Lightning Source LLC
Chambersburg PA
CBHW071255160426
43196CB00009B/1302